Ingo Schulze

Der Amerikaner, der den Kolumbus zuerst entdeckte …

Ingo Schulze ist ein aufmerksamer Beobachter unserer Gegenwart. Zu unterschiedlichsten Anlässen reflektiert er die glückhaften wie auch die problematischen Erfahrungen von 1989/90, die unsere Welt bis heute prägen. Er beleuchtet die Konsequenzen der zunehmenden Polarisierung und Radikalisierung unserer Gesellschaft. Er besteht auf dem Vorrang des Gemeinwohls und einer gerechten Weltinnenpolitik. Und er zeigt in Streifzügen durch das Werk verschiedener Schriftstellerkollegen, wie Literatur unseren Blick auf die Welt verändern kann. Der vorliegende Band versammelt zentrale Texte dieses kritischen und selbstkritischen Denkens.

Ingo Schulze wurde 1962 in Dresden geboren und lebt in Berlin. Seine Romane, Erzählungen und Essays wurden in 30 Sprachen übersetzt und vielfach national wie international ausgezeichnet. Zuletzt erschienen bei dtv die drei Erzählungen ›Tasso im Irrenhaus‹.

Ingo Schulze

DER AMERIKANER, DER DEN KOLUMBUS ZUERST ENTDECKTE…

Essays

Aktualisierte und erweiterte Neuausgabe

dtv

Von Ingo Schulze ist bei dtv außerdem lieferbar:
33 Augenblicke des Glücks
Simple Storys
Neue Leben
Handy
Adam und Evelyn
Was wollen wir?
Orangen und Engel
Peter Holtz. Sein glückliches Leben erzählt von ihm selbst
Die rechtschaffenen Mörder
Tasso im Irrenhaus

2024 dtv Verlagsgesellschaft mbH & Co. KG, München
© 2022 und 2024 Ingo Schulze
Umschlaggestaltung: dtv nach einem Entwurf von
KOSMOS – Visuelle Kommunikation, Münster
Umschlagmotiv: Frank Gross / Millennium Images, UK
Satz: Uhl + Massopust, Aalen
Satz nach einer Vorlage von Dörlemann Satz, Lemförde
Druck und Bindung: Druckerei C.H.Beck, Nördlingen
Printed in Germany · ISBN 978-3-423-14905-1

INHALT

II   VIER REDEN

III SPRACHGLOSSEN UND BETRACHTUNGEN

IV NICHT NUR POLITISCHES

Prolog

STERNTALERS GESCHICHTE

Sterntaler kann all die Taler gar nicht mehr in ihrem Herrgottskleidchen auffangen, die da vom Himmel regnen. Der Talersegen will und will einfach kein Ende nehmen. Am nächsten Morgen bringt Sterntaler so viele Taler, wie sie in ihrem Kleid zu tragen vermag, aus dem Wald. Da begegnet ihr ein Kind. Du hast mir dein schäbiges Kleidchen gegeben und besitzt selbst ein feines aus Linnen und hast so viele blanke Taler darinnen, gib sie mir! Sterntaler gibt sie ihm, geht zurück in den Wald und nimmt sich wieder von den Talern. Da begegnet ihr das zweite Kind. Du hast mir dein Röcklein geschenkt, aber ich bin krank, jetzt gib mir auch Taler! Und Sterntaler gibt sie ihm, kehrt um und kommt wieder, das linnene Kleid voller Taler. Da steht das dritte Kind da. Und so weiter und so fort. Der alte Mann, der immer Hunger hat, sagt: Ach, gib mir etwas zu essen. Da aber Sterntaler kein Brot hat, gibt sie ihm all ihre Taler und sagt: Gott segne dir's! Sie rennt zurück in den Wald, schaufelt mit ihren Händchen Taler ins Kleid und gelangt endlich bis in die Stadt. Aber wie staunt Sterntaler, als der Vermieter den Preis für ihre alte Kammer nennt. Für alle Taler im linnenen Kleid kann sie sich kaum ihre alte Kammer leisten. Denn alle Welt, so etwas spricht sich schnell herum, holt sich Taler aus dem Wald, so dass die Taler wie Pfennige sind und das linnene Herrgottskleidchen das Wertvollste ist, was Sterntaler besitzt. Aber auch das zerreißt man ihr, denn Sterntaler gilt als die Schuldige, die all das viele Geld unter die Menschen gebracht hat. Vor Schmerz und Empörung kann Sterntaler nicht einschlafen, obwohl sie am Ende ihrer Kräfte und hundemüde ist. Sie setzt sich hinunter in die Küche zu der alten Magd. Sterntaler erzählt ihr von einem Waisenkind, das der liebe Gott mit vielen Talern und einem linnenen Kleidchen belohnt, weil es alles verschenkt hat, was es auf dem Leib getragen hatte. Darüber muss die Magd weinen, so schön ist diese Geschichte. Doch auf einmal, noch während sie darauf wartet, dass die alte Magd sich beruhigt, ist Sterntaler auf der Ofenbank eingeschlafen. Als sie wieder erwacht, kennt die ganze Welt ihre halbe Geschichte, die sie für die ganze hält, was Sterntaler verwundert, ja empört – die Leute müssten es doch besser wissen! Bald aber gibt Sterntaler Ruh. Denn auch in ihrem ganz persönlichen Interesse, das hat sie endlich begriffen, ist es so, wie es ist, einfach am besten.

(2017)

VIER VERSUCHE
ÜBER DIE GEGENWART

Erster Versuch.
Nicht nur in eigener Sache

Am 20. Februar 2013, einem Mittwoch, erhielt ich über meinen Verlag das Angebot, bis Freitag 9.30 Uhr einen Text für die Wirtschaftsseiten der Frankfurter Allgemeinen Sonntagszeitung zu schreiben, und zwar für die Rubrik »Pro & Contra«. Die Redakteurin erläuterte: »Hasso Plattner, Mitbegründer von SAP, will die Hälfte seines Vermögens von 5,4 Milliarden Euro stiften (wofür genau, ist noch nicht ganz klar, auf jeden Fall für wohltätige Zwecke, was ja sehr viel sein kann). Jetzt würden wir gerne ein Pro & Contra zur Frage machen, ob das eine gute Sache ist. Wir würden vermuten, dass Herr Schulze eher auf der Contra-Seite ist und so argumentiert, dass der Staat sich um Wohltätiges kümmern sollte und Herr Plattner dann im Zweifelsfall höher besteuert werden sollte. Wir würden ihn gerne dafür gewinnen, das Contra für uns zu schreiben.«

Für schnell zu schreibende Texte bin ich nicht besonders geeignet. Was mich aber grämte, war die Zuordnung – wenn auch nur als Vermutung. »Bin ich so einfach auszurechnen?«, fragte ich mich in gekränkter Eitelkeit. Vor allem aber wollte ich nicht den Gegenkasper spielen, der, wenn man ihm den Einsatz gibt, sein »Contra« singt. Ich lehnte ab. Die Redaktion blieb hartnäckig und bat den Verlag, mich zu überreden, man sei eben gerade an mir interessiert, die Argumente habe ich doch im Kopf, der Text sei nicht lang, und ich wäre mit Foto in der Zeitung.

Ich blieb standhaft, und der Verlag sagte erneut ab. Kaum war das getan, ärgerte ich mich über meine Standhaftigkeit. Hätte ich nicht wenigstens darum bitten können, das »Pro« übernehmen zu dürfen? Und hatte mich nicht Mitte Januar dieses Jahres der Leiter der Wirtschafts- und Finanzredaktion Rainer Hank auf eben diesen Seiten in dem Artikel »Geld stinkt nicht« zitiert und kritisch bedacht? Beim Lesen seines Artikels hatte ich anfangs geglaubt, hier schreibe einer eine Parodie, weil er all jene, die Kritik am heutigen »Ökonomismus« übten, zu Romantikern machte, die die Vergangenheit antikapitalistisch verklärten. Sinngemäß ersetzte der Artikel die Aufforderung »Dann geh doch in die Zone!« durch »Er will zurück in die DDR / bessere Vergangenheit«. Aber wie ich beim Weiterlesen merkte, war es Rainer Hank ernst damit. Gern hätte ich erwidert: Statt irgendwohin zurückzuwollen, wolle ich heute Geld verdienen. Doch müsse man ja nur den jüngsten Armuts- und Reichtumsbericht der Bundesregierung lesen, um zu sehen, was in diesem Land schieflaufe. Und das hindere immer mehr Menschen, genug Geld für ein würdiges Leben zu verdienen, und anderswo in der Welt … Und nun hatte ich mir die Möglichkeit, darauf zu antworten, durch die Lappen gehen lassen!

Kleinlaut rief ich den Verlag an, ob ich nicht doch … Kurz darauf kam die Antwort. »Ja, schreib!«

Freitagfrüh 9.30 Uhr schickte ich 4.505 Zeichen folgenden Inhalts an die Redaktion:

Es tut mir leid, selbst wenn es mich mein Honorar kostet – heute fällt das Contra aus. Vor dieser Geste verstummt jede Kritik. Was soll man denn anderes sagen als: Danke! Selbst wenn man es zweimal sagt oder dreimal – was ist schon ein: Danke! angesichts dieser Atombombe des Guten!

So, mit diesen Sätzen wollte ich beginnen. Meine Begeisterung war ehrlich! Ich versuchte weiterzuschreiben, ich dachte weiter und – erschrak! Plötzlich war mir klar: Was für ein Wahnsinn! Was tut dieser Mann da? Sieht er nicht die Konsequenzen? »Eigentum verpflichtet.« So steht es im Grundgesetz. Aber dort steht auch: »Sein Gebrauch soll zugleich dem Wohle der Allgemeinheit dienen.« Und deshalb sage ich es ganz deutlich: Etwas Schlimmeres hätte uns nicht widerfahren können – uns als Allgemeinheit und uns als Einzelnen, den Spender eingeschlossen.

Zunächst einmal: Sein Geld liegt ja nicht in Bündeln von 500-Euro-Scheinen im Tresor, es ist angelegt, das Geld arbeitet! Er hat das Beste gemacht, was man mit Geld machen kann, er hat investiert. Gibt es einen größeren Dienst an der Allgemeinheit? Und selbst wenn ein Teil des Geldes in Fonds oder Finanzprodukten steckt – auch spekulieren bedeutet investieren! Die Welt ist gar nicht so schlecht eingerichtet, wie uns viele glauben machen wollen. Man muss sich nur an die Spielregeln halten. Aber genau das tut er nicht! Ganz gleich, woher das Geld kommt, er entzieht es sinnvollen Anlagen! Wer denkt an die, die dadurch ihre Existenz verlieren? An die, deren Aktien einen Kurssturz erleben? Seine Verteidiger sagen jetzt: Solange es keine gerechteren Gesetze gibt, bleibt ihm ja nichts anderes übrig, als zu spenden. Oder: Besser er spendet, bevor jemand auf die Idee kommt, die Gesetze zu ändern. Worüber reden die da?!

Grundsätzlich gesprochen: So eine Spende demotiviert mich als Leistungsträger. Ich fühle mich da ganz persönlich betroffen. Erfolg drückt sich doch nicht erst seit heute in Geld aus. Selbst den Persönlichkeiten der Zeitgeschichte ist ihre Villa im Grunewald der eigentliche Maßstab ihres Erfolges. Wenn ich mich mit einer Milliarde genauso gut fühle wie mit drei Milliarden oder mit sechs Milliarden, was soll dann die ganze Schufterei? Ist nun auch der letzte verbliebene Maßstab passé? Wohlgemerkt: Es geht ums Prinzip! Es geht ums System!

Die persönliche Kränkung ließe sich verschmerzen. Nicht aber die Schlussfolgerung, dass ich ja dann gleich jeden Durchschnittsheini meiner Firma am Gewinn beteiligen kann. Und den Stundenlohn der Reinigungskräfte hebe ich auch noch um drei Euro an und stelle sie ein und packe ihnen eine Betriebsrente oben drauf – ich dachte, das hätten wir hinter uns! Wie soll ich denn höchste Effizienz und maximalen Einsatz in allen Bereichen bei Senkung der Personalkosten verlangen, um dann – »Ja, wofür denn?« Damit ich Milliarden verschenke? Wer den persönlichen Gewinn nicht in Ehren hält, öffnet sozialistischen Methoden Tür und Tor! Für die Philosophie unserer Unternehmen wie für die Arbeitsmoral ist der Schaden noch gar nicht absehbar.

Die zielführende Anregung von Peter Sloterdijk, an die Stelle der Steuern Spenden zu setzen, hat Hasso Plattner gründlich missverstanden. Es ging doch gerade darum, der irrsinnigen Steuerlast in Deutschland ein maßvolles selbstbestimmtes System entgegenzusetzen.

Wissen Sie, was passieren wird? Man wird Hasso Plattner Selbstzweifel unterstellen, schlimmer: ein schlechtes Gewissen. Denn die Spende erweckt den Verdacht, wir seien für das Elend der Welt verantwortlich. Und dieses Elend, darauf können Sie sich verlassen, wird jetzt aus allen Löchern kriechen, und dort, wo es nicht von sich aus gekrochen kommt, werden es die Zeitungsschreiber hervorzerren. Sie werden die Rechnung aufmachen: Wie viele Menschen (die dreisteren sprechen gleich von »Kindern«) können mit diesem Geld vor dem Hungertod, vor dem Verdursten, vor Malaria, vor Aids, vor was weiß ich was gerettet werden. Und dann werden sie weiterfragen: Warum erst jetzt, und warum nur die Hälfte des Vermögens? Ist es nicht unmenschlich, ja kriminell, keine Hilfe zu leisten? Und sie werden erst Ruhe geben, bis er sagt: Ich habe nichts mehr! So wird es kommen, lieber Hasso Plattner. Doch wenn Sie partout spenden wollen: Dann zu niemandem ein Wort! Übernehmen Sie klammheimlich die Mehrkosten von Stuttgart 21 oder einen Teil davon. So käme das Geld lautlos aus der Welt und zurück in die Wirtschaft und störte nicht weiter. Bitte, überlegen Sie es sich noch einmal!

Den ganzen Tag über wartete ich wie immer, wenn ich einen Text abgegeben habe (und ohne es mir einzugestehen), auf eine enthusiastische Reaktion, eine E-Mail oder besser noch auf einen Anruf. Gegen 16.00 Uhr rief dann tatsächlich die Redakteurin an. Ob ich meinen Artikel nicht umschreiben könne, so sei er sicherlich für viele Leser missverständlich. Ihr fiel es schwer, ihr Unbehagen zu artikulieren (das ist doch nicht Ihre wirkliche Meinung!), mir fiel es schwer, auszudrücken, warum ich es nur so und nicht anders hatte schreiben können (da steckt natürlich meine Meinung drin!). Wir vertagten uns.

Ich schrieb eine E-Mail, denn die Veröffentlichung eines

Artikels durchzusetzen ist ja Teil der Arbeit. »Es gibt wirklich keinen besseren Ort für diesen Text als Ihre Seiten. Es ist Kritik (oder Contra) durch Affirmation. Das habe ich ja (leider) nicht erfunden. Meine Position kommt schon sehr deutlich heraus, aber eher dadurch, dass ich die Argumente der Gegenseite zuspitze. Das ist ja keine ironische Frage, ob ich mich mit einer Milliarde genauso gut fühle wie mit drei oder sechs Milliarden. Es ist doch absurd, dass Einzelne so viel Geld anhäufen können. Die Geste / Tat von Plattner reißt etwas auf, über das hier nur sehr selten und wenn, dann in marginalisierten Formaten gesprochen wird. Ihre Einladung war für mich (auf den zweiten Blick) so eine Chance.«

Die Redakteurin schrieb zurück, sie glaube, dass für mich meine eigene Position schon zu selbstverständlich geworden sei, für ihre Leser aber sei diese relativ neu und fremd. Die müssten erst mal verstehen, wie ich denke, bevor sie darüber nachdenken könnten. Und das würden wir doch wollen, dass sie nachdenken, oder? Da brauche man es klar, fände sie. Und weiter: Es sei schade, dass das für mich so wenig reizvoll gewesen sei, auch wenn sie verstehe, dass das intellektuell vielleicht nicht so reizvoll sei wie die Übertreibung der Gegenthese.

Hatte ich schlecht argumentiert? Der ganze Effektivitätswahn wie der technologische Fortschritt dient eben nicht der ganzen Menschheit, nicht mal der ganzen Bevölkerung dieses Landes. Auch hierzulande werden Einzelne unvorstellbar reich, während sieben Millionen Menschen von ihrem »fulltime job« nicht mehr leben können, von den Arbeitslosen ganz zu schweigen. Die Selbstverständlichkeiten dieses Systems sind absurd. Hätte ich das kritisieren sollen? Mir schien es besser, das vorzuführen.

Ich fragte die Redakteurin: »Ist das jetzt eine Absage? Oder eine Überlegung?« Die Antwort: »Wir überlegen noch …«

Am Sonnabend kam dann die Absage. Mein Text sei schlicht und einfach für ihre Leser zu kompliziert, ich hole sie nicht da ab, wo sie stehen. Diese Ansicht der Redakteurin teile ich nicht. Und dieses »Abholen« ist mir als Gedanke mehr als suspekt, selbst wenn ich alle weiteren Konnotationen dieses bedrohlichen Wortes vergesse. Aber vielleicht hat die Redakteurin ja recht. Vielleicht hat sie wirklich recht, und ich hätte ganz anders schreiben sollen, ein Contra mit allen Zahlen und Fakten und mir das Herz aufreißen. Eben eindeutig, in den Grenzen des Spielfeldes. Ich hätte alles schreiben können, was mir durch den Kopf geht. Ein nicht zu unterschätzendes Privileg! Dafür gibt es ja dieses Format. Innerhalb des Formats ist (fast) alles möglich. So sind die Spielregeln. Was aber ist es nur, das sich in mir dagegen derart sträubt?

(2013)

Zweiter Versuch.
Schaffen wir das? Ein Dialog

»Komm«, sagte er, »lass uns das Thema wechseln. Ich will mich nicht streiten. Nicht auch noch mit dir – jedenfalls nicht jetzt!«

»Und stattdessen?«, erwiderte sie. »Soll ich dir was Gruseliges aus meiner Kindheit erzählen?«

»Du weißt doch, was ich meine … Ich finde es eine Zumutung. Jetzt soll ich diejenigen verteidigen, die seit Jahr und Tag das Falsche tun, nur weil sie seit September vergleichsweise menschlich handeln?«

»Du meinst Merkel?«

»Sie ist doch mitschuldig an diesem ganzen Dilemma. Wenn sie ...«

»Jetzt fängst du auch schon so an! Ohne sie ...«

»Lass mich ausreden! Hätte sie nicht mal sagen können, tut mir leid, damals, einen Tag vor Beginn des Irakkrieges, da habe ich es dummerweise noch bedauert, dass sich Deutschland nicht an der ›Drohkulisse‹ beteiligt. Der Westen bekämpft mal wieder das, was er selbst angefacht hat. Oder: Es tut mir leid, dass ich keine Zeitung gelesen habe und mir niemand gesagt hat, dass es in den Flüchtlingslagern in Jordanien, im Libanon, in der Türkei seit Jahren unhaltbare Zustände gibt. Wer dort vegetieren muss, kann ja gar nichts anderes mehr denken, als sich möglichst schnell auf den Weg nach Europa zu machen.«

»›Nach Deutschland‹ müsstest du fairerweise sagen.«

»Jedenfalls irgendwohin, wo sie leben können.«

»Dann musst du aber auch sagen, dass Deutschland eben nicht Teil der ›Koalition der Willigen‹ gewesen ist, sich in Libyen zurückgehalten hat und dass wir jetzt eine Verantwortung übernehmen, vor der sich all diejenigen drücken, die da kräftig mitgemischt haben und gegenwärtig kräftig mitmischen, die USA, die Golfstaaten, Großbritannien, die Franzosen, der Iran und letztlich auch die Russen. Kein Grund, allein auf die kleineren osteuropäischen Staaten zu zeigen oder gar auf Deutschland.«

»Ich wusste, dass wir uns streiten würden! Es reicht nicht, allein vom Standpunkt menschlicher Hilfe und dem Recht auf Asyl zu argumentieren. Du musst, tut mir leid, über

Kolonialpolitik sprechen, du musst darüber reden, dass die CIA und der MI6 Mossadegh, den demokratisch gewählten Ministerpräsidenten des Iran, 1953 gestürzt und den Schah installiert haben. Ohne Schah kein Chomeini! Mit Chomeini kam der islamistische Extremismus. Dann Afghanistan, die militärischen Aktivitäten der USA vor – ich betone: vor – der Invasion der Sowjetunion, was jene nicht rechtfertigt …«

»Und jetzt kommt gleich wieder das Interview von Zbigniew Brzeziński aus dem Nouvel Observateur von 1999, habe ich recht?«

»Man muss es immer wieder sagen: Ein Interview, in dem Brzeziński, der ehemalige Sicherheitsberater von Präsident Carter, davon erzählt, dass er seinem Präsidenten Anfang 1979 dazu gratuliert, militärische Aktionen in Afghanistan angeordnet zu haben, die den Einmarsch der Russen zur Folge haben würden. Was gibt's da zu lächeln?«

»Ich habe das schon so oft von dir gehört, dass ich es singen kann.«

»Ich wäre ja froh, wenn's auch mal ein anderer sagte! Die Russen, resümiert Zbigniew Brzeziński 1999, sind in unsere Falle gegangen. Da gibt es nichts zu bereuen. Und das sagt er, als die Taliban schon an der Macht sind.«

»Und Bin Laden als Kreatur der CIA. Und wie sie auch Saddam Hussein unterstützt haben, weil es gegen den Iran ging, aber auch dem Iran Waffen verkauften …«

»Die verheerende Sanktionspolitik gegenüber dem Irak in den neunziger Jahren, die Hunderttausende, vor allem Kinder und Alte, mit dem Leben bezahlt haben. Die Erinnerung daran, wenn's denn überhaupt je im Bewusstsein gewesen ist, wird gelöscht oder ausgeblendet! Es ist so viel, was der

Westen eingestehen müsste, um dann zu sagen: Wir hängen da ursächlich mit drinnen, wir tragen Verantwortung dafür, was in Afghanistan, im Iran, in Syrien, im Irak, in Libyen etc. geschieht.«

»Ich würde eher von Mitverantwortung sprechen.«

»Verantwortung ist auch immer Mitverantwortung.«

»Wer dich hört, könnte denken, ohne die Kriege wäre alles in Butter. Die eigentliche Frage ist doch, wieso kommen sie alle erst jetzt? Denn so, wie die Welt eingerichtet ist, muss sich doch niemand darüber wundern, dass Menschen gen Norden und Westen flüchten.«

»Jetzt kommen die falschen EU-Agrarsubventionen ...«

»Es sind täglich eine Milliarde Dollar, die die USA und die EU für Agrarsubventionen ausgeben, von der Abschottung unserer Märkte mal ganz zu schweigen ...«

»Über die Fischfangflotten vor den afrikanischen Küsten, die Erdölfirmen, die Rohstoffe aus den Händen der Marodeure etc. etc., also über die verschiedenen Erscheinungsformen des Neokolonialismus ...«

»... in dem ich und du, in dem wir alle tagtäglich mit drinhängen. Das ist doch das eigentliche Problem. Wir sind das Problem!«

»Na ja, ich habe diese Schiffe nicht losgeschickt ...«

»Aber du kaufst ihren Fisch ... Versuche nur mal, eine Woche einkaufen zu gehen, ohne eine Schweinerei zu begehen. Und was besonders pervers daran ist: Wer mehr Geld hat als der Durchschnitt, schafft das eher.«

»Das ist eine Ausrede.«

»Wenn du gerade so über die Runden kommst, kaufst du nicht im Bioladen ein.«

»Das hieße, ich müsste mich zwischen einem guten Leben

entscheiden und dem Luxus, über die Welt nachzudenken. Denn wenn ich nachdenke, statt zu verdrängen, und dementsprechend handle, habe ich kein gutes Leben mehr?«

»Das klingt mir jetzt zu kokett. Ich mag keine Radikalismen. Es geht darum, beides zu vereinen. Zu einem guten Leben gehört das Nachdenken und Handeln dazu. Andernfalls bliebe dir nur Verdrängung und Zynismus.«

»Und den anderen Elend, Durst, Hunger, Krankheit, Gewalt, Obdachlosigkeit, Sinnlosigkeit … «

»Und weil wir das jetzt alles so benannt haben, was noch niemand wusste, wirst du als Experte zur Klausurtagung der Regierungskoalition nach Dresden eingeladen. Und die fragen dich dann: Gut und schön, alles richtig, was Sie da sagen, aber was machen wir jetzt mit den Flüchtlingen?«

»Du meinst, die würden tatsächlich sagen, ›gut und schön, alles richtig‹?«

»Nur mal angenommen, es wäre so, was dann?«

»Dann würde ich es ihnen sagen.«

»Ja, aber was?«

»Dass sie Glück haben, gerade in dieser Zeit Politiker zu sein, weil sie jetzt notwendige grundlegende Veränderungen bewirken können.«

»Und die wären?«

»Ich würde zuerst von dem Unbehagen sprechen, das ich bei dem Satz des Jahres verspürte, aber mein Unbehagen nicht formulieren konnte.«

»Du meinst: ›Wir schaffen das!‹«

»Ja! Einerseits klang der nicht unsympathisch. Andererseits … «

»Fehlte dir das ›Wie‹?«

»Nein, nein, das meine ich nicht! ›Wir schaffen das‹ –

diese drei Worte klingen so nach einer rechtschaffenen Erzählung: Wir krempeln die Ärmel hoch, wir hauen uns so richtig in die Arbeit, wir erledigen die uns gestellte Aufgabe.«

»Was soll daran falsch sein?«

»›Wir schaffen das‹ suggeriert aber auch: Wenn wir das geschafft haben, ist Feierabend, Wochenende, nächstes Jahr dann wieder Urlaub wie eh und je. Und das ist das irreführende Versprechen daran. Das ist der Unterschied zwischen einer gut gemeinten Erzählung und einer guten Erzählung. ›Wir schaffen das‹ ist eine gut gemeinte Erzählung, aber eben keine wirklich gute, weil sie die Widersprüche nicht enthält.«

»Es geht hier aber nicht um den Unterschied von Kitsch und Literatur. Es geht darum, die Bevölkerung aufzurufen und anzuspornen – anders ginge es ja gar nicht.«

»Die Bevölkerung war den Parteien und der Regierung weit voraus.«

»Du meinst, weil kein Feierabend oder gar Urlaub in Sicht ist wie indirekt versprochen, bekommen selbst diejenigen, die im September auf einmal sagten ›Die Merkel wird mir noch sympathisch‹, jetzt weiche Knie und gehen von der Fahne?«

»Ja. Gerade wegen dieser Abtrünnigen möchte ich sie eigentlich unterstützen, auch wenn sie viel zu spät reagiert hat, auch wenn sie mit Griechenland …«

»Gut, das mal beiseite.«

»Ich will nicht unter dem Wimpel kämpfen: ›Das schaffen wir!‹, das ist zu wenig, das reicht nicht.«

»Sondern?«

»Wir tun immer noch so, als hätten wir eine Wahl, als

stünde es uns frei, diese Aufgabe zu übernehmen oder nicht, als sei das eine Bewerbung um die Olympiade oder das Management einer Großbaustelle.«

»Ja, aber was würdest du sagen?«

»Das passt nicht in einen Satz.«

»Dann eben zwei.«

»Wir können kein gutes Leben führen, wenn vor oder auf unserer Schwelle die blanke Not herrscht und gestorben wird. Wir haben nicht nur die menschliche Schuldigkeit und die gesetzliche Pflicht zu helfen, wir tragen als Europäer auch Mitverantwortung für die Zustände in dieser Welt. Spätestens jetzt ist der Moment gekommen, in dem wir handeln müssen.«

»Ja, richtig, aber der Merkel-Satz zündet mehr.«

»Wie eine Jahrmarktsrakete.«

»Nein, der Vergleich ist nicht fair.«

»Dann sag du mir einen Satz, in dem enthalten ist, dass wir Mitverantwortung tragen, dass wir gar keine Wahl haben und gar nicht anders können, wenn wir nicht alles aufgeben wollen, was uns lieb und …«

»Unsere Werte also …«

»… lieb und teuer ist und eben nichts, was im Sommer oder im nächsten Jahr oder in ein paar Jahren vorüber sein wird. Wir können nicht so weitermachen wie bisher.«

»Du meinst, wir müssen uns neu erfinden.«

»Modischer Slang. Ich hätte gesagt: Wir haben jetzt die Chance, uns zu ändern. Jeder für sich und wir als Gesellschaft. – Warum lachst du?«

»Das hat doch keine Chance! Denk an Griechenland, wie sie sich da verhalten haben. Die Risiken der Banken und Spekulanten auf das Gemeinwesen umschulden und dann den Hauslehrer mit Prügelstrafe geben. Schlimmer geht's doch nicht!«

»Aber jetzt bin ich zur Klausurtagung der Regierung eingeladen. Und da sage ich, dass wir am Ende nur die Wahl haben, es als Chance zur Veränderung zu begreifen … «

»Was heißt: Chance zur Veränderung?«

»Wenn wir die eigene Gesellschaft sozial gerechter machten, wären wir auch in der Lage, sie international gerechter zu machen.«

»Steile These. Das würde heißen, wir müssten uns ändern, damit wir verändern können?«

»Für all diejenigen, die gerade so über die Runden kommen, muss es doch höhnisch klingen, wenn sie gesagt bekommen, Deutschland ist reich, wir schaffen das. Die soziale und ökonomische Polarisierung im eigenen Land entspricht jener in der Welt, das lässt sich nicht getrennt verhandeln.«

»Und wenn wir uns, wie du sagst, nicht ändern, was dann?«

»Dann geben wir Almosen, bis endlich mal Feierabend ist.«

»Aber Feierabend gibt's nur in unserer Vorstellung.«

»Ja. Selbst wenn morgen das Leben in Syrien friedlich und lebenswert wäre, der IS verschwunden und in Saudi-Arabien und im Iran die Trennung von Politik und Religion vollzogen wäre – das wäre ein Glück, das wäre wunderbar, aber am eigentlichen Problem hätte sich noch nichts geändert!«

»Aber darf ich dich fragen: Hat denn irgendein deutscher Politiker bisher gesagt: Wenn wir mit der Ungleichheit in der Welt fertigwerden wollen, müssen wir unser Leben, unsere Politik, unsere Gesellschaft ändern? Bestenfalls freut man sich auf junge Arbeitskräfte für unsere überalterte Gesellschaft und hofft auf etwas mehr Buntheit und einen friedfertigen Islam. Als Kollege Grönemeyer eine Reichensteuer forderte, die den Flüchtlingen zugutekommen sollte, sind sie über ihn hergefallen. Nicht mal eine kleine Steuer ist möglich! Oder dass eine deutsche Regierung erklärt: Ja, das war Völkermord an den Herero und Nama, was zu Beginn des 20. Jahrhunderts in Deutsch-Südwestafrika geschehen ist, wir tragen die Konsequenzen.«[1]

»Lass es mich noch mal anders sagen: Ganz gleich, welche Entscheidungen in den nächsten Wochen getroffen werden, es ist nicht gleichgültig, aus welcher Haltung heraus man das tut.«

»Jetzt wirst du aber plötzlich sehr defensiv.«

»Wie du dich selbst siehst und einschätzt und wie du dein Gegenüber siehst und einschätzt, so verhältst du dich auch. Wir müssen also über uns reden, wer wir sein wollen, und darüber, in welcher Beziehung wir zu den anderen stehen.«

»Du meinst: Sehen wir uns als jemand, der Almosen verteilt, oder sind wir jemand, der mit anderen teilt, nicht nur aufgrund der eigenen Werte, sondern weil es unerlässlich ist und wir als Europäer viel, sehr viel gutzumachen haben?«

»So könnte man es sagen.«

»Ist das nicht, zugespitzt formuliert, eine Haltung zwischen Zynismus und Selbstaufgabe?«

»Nein, der Zynismus wäre die Selbstaufgabe.«

---

1 Am 28. Mai 2021 gab das Auswärtige Amt bekannt, dass Deutschland die Ereignisse von damals als Völkermord bezeichnen werde. »Im Lichte der historischen und moralischen Verantwortung Deutschlands werden wir Namibia und die Nachkommen der Opfer um Vergebung bitten«, sagte Außenminister Heiko Maas.

»Das sehen aber die Verteidiger unserer abendländischen Werte anders.«

»Aber nur, weil sie so tun, als wären diese Werte etwas, das zu Hause im Safe liegt, und sie sind die Hilfssheriffs, die den Safe bewachen. Werte drücken sich aber nur in Handlungen aus, anders gibt es sie nicht. Das ist wie mit den Gedanken. Ein Gedanke wird erst zum Gedanken, wenn er formuliert wird, wenn er ausgesprochen oder niedergeschrieben wird. Ein Wert ist kein Wert, wenn er im Alltag keine Rolle spielt.«

»Mit anderen Worten: Werte zu praktizieren ist die einzige Möglichkeit, sie zu verteidigen.«

»Das wäre immerhin ein Satz für die Klausurtagung.«

»Falls wir eingeladen werden …«

(2015)

Dritter Versuch.
Eine ungeschriebene Geschichte

Im Frühjahr 2010 war ich zu Lesungen in Izmir und Muğla in der Türkei eingeladen. Schon als Schüler hatte mich das antike Ionien fasziniert, der westliche Küstenstreifen Kleinasiens, wo »unsere« Philosophie und »unsere« Literatur entstanden waren, wo Ost und West aufeinandertrafen, wo Ost und West miteinander handelten und einander bekämpften und sich ineinander verliebten. Ich sah weder Troja noch Pergamon, aber ich sah Ephesos und den Tempel des Apollon in Didyma, auch ein antikes Theater abseits der Straße, von dem nur ein paar Steinstufen zutage lagen, alles andere blieb unter der Erde verborgen, bewacht von Kühen. Die Endstation der kleinen Reise war Bodrum, das antike Halikarnassos, das sich heute als das Saint Tropez der Türkei anpreist. Ich war mit C., die für das Goethe-Institut unsere Reise mit organisiert hatte, von Muğla aus vorausgefahren, da sie am nächsten Morgen mit der Fähre nach Kos wollte. Zu sehen war Kos, die Insel des Asklepios, nicht, jedenfalls nicht an jenem Tag. Würde man aber der Landzunge, die sich nördlich von Bodrum ins Meer erstreckt, folgen, sollte Kos zu sehen sein. Am Kartenschalter der Fähre standen vor uns zwei Männer und eine junge attraktive Frau. Die beiden Männer radebrechten mit der Frau auf Englisch. Ich weiß nicht mehr, ob es ihr Akzent war, der mich darauf brachte, dass sie russischsprachig sein müsse, oder ob sie tatsächlich ein paar russische Worte wechselten. Die Männer redeten untereinander türkisch. Plötzlich stieß mich C. an und lenkte mit einer Kopfbewegung meinen Blick auf die Fahrkarten, die einer der Männer gerade bezahlte und an sich nahm. Was sollte ich denn sehen? »Dreimal Hinfahrt, zweimal Rückfahrt. Die liefern die Frau nach Kos«, sagte C. »Furchtbar!«

Ich fand C.s Deutung ziemlich gewagt. Sie erklärte mir, dass dies ein beliebter Weg gen Westen sei, denn in die Türkei kämen russische Staatsbürger ohne Visa, und von hier hinüber in die EU, also auf eine der Inseln, sei keine Schwierigkeit. Sie erzählte von einem befreundeten Ehepaar, das eine junge Russin aufgenommen hätte. Die sollte von Bodrum über Kos in die EU geschleust werden. Man hatte ihr eine gute Arbeit versprochen, am Ende ging es um Prostitution. Sie war ihren Schleusern entkommen, saß aber jetzt voller Angst auf Kos fest. Nicht mal das Haus traue sie sich zu verlassen. Wenn ich mitkäme, könnte ich vielleicht sogar mit ihr sprechen.

Am nächsten Morgen brachte ich C. zur Fähre. Die beiden Männer und die Russin sah ich nicht.

Abends, die anderen waren nachgekommen, gingen wir essen. Wir waren eine kleine Gruppe. Obwohl Restaurant an Restaurant grenzte und Tische und Stühle die Straße bis auf einen schmalen freien Streifen okkupiert hatten, brauchte es eine Weile, bis sich ein freier Tisch für uns fand.

Mitten im Essen fragte mich plötzlich meine Kollegin Katja, was das denn da oben für Rauch sei, und deutete auf die Dachgaube des Hauses, vor dem wir saßen. »Das ist doch noch nicht die Küche!« Sie hielt einen der vorbeieilenden Kellner an und machte ihn auf den Rauch aufmerksam. Der nickte, erkundigte sich bei uns, ob alles in Ordnung sei und ob es uns munde, und verschwand im Eilschritt mit Stapeln benutzter Teller. Wir aßen weiter und sahen auf den Rauch, der stärker zu werden schien. Wir standen auf und gingen ins Restaurant und konnten uns dank unseres Übersetzers verständlich machen. Als wir wieder herauskamen, glaubten wir, Flammen hinter der Scheibe zu sehen. Mittlerweile hatten auch die anderen Tische um uns herum bemerkt, dass es im Dachgeschoss des einstöckigen Hauses brannte. An dem Tisch unmittelbar unter dem Fenster erhoben sich die Gäste. Zu viert trugen die Männer den schweren Tisch etwa zehn Meter weiter. Sie setzten ihn dort ab, wo bisher für die Fußgänger Platz geblieben war. Zuerst hatte ich die Gesellschaft der Tafelnden für ihre Ruhe bewundert, mit der sie eine Panik vermieden. Doch als die anderen mit ihren Stühlen nachkamen, sich an dem neuen Standort niederließen und weiteraßen, verging mir die Bewunderung. An den entfernten Tischen hatte sich nichts verändert. Sie tafelten genüsslich, und die Kellner rannten hin und her, und ich muss gestehen, ich kaute auch noch. Und über uns drang schwarzer Qualm aus dem Fenster, das keine fünfzehn Meter Luftlinie entfernt war. Ich selbst blieb untätig, nur dass ich nicht mehr saß, sondern stand. Die Feuerwehr mit ihrem rot-blauen Warnlicht kam gemächlich und eher wie zufällig herangerollt, kein Sirengeheul, kein Tatütata. Ihretwegen mussten jetzt doch ein paar mehr Tische weggetragen werden. Und ich war froh, wenigstens *dabei* helfen zu können. Die Kellner eilten mit vollen Tellern heraus und mit leeren Tellern hinein. Die Feuerwehr aber schien beim Anblick des Brandes im Dach von derselben Gleichgültigkeit übermannt worden zu sein wie die Gäste des Restaurants. Einer der Feuerwehrmänner kletterte auf den Feuerwehrwagen und rüttelte an der Leiter, die obenauf lag. Als er sie endlich frei hatte, ließ er sie im nächsten Moment aus den Händen fallen, so dass sie schräg auf dem Dach des Wagens liegen blieb. Mehr Aktivitäten gab es vorerst nicht, bis ein junger Mann mit einer Haushaltsleiter aus der Restauranttür schritt. Er stellte seine Leiter unter dem Fenster, in dem es brannte, auf und kletterte selbst hinauf, bekam das Gitter eines Gaubenfensters zu fassen, hielt sich daran fest und schwang sich hinauf auf die Dachschräge. Während die Gäste bereits zu applaudieren begannen, schlug er die Scheibe ein. Katja fragte mich, ob das eine gute Idee sei, ob das nicht das Feuer nun gerade anfache. Aber in diesem Moment rutschte der Kletterheld schon wieder hinunter und ließ sich von zwei oder drei Kellnern auffangen. Erst jetzt fuhr langsam im Rückwärtsgang ein Lkw mit einem Wassertank heran, der Schlauch wurde ausgerollt, weitere Tische mussten weggetragen werden, wobei die Tafelnden sie so wieder aufstellten, dass sie das Geschehen im Blick behalten konnten. Wir zahlten und machten uns aus dem Staub. Als ich am nächsten Morgen die Straße mit den Restaurants aufsuchte, die alle noch geschlossen hatten, war an Stelle der Dachgaube ein großes schwarzes Loch. Aber darunter standen die Tische und Stühle, die, wie ich auf den zweiten Blick sah, aneinandergekettet waren.

Glauben Sie mir bitte. Wenn ich diese Szene erfunden hätte, hätte ich sie plausibler erfunden.

Ich hatte immer die Absicht, diese unterschiedlichen Erlebnisse in einer Erzählung zusammenzubringen. Die (womöglich) geschmuggelte oder verkaufte Russin, diese Apathie und diese Hilflosigkeit, die auch mich angesteckt hatten, angesichts eines Brandes. Und dies vor dem Hintergrund dieser uralten und zugleich ganz gegenwärtigen Grenze zwischen dem Osten und dem Westen, an der das alte Ionien buchstäblich aus dem Boden hervorschimmert und die europäische Literatur unter dem Namen Homer mit dem Trojanischen Krieg und der Odyssee begann.

Spätestens seit dem Sommer dieses Jahres weiß ich, dass ich diese Geschichte wohl nicht mehr schreiben werde. Die Flüchtlinge, die in Bodrum oder Kos auf Touristen treffen, die in dem Meer baden, das für die anderen Tag für Tag zum Grab wird, offenbaren den Zwiespalt unserer Welt auf eine so dramatische Art und Weise, dass mein damaliges Erlebnis dahinter verblasst. Ich käme mir vor, als würde ich nachträglich ein Menetekel installieren. Aber vielleicht war das auch nur der Anfang einer ganz anderen Geschichte.

(2015)

Vierter Versuch. Über die Unsichtbarkeit des Wirklichen. Noch ein Dialog

A: Mir fällt es immer schwerer, über etwas zu schreiben.

B: Aber schreibt man denn nicht immer über etwas?

A: So meinte ich das nicht.

B: Es ist doch ganz gleich, worum es geht, man sagt immer: Ich schreibe über Liebe und Tod, über Fußball und Flüchtlinge, über das Jetzt und Hier. Man sagt ja nicht: Ich schreibe Liebe und Tod. Nur: Ich schreibe einen Artikel, einen Roman, ein Gedicht. Wer schreibt und das Geschriebene veröffentlicht (selbst wenn ich es nur einem Menschen vorlese, ja selbst wenn ich etwas schreibe, das nur mir allein zu mehr Klarheit oder Unklarheit verhilft), schafft ein Faktum in dieser Welt.

A: Ich weiß ja, das weiß ich doch!

B: Es gibt dann eben diesen Artikel oder dieses Gedicht. Ich stolpere über einen Artikel oder ein Gedicht zwar anders, als ich über einen Baumstumpf stolpere, aber beide Arten des Stolperns wirken auf mich. Das eine wie das andere kann ich nach zehn Minuten bereits vergessen haben – oder es lenkt mein Leben in eine andere Bahn. Die Entscheidung, ob etwas wichtig ist und wie bedeutsam es ist, hängt auch vom Zusammenhang ab …

A: Das ist mir schon klar! Du musst mich nicht trösten oder aufbauen. Ich habe mich ungeschickt ausgedrückt. Ich versuche ja selbst herauszufinden, was ich mit diesem Überdruss am darüber Reden und Schreiben meine. Mal erscheint mir alles offensichtlich und überdeutlich, weil klar ist, dass es so nicht weitergeht. Sehe ich etwas anders hin, gibt es weniger Eindeutigkeit denn je. Nie ist das drin, was draufsteht. Und selbst das stimmt nicht immer.

B: Das kenne ich. Noch als Schüler las ich bei Stephan Hermlin den Satz: »Wer schreibt, muss handeln.« Das heißt, die Einsicht, die beim Schreiben entsteht, kann nicht folgenlos für meinen Alltag bleiben. Ich habe das immer abgewandelt in die Formel: Die Einsicht, die mich beim Lesen trifft, kann nicht folgenlos bleiben. Das stimmt doch heute noch genauso.

A: Ja, schon, und zugleich klingt dieser Satz wie aus einer fernen, übersichtlicheren Zeit. Ohne Verdrängung lässt sich unser heutiger Alltag weniger denn je bestehen.

B: Du meinst, dass es kaum möglich ist, eine Woche lang einkaufen zu gehen, ohne eine Schweinerei zu begehen? Und je weniger Geld jemand hat, umso schwieriger wird das?

A: Ja. Das auch. Du kannst nehmen was du willst. Du musst nachbohren, weil das meiste indirekt wirkt und unsichtbar bleibt in unserem Alltagsleben. Wir sehen nur das Smartphone oder das Hühnerei, das schöne Baumwollhemd oder den guten Kaffee.

B: Du meinst die Herstellung dieser Dinge? Du meinst, wenn wir wüssten, wie jedes unserer Produkte entsteht, wäre alles fragwürdig?

A: Es ist alles fragwürdig.

B: Aber weder du noch ich möchten unser gutes Leben aufgeben. Jedenfalls nicht grundsätzlich. Und wir möchten trotzdem nicht aufhören, über diese Welt nachzudenken.

A: Das ist erst mal ein Widerspruch, oder? Und es bleibt einer, wenn sich dadurch nichts verändert.

A: Und die Literatur? Hat die was dazu zu sagen?

A: Du meinst, sie ist viel zu harmlos?

B: Das wäre zumindest ein begründbarer Anfangsverdacht.

A: Literatur wehrt sich per se gegen alle Instrumentalisierung. Du kannst nicht sagen: Weil die Situation so unerträglich ist, schreibe ich jetzt ein Buch über Flüchtlinge, über Hunger, über Ungerechtigkeit. Das wäre lächerlich.

B: Wieso?

A: Weil es dann letztlich Werbung wird in der einen oder anderen Form. Wenn am Anfang feststeht, was am Ende rauskommen soll, brauchst du gar nicht erst anzufangen mit dem Schreiben.

B: Oder mit dem Reden.

A: Wenn das eine wie das andere keine Unternehmung mit offenem Ausgang ist, sollten wir es lassen. – Was ist?

B: »Unternehmung mit offenem Ausgang …«

A: Ja, was stört dich daran?

B: Das klingt, entschuldige, als würden wir uns auf einen gefährlichen Weg begeben, eine Flucht, als müssten wir uns Schleusern überantworten.

A: Keine schlechte Metapher!

B: Ich meine das ganz und gar nicht metaphorisch!

A: Ich habe eine Schwäche für Schleuser.

B: Weil du sie metaphorisch nimmst. Schleuser sind Kriminelle, die aus der Not flüchtender Menschen ein Geschäft machen, um es mal milde auszudrücken.

A: Ich habe einen Freund, der ist Schleuser.

B: Du kennst einen Schleuser?

A: Ja, Rick, eher ein Hobbyschleuser. Ich kenne ihn schon lange, dreißig Jahre ungefähr. Damals war er der Chef einer Bar, in der sich Abend für Abend alle trafen, die etwas auf sich hielten und sich vergnügen wollten. Sogar Militärs waren dabei, Offiziere einer im Lande nicht geliebten Armee.

B: Und wieso wurde dein Rick zum Schleuser?

A: Durch Zufall. Jemand, dem die Polizei im Nacken saß und der Rick vertraute, gab ihm zwei Visa zur Verwahrung. Rick gab diese Visa schließlich an zwei Flüchtlinge weiter, deren Leben bedroht war. Damit sie auch wirklich fliehen konnten, musste Rick sogar zum Mörder werden. Er erschoss einen hohen Offizier.

B: Er hat einen Offizier erschossen?

A: Liebe spielte dabei eine Rolle.

B: Kein Grund für mildernde Umstände.

A: Aber sein Mord an dem Offizier tat unserer Freundschaft keinen Abbruch. Im Gegenteil.

B: Spinnst du? Hast du ihn nicht angezeigt?

A: Nein. Ich – und nicht nur ich – war der Überzeugung, dass Rick alles richtig gemacht hatte. Das war sogar der Beginn einer wunderbaren Freundschaft.

B: Ach so, jetzt verstehe ich. Geh ich recht in der Annahme, dass Rick auch mein Freund ist?

A: Zu seiner Zeit, 1943 in Casablanca, oder besser gesagt in den Warner Bros. Studios, konnte man sich wohl nicht vorstellen, dass die Menschen eines Tages in Richtung Europa flüchten würden, ausgerechnet auch noch in Richtung Österreich und Deutschland.

B: 1977 flüchtete mein Vater mit meinen beiden Halbbrüdern und seiner zweiten Frau in einem Containerwagen von Deutschland Ost nach Deutschland West. Im Osten hießen diese Schleuser Menschenhändler, weil sie dafür Geld verlangten, in diesem Fall wohl sogar eine sechsstellige Summe. Im Westen hießen sie Fluchthelfer, weil sie für eine gute Sache ein hohes persönliches Risiko eingingen.

A: Als Äquivalent für ein paar Jahre DDR-Knast ist das nicht viel Geld.

B: Die Familie meines Vaters wusste nicht, wer die Türen ihres Containers wieder öffnen würde. Sie gingen das Risiko ein, obwohl ihr Leben nicht bedroht war. Sie hatten ein Dach überm Kopf, genug zu essen und zu trinken, medizinische Versorgung, und die Ausbildung für die Kinder war in Ordnung. Trotzdem empfanden sie den Druck als so groß, dass sie die Flucht wagten.

A: Niemand, der halbwegs bei Verstand war, wäre damals auf die Idee gekommen, diese Schleuser als Kriminelle zu titulieren. Zu Recht gab man jenen die Schuld, die solche riskanten Eskapaden provozierten, weil es kaum eine andere Chance gab, hinauszukommen.

B: Aber die Schleuser heute haben Menschenleben auf dem Gewissen.

A: Das wird auch niemand bestreiten. Aber das ändert nichts an dem Umstand, dass diejenigen schuld sind, die Schleuser notwendig machen. Praktisch jeder Flüchtling, der heute nach Deutschland kommt, schafft es nur dank der Schleuser. Wenn wir jemandem das Recht zugestehen, sich vor Krieg, Hunger, Verfolgung, Folter, Versklavung, Vergewaltigung und Obdachlosigkeit zu retten, dann sind diejenigen, die das bewerkstelligen und in die Tat umsetzen, die Schleuser.

B: Du meinst, ohne Schleuser kein Selfie mit der Kanzlerin. Aber wir verfehlen unser Thema.

A: Ich hoffe nicht. Worum es mir geht: Der Kampf gegen Schleuser ist auch ein Kampf gegen die Sichtbarkeit, gegen das Unmittelbare.

B: Dagegen, dass die Welt wieder vor unserer Haustür steht?

A: Ja. Dank der Schleuser wird das Unsichtbare wieder sichtbar.

B: Oder das schlecht Sichtbare und Verdrängte wird deutlich erkennbar und gegenwärtig.

A: Du sagst es. Und damit hast du auch deine eigene Frage beantwortet.

B: Welche Frage?

A: Die nach der Literatur.

B: Wieso?

A: Das schlecht Sichtbare und Verdrängte wird deutlich erkennbar und gegenwärtig. Das hast du gesagt. Das Unsichtbare wird sichtbar. Das wäre für mich das wichtigste Kriterium für Literatur.

B: Das ging mir jetzt ein bisschen schnell.

A: Wir haben ja Zeit.

(2015)

I

Über Literatur

»... DER GEFRORENE SCHNEE KNIRSCHTE UNTER DEN SOMMERSCHUHEN.«

Ludwig Greves Sentimental Journey in Briefen und Prosa

Für Jaap Jansen

Als der neunzehnjährige Ludwig Greve[1] am 27. Februar 1944 in einem Brief an den piemontesischen Pfarrer Don Raimondo Viale verschlüsselt meldet, dass er und seine schwer verwundete Mutter nach dreitägiger Reise sicher in Lucca angekommen seien, weiß er, dass sich sein Vater und seine fünfzehnjährige Schwester auf einer anderen Reise befinden. Sie wurden im Januar verhaftet. Die Deportation kam der Befreiung der beiden, die Ludwig Greve und Don Raimondo geplant hatten, um Stunden zuvor.

Anderthalb Jahre später, im Oktober 1945, bedankt sich Ludwig Greve von Haifa / Palästina aus bei dem Priester. In diesem Brief kündigt er an, ein Buch schreiben zu wollen. »Dieses Buch, mein erstes, wird Ihnen, Ihrer Stadt und Ihren Bergen gewidmet sein, Ihrer so schönen Landschaft, Ihren Bauern, Ihren Bürgern, Ihren Frauen und Männern und Ihren Priestern. In dieser äußersten Prüfung gibt es keine Gefallenen, es gibt keine Zurückgelassenen, sie haben alle standgehalten, einer wie alle. Das ist das Antlitz des Menschen, von dem ich spreche.« Erst im Postskriptum des Briefes, in dem die Grüße der Mutter übermittelt werden, findet sich der Satz: »Wir haben von unseren Lieben nie mehr etwas gehört.«

In den Nachkriegsjahren, aber auch noch Jahrzehnte später, wird Ludwig Greve immer wieder von Freunden dazu aufgefordert, über das, was ihm und seiner Familie widerfahren ist, zu erzählen. Er wehrt ab – selbst gegenüber jenen, die mit ihm in Frankreich auf der Flucht waren oder ihm halfen.

»Um ganz ehrlich zu sein – ich beginne unwiderstehlich zu gähnen, wenn ich von meiner ruhmreichen und glorreichen Vergangenheit erzählen soll«, schreibt er Hans Windmüller am 14. Februar 1946. »Mein Schicksal ist nicht mein Schicksal, sondern das einer Zeit und dreier Generationen, ich bin dabei reichlich unwichtig, und es bedarf mehr als eines Briefes und mehr als eines Buches, um diese klaffende Frage in ihrem ganzen Schmerze aufzurollen, und wohl mehr als eines Lebens, um sie zu beantworten. Ich bitte Dich darum, mir zu verzeihen.« Das klingt wie eine endgültige Absage. Wer hat schon mehr als ein Leben? Dann aber setzt er noch einmal an, um sein Schweigen zu begründen: »(...) ich halte es für unmöglich, besonders einem der nicht ›dabei‹ war, irgendetwas Aufschlußreiches und Wesentliches über diese Zeit zu sagen, in Form eines Briefes, das Anderes und Wahreres geben könnte als die üblichen Zeitungsgeschwätze butterbrotkauender Redakteure.« Die Aussage dieses Satzes richtet sich nach der Betonung: Legt man sie auf die Unmöglichkeit der Mitteilung an jemanden, der es nicht selbst erlebt hat – oder auf die Unmöglichkeit der Mitteilung außerhalb der Literatur.

Ein Dreivierteljahr später bekennt sich der zweiundzwanzigjährige Ludwig Greve gegenüber demselben Freund dazu, Schriftsteller zu sein. »(…) mein Wille zur Kunst ist keine leicht eitle Tändelei, sondern ein Muß (…) These: Ich habe eine Begabung. Ergo eine Verpflichtung. Und Pflicht ist es mir – und meine Lust, und meine Liebe, und meine Not, und meine Ekstase in dieser meiner Arbeit zu leben, diese meine Arbeit zu leben und mich ihr zu geben ohne Maß und ohne Vorsicht.« Und apodiktisch endet er: »Wenn Du mal etwas von mir lesen wirst, wirst Du wissen, wer ich wirklich bin« (an Windmüller, 17. November 1946).

Literatur als Notwendigkeit. Die Grenzen dessen, was ein Mensch ertragen kann, und die Grenzen dessen, was sagbar und mitteilbar ist, sind in den Briefen und autobiographischen Schriften Ludwig Greves stets gleichermaßen gegenwärtig. Leben und Schreiben sind miteinander verflochten.

Nicht von ungefähr ist »Itinerar« – zehn Gedichte, die einzelne Stationen der Flucht, der Auswanderung nach Palästina und der Rückkehr aus Israel nach Europa memorieren – seine erste veröffentlichte Sammlung von Gedichten. Und nicht zufällig sind diese Gedichte Teil einer gemeinsamen Unternehmung, des von HAP Grieshaber initiierten Buches »Hommage à Werkman«, einer Ehrung des niederländischen Druckers und Künstlers Hendrik Nicolaas Werkman aus Groningen, der im April 1945, kurz vor der Befreiung, erschossen wurde.

Die vorliegenden Briefe lassen sich auch als Kommentar eines lyrischen Werkes lesen. Hier erfährt man Entscheidendes über dessen Entstehung, auch darüber, wie Gedichte Geist und Körper »heranziehen« und sich wieder von ihnen »ablösen« und wie vieler Prüfungen und Verwerfungen es bedarf, bis ein Wort, eine Zeile, eine Strophe für gültig befunden wird. Ludwig Greve war ein unerbittlicher Kritiker seiner eigenen Arbeiten.

Nach dem Erscheinen seines ersten Buches, des Bandes »Gedichte« im Jahr 1961, ist es vor allem die Rezension seines Freundes Werner Kraft, die ihn freut. Ludwig Greve schreibt: »Verschiedene Prägungen – wenn ich das überhaupt sagen darf! – sind großartig: so der Satz ›Unsagbares ist hier gesagt, entsprechend‹. Dieses an sich abgeschliffene Wort ›entsprechend‹ rauscht plötzlich von vergessener Bedeutung« (an Kraft, 22. Februar 1962).

Das Unsagbare entsprechend sagen – das könnte als Motto über Leben und Werk von Ludwig Greve stehen. Was aber ist »Unsagbares«? Was bedeutet »entsprechend«?

In welcher Richtung zu suchen ist, zeigt ebendiese Rezension. Werner Kraft schreibt über das Gedicht »Lucca, Giardino Botanico«, gewidmet »Dem Gedächtnis an Evelyn Greve, die im Frühling 1944, fünfzehnjährig, deportiert wurde«: »In der letzten (Strophe) ist etwas geschehen, was nicht dem Dichter zur Last gelegt zu werden braucht, sondern eher dem Umstand, daß im gegebenen Sprachmaterial die Gestaltung an einem Punkt versagen mußte. (…) Daß dieser Reim mißglückt ist, läßt sich aber auch positiv deuten: vielleicht darf es hier keinen Einklang geben. Ein anderes Reimwort für ›begegnen‹ wäre denkbar, ein anderes für ›Unterlegenen‹ kann es nicht geben, die Prosaaussage dieses Satzes (die natürlich auch eine Versaussage ist, aber später) muß erhalten bleiben« (zit. in den Anm. zum Brief an Kraft).

Der »mißglückte« Reim, der verweigerte Einklang können als Elemente des »entsprechend« gedeutet werden. Bei solchen Behauptungen tastet man sich im Vagen vor. Hier gibt es kein: So ist es! oder gar: So muss es sein! Doch wie jeder ein Gespür für das angemessene Wort im Alltag entwickeln kann – oder es vermissen lässt –, gibt es für den Schreibenden das Gespür für das Entsprechende, das Angemessene in der Darstellung. Die Frage: »Wie schreibe ich heute eine Geschichte, wie kann ich heute ein Bild malen, eine Melodie komponieren?«, hat sich letztlich jeder zu stellen, der sich in den Künsten versuchen will.

In Ludwig Greves Vortrag »Warum schreibe ich anders«, gehalten 1976 auf Einladung von Uwe Pörksen vor Freiburger Studenten, spricht er auch über die Tage, in denen Vater und Schwester verhaftet wurden. Im Winter 1943/44 versteckt ein Bauer im piemontesischen Bergdorf San Michele die Familie, sie leben von den Zuwendungen der Dorfbewohner. Bei dem Beschuss des Dorfes durch deutsche Einheiten als Vergeltung für Partisanenaktionen werden seine Eltern durch Granatsplitter verletzt, seine Mutter schwer. »Da wir glaubten, daß sie eine weitere Flucht nicht überstehen werde, sahen wir keinen Ausweg, als der erklärten Freundlichkeit ausgerechnet der Carabinieri zu trauen, die unser Versteck entdeckt hatten. Am nächsten Morgen machte sich mein Vater mit meiner fünfzehnjährigen Schwester, dazu hatte der Dorfpfarrer geraten, auf den Weg in die Provinzhauptstadt Cuneo. Ich brachte sie zur Straße hinunter, der gefrorene Schnee knirschte unter den Sommerschuhen. Meine kleine Schwester hatte Angst, wie so oft, ich schalt sie aus. Als sie sich in einiger Entfernung noch einmal umdrehten, hob ich den Arm und rief: ›Bis heute Abend!‹ Ich rief sie nicht zurück.«

Wenige Wochen später – die »Bedrohung hielt an, aber

es gab Menschen, die bereit waren, sie mit uns zu teilen« – beginnt er zu schreiben. »Was den Anstoß gab, habe ich vergessen«, heißt es in seiner Freiburger Vorlesung. »Ich hatte keine Mühe, mich wie in Menschen, zu denen ich Zutrauen gefaßt hatte, in ihre Sprache einzufühlen. Es gibt so was wie ein Gehör für Worte, das hatte ich wohl, im Gespräch oder beim Lesen. Ich erriet mehr als ich verstand. Aber das nichtgerufene Wort, an dem ich seit jenem Morgen würgte, konnte weder erraten noch gelernt werden, es mußte mir, entschuldigen Sie das Pathos, widerfahren.«

Widerfahren bedeutet auch: warten können. Und den Widerspruch aushalten, Erfahrungen gemacht zu haben, die nicht allein als individuelle beschreibbar sind, weil sie millionenfach gemacht wurden, und sich andererseits dagegen zu behaupten, entindividualisiert, zu etwas gemacht zu werden. Ludwig Greve hat der Gefährdung, Jude zu sein – »›Gleich, was du von dir denkst, du bist und bleibst Jude‹, sagte Auschwitz« (György Konrád)[2] –, weitere Gefährdungen hinzugefügt, indem er in Frankreich als Mitglied der Résistance Flüchtlinge an die spanische und Schweizer Grenze schleuste und in Italien an der bewaffneten Befreiung von Lucca teilnahm. Aber auch nach der Zeit der unmittelbaren Gefährdung nimmt er es nicht hin, »schicksallos« zu sein. »Ich wollte, je älter ich werde, kein ›Fall‹ sein, sondern nach meinen eigenen Bedingungen leben« (an Ernst Papanek, 18. November 1967). Und zugleich ist es dieses »nichtgerufene Wort«, das hinter allem steht, was er schreibt.

Bei Ludwig Greve scheint mitunter in einem einzigen Satz eine ganze Poetik auf: »Ich brachte sie zur Straße hinunter, der gefrorene Schnee knirschte unter den Sommerschuhen.« Dass Schnee in großer Kälte unter den Schuhen knirscht, ist bekannt. Aber es sind Sommerschuhe, in denen die Familie durch den Schnee gehen muss. Ich hatte in der ersten Lektüre überlesen, was eigentlich nicht zu überlesen ist. Erst beim Wiederlesen traf es mich. Ludwig Greve evoziert durch dieses eine Detail die ganze Situation. Die Kälte kriecht im Leser selbst hoch, gerade weil er derart diskret und präzise schreibt. Nur muss man diese Prosa – eigentlich eine Selbstverständlichkeit – so genau wie Lyrik lesen.

In den Jahren 1952 und 1955 ist Ludwig Greve genötigt, über die Zeit der Flucht und des Widerstandes zu schreiben, um für sich selbst, er ist völlig mittellos, wie für seine Mutter, die noch immer unter den Folgen der Verwundung leidet, finanzielle Unterstützung zu beantragen. So entstehen »Übersetzung meines Lebens ins Lebensläufische« (1952), »Lebenslauf und Verfolgungsbericht« (1952) und die »Eidesstattliche Versicherung« (1955).

Doch selbst in diesen für Ämter und Kommissionen bestimmten Schreiben verweist er auf die Unangemessenheit der amtlichen »lebensläufischen« Sprache für das Erfahrene. Es bedarf der Übersetzung. Wie reagiert ein Beamter, der einen Lebenslauf erwartet, auf einen Satz wie: »1933 sah ich weinend aus dem Fenster nach den ersten Hitlerjugendaufmärschen und erfuhr, dass ich ›Jude‹ sei, eine geheimnisvolle Krankheit.« Oder: »Ich lernte, meine Augen zu leeren und meiner und der Freunde Angst Gewalt anzutun. Ich wurde mehrmals verhaftet und entkam.«

Der früheste dieser Berichte (»Übersetzung meines Lebens ins Lebensläufische«) ist auf den ersten Blick der literarischste, doch auch jener, der am wenigsten preisgibt. Hier rebelliert jemand gegen die amtlichen Kategorisierungen und führt diese ad absurdum. Legt man die »Übersetzung«

neben den »Verfolgungsbericht«, der aus dem gleichen Jahr stammt, so ließe sich die Übereinstimmung im Inhalt für Zufall halten, so verschiedene Sprachen sprechen sie. Der »Verfolgungsbericht«, vor allem aber die »Eidesstattliche Versicherung« von 1955 mit ihrer Konzentration auf die Ereignisse in den piemontesischen Bergen im Winter 1943/44 machen den Eindruck, als bediente sich Ludwig Greve bewusst des amtlichen Tonfalls als stilistisches Mittel, um etwas niederzulegen, was einem Brief anzuvertrauen ihm kaum möglich war. Es ist, als hätte ihm ein Beamter, wie bei Brecht der Zöllner dem Laotse, ein Werk abgefordert. In »Lebenslauf und Verfolgungsbericht« findet sich eine Begründung, warum Ludwig Greve nach Deutschland zurückkehrt. Darüber hinaus sagt sie viel über seinen Blick auf die Welt. »Den Haß, den viele Menschen in Palästina gegen Deutschland hegen, fand ich, wenn auch begreiflich, dumm und selbstgerecht. Ich fühlte mich außerdem nicht wohl unter ›Siegern‹. Ich war außerdem der Ansicht, daß es nicht genüge, ein Volk zu verdammen, das schreckliche Taten begangen und geduldet hatte: sondern daß jedes Volk zu solchen und ähnlichen Taten fähig war und ist, ließ mich nicht ruhig schlafen.« So schreibt keiner, dessen Blick auf die Welt durch das selbst erfahrene Leiden beschränkt wird. Wie ein Forscher fährt er fort: »Ich wollte wissen, wie es dazu gekommen sein konnte, daß Mord belobt, Raub geehrt und Grausamkeit ausgezeichnet werden konnte.« Den möglichen Einwand, die Ansprüche relativ spät nach seiner Re-migration gestellt zu haben, entkräftet er: »Ich sah eine zerschossene Stadt und arme und leidende Menschen. Es schien mir merkwürdig, an diese Menschen Ansprüche zu stellen.«

Aber vergessen ist nichts. Die »Eidesstattliche Versicherung« endet mit der Wendung: »Ich glaube, daß diese ausführlichen Äußerungen, obwohl sie von dem Sohn stammen, der Behörde dazu verhelfen können, ebenso großzügig zu sein wie das Volk, das sie vertritt im Morden es war.«

Von Ludwig Greves autobiographischer Prosa wurde zu seinen Lebzeiten kaum etwas veröffentlicht. Die Schilderung der »Geschichte einer Jugend« bricht kurz vor Ausbruch des Zweiten Weltkriegs ab, sie erschien posthum. Doch wie ein roter Faden ziehen sich die Berichte über seine Prosaversuche durch die Briefe. Und von Anfang an ist es vor allem eins, was er von sich fordert: Leichtigkeit! »Dabei träume ich von Stoffen mit großer Leichtigkeit« (an Herbert Schwöbel, 4. Juli 1958).

Eine der frühesten Erwähnungen findet sich in einem Brief an Walter Höllerer: »Etwas später möchte ich Ihnen, wenn es Sie interessiert, auch Prosa schicken, möchte aber noch daran arbeiten« (17. November 1959). Vier Tage darauf heißt es an Werner Kraft: »Jetzt möchte ich Prosa machen« (21. November 1959). Und kurz vor Weihnachten desselben Jahres schreibt er an das Ehepaar Gerhard und Barbara Wind: »Nun kann ich dem Trümmerfeld meiner Prosa nicht länger ausweichen« (21. Dezember 1959).

Drei Jahre später ist es die Trauer über den Tod des Galeristen Otto Lutz, »dessen Freundschaft vor allem mir lange die Heimat ersetzte, bis ich sie in der Landschaft wiederfand«, die ihm die Zunge löst und ihn grundsätzlich werden lässt: »Wenn so einer stirbt, sieht man, wie viel er vermochte u. wie modisch das Gerede von unserer Ohnmacht ist: es ist eine Ausrede.« Und als hätte er dabei vor allem sich selbst gemeint, fährt er ohne Absatz fort: »So sehr ich mich davor fürchtete, will ich doch versuchen, Prosa zu schreiben, nicht noch eine Geschichte vom Krieg, sondern meine Jugend darin. Ich glaube, es ist jetzt Zeit, da ich eingesehen habe, daß der Reichtum, die unendliche Verquickung aller mit allem, nur von einer ruhigen Sprache getragen werden kann. Die Schwäche gestikuliert« (an Werner Kraft, 13. Dezember 1962). Fast gleichlautend heißt es vier Tage später an Wilhelm Lehmann: »Vor allem im letzten Jahr ist mir der Reichtum, der uns umgibt u. mit uns verquickt ist, aufgegangen u. daß nur eine ruhige, gelassene Sprache imstande ist, ihn zu tragen. Die Schwäche phantasiert« (17. Dezember 1962). Das Buch, das er Don Raimondo im Herbst 1945 versprochen hat, scheint siebzehn Jahre später noch das nämliche zu sein, auch wenn die steten Überlegungen zu dessen Gestalt, dessen Stil, dessen Klang vorbereitend daran formen. Ludwig Greves Gedichte haben diesen Wunsch nicht vermindert.

Wiederum gegenüber Werner Kraft beschreibt er sehr präzis und knapp einen Konflikt, den jeder kennt, der es mit dem Schreiben versucht hat: »Einerseits scheint es mir unmöglich, etwas zu ›erfinden‹, da das Erlebte für sich spricht. Auf der anderen Seite stehe ich mir immer noch im Wege.« Der Ausweg: »Ich träume von einem Buch, in dem der Erzähler sich selbst als Figur behandelt wie der Adolphe von Constant, oder wie Jünger in seinen besten Büchern« (14. März 1963). Sich selbst zur Figur zu machen – in seinen Gedichten ist ihm die Distanz zu sich selbst bereits gelungen.

An anderer Stelle insistiert er auf Nüchternheit und das eigene Erlebnis: »Auch ich denke, wenn ich später etwas Episches schreiben sollte, nur an einen ›Bericht‹, nicht an einen Roman. Mir scheint, daß die Realität zur Kunst zu verwandeln, das Gesetz der heute Lebenden ist. Sie mögen einwenden, es war es immer. Aber nie so kraß, nie in einem solchen Verhältnis, bei dem der Künstler nicht die Augen schließen darf« (an Elisabeth Dünkelsbühler, 4. Januar 1962).

Hat er hier auch an seine eigenen Berichte gedacht, die er den Behörden schrieb? Das, was Ludwig Greve fassen und benennen will, ist die »teuflische Mechanik« des Geschehenen – und zugleich gilt es, etwas dagegenzusetzen, das ein Weiterleben möglich macht: »Das hat mir in den Jahren nach dem Krieg das Leben unmöglich gemacht, zu wissen, daß nur wenige Menschen dem widerstehen können. Die anderen sind keine Teufel, weit entfernt davon. Teuflisch ist vielmehr die Mechanik, in die sie, ihr Talent, ihr Fleiß, ihr Lebenswillen, ihre Liebe – alles legitime Dinge! – gepresst werden. Das ist hundertmal geschrieben worden, fast immer mit Gefühl oder Zorn, also ungenügend. (...) In unserer Sache habe ich nichts vergessen, glauben Sie mir, aber ich habe alle meine Tränen geweint, Haß, Abrechnung – das möge andere beschäftigen, ich möchte etwas tun, damit die Menschen zu leben beginnen: das Mögliche, die Schönheit des Möglichen zeigen« (an Werner Kraft, 12. Juni 1962). Ein Credo seines Schreibens findet Ludwig Greve bei Karl Kraus: »Eine kunstlose Wahrheit über ein Übel, über eine Gemeinheit, ist ein Übel, eine Gemeinheit. Sie muß durch sich selbst wertvoll sein: dann gleicht sie das Übel aus, versöhnt mit der Kränkung, die der Angegriffene erleidet, und mit dem Schmerz darüber, daß es Übel gibt« (an Elisabeth Dünkelsbühler, 13. Oktober 1957).

Aus dieser Haltung heraus bewundert er »A Sentimental Journey Through France and Italy by Mr. Yorick« von Laurence Sterne. Mehrfach spricht Ludwig Greve von seiner eigenen Sentimental Journey. Dabei ging es ihm nicht allein um die geographische Übereinstimmung. Die moderne Prosa von Laurence Sterne, seine Darstellung der Zeit als Nicht-Kontinuum, sein Abschweifen, Aufgreifen scheinbarer Nebensächlichkeiten – und gerade darin seine Unbeirrbarkeit, sich nicht vom Kontext ablenken zu lassen, sondern das ihm Wesentliche zu erzählen – faszinierten Ludwig Greve. Er, der in den Kategorien von Mr. Yorick ein »notwendig Reisender« war, fand bei Laurence Sterne, was er immer von sich selbst forderte: Leichtigkeit, Distanz zu sich selbst, dabei nichts zu »erfinden«, sondern Erlebtes in Kunst zu verwandeln und die Schönheit des Möglichen zu zeigen.

In diesem Sinne schreibt er am 12. Januar 1962 an Josua Reichert: »Ende des Jahres wußte ich den kürzesten Satz: ›Ich lebe.‹ Sowohl Feststellung wie Jubel.«

Manchmal scheint es, als würde das Prosaschreiben glücken. Anfang 1963 meldet er – beinah überschwänglich – an Ludwig von Ficker: »Sie werden lachen, ich habe im neuen Jahr, wie Sie es mir einst rieten – damals konnte ich nicht folgen –, eine größere Prosa begonnen« (7. Januar 1963).

Diesen freudigen Anläufen folgen auch immer wieder resignierte Mitteilungen, er habe seine »biographische« Prosa« beiseitegelegt. An Ernst Papanek schreibt er 1967: »Gewiß hast Du ein Recht zu fragen. Gern wollte man jede Deiner Fragen gerecht beantworten: es gäbe das Buch, das ich vielleicht noch schreiben werde. Du mußt wissen, daß ich viele Jahre nichts hatte, keinen Beruf, keinen Boden – freilich: Freunde hatte ich meist – u. so ein bißchen der Märchenerzähler meiner Aventuren wurde. Nun ist's genug. Ich lebe im Praexus. Goethe war ein alter Mann, als er Dichtung und Wahrheit schrieb. (...) Der ungeformte Stoff ermüdet« (18. November 1967).

Gelingt aber das Schreiben nicht, so hat das Einfluss auf sein Leben. »(...) mein Wohlbefinden (wird) ja auf dem Papier entschieden, sozusagen am grünen Tisch« (an Werner Kraft, 2. Juni 1958).

Es dauerte noch bis in die achtziger Jahre, bis Ludwig Greve seine Sentimental Journey schreiben konnte. In einem Brief an Friedhelm Kemp vom 28. Juli 1984 hält er ein Erlebnis fest, das zum Beginn seiner »Geschichte einer Jugend« werden sollte: »Der Ansatz kam unerwartet, eine Alltagsbegegnung mit einem ›Ostjuden‹, u. als ich, statt einer Erholungsreise sozusagen, mir auf ein paar Seiten Rechenschaft ablegen wollte, was mich daran unangenehm berührte, befand ich mich auf einmal inmitten der Kindheit, die sich unter der Verschüttung bewegte, sodaß die Bilder nicht chronologisch, sondern wie nach einer Vorzeichnung sich zusammenfügten; sagen wir dem Davidstern. ›Das Judentum klebt wie Pech‹, hat Max Fürst am Ende seines Lebens gesagt. Diese immer vermiedene Auseinandersetzung, so wenig originell sie auch erscheint, könnte das Thema sein, das die biographischen Zufälligkeiten bindet.«

Die eigentliche Niederschrift beginnt Ende der achtziger Jahre. Während des Schreibens erschließt sich ihm etwas, wonach er gesucht hat, das aber erst durch die literarische Gestaltung Kontur gewinnt. »Ohne Selbstprüfung wäre das ein Buch eines Überlebenden mehr; es muß aber in der wirren Lebensabfolge etwas stecken, was keinen Namen hat, das zeigt sich langsam« (an Herbert G. Göpfert, 17. August 1989).

»Tief im Satzbau vergraben, ist mir das Tageslicht nur bedingt zuträglich. Es geht voran auf leisen Sohlen, ich bin als Rentier in der Lage, von der eigenen Hand zu lernen« (an Werner Kraft, 17. Februar 1990). Noch aus Stuttgart, kurz vor der Abreise in die Ferien an der Nordsee, meldet er am 4. Juli 1991 an Friedhelm Kemp: »(…) da ich gestern nun doch ›mein Pensum‹ vor der Abfahrt in die Maschine getippt habe, – ein Ab-, ein Übergang, mit Ihnen zu sprechen – kann ich heute die Morgenkühle mit Ihren Gedichten verbringen.«

Was als »Geschichte einer Jugend« zu lesen ist, endet mit einem »Ab- und Übergang«. War der Fortgang der Geschichte durch einige Hinweise im Text selbst schon verankert, so lässt sich jetzt mit Bestimmtheit sagen, dass eine Fortsetzung, der Übergang zu einem nächsten »Kapitel« geplant war. Acht Tage später ertrank Ludwig Greve in der Nordsee.

Was aber waren die Widerstände, die so lange das Gelingen seiner Sentimental Journey verhinderten? Man braucht darin kein Problem zu sehen und könnte mit Ludwig Greve antworten: Jeder hat seine Zeit. Man muss warten können. »Dichtung und Wahrheit« schreibt niemand in jungen Jahren. Man kann es auch auf die Lebensumstände schieben: Erst nach seinem Abschied von »good old Marbach«, dem Literaturarchiv, in dem er über dreißig Jahre lang gearbeitet hatte, »dem Ort, an dem ich gelernt habe, wieder arglos zu sein« (an Walther Migge, 19. Oktober 1984), fand er die notwendige Zeit und Konzentration und Kraft, die für diese Prosa unabdingbar waren. Beides wird eine Rolle gespielt haben. Entscheidend aber ist etwas anderes.

Ludwig Greve wird mit einem Widerspruch konfrontiert, der zuerst von jenen wahrgenommen wird, die, weil sie Juden waren, ermordet werden sollten: Wie lässt sich über das Erlebte sprechen, wenn die Sprache aus einer Welt stammt, die die Erfahrung der Shoa nicht kennt?

Imre Kertész führt in seinem Essay »Die exilierte Sprache« den Begriff des »atonalen Erzählens« ein: »Sehen wir
nämlich die Tonalität, die einheitliche Tonart, als eine allgemein anerkannte Konvention an, dann deklariert Atonalität
die Ungültigkeit von Übereinkunft, von Tradition. Auch in
der Literatur existierte einmal der Grundton, eine auf eine
allgemein anerkannte Moral und Ethik gestützte Wertord-
nung, die das Beziehungsgeflecht von Sätzen und Gedanken
bestimmte. Die wenigen, die ihre Existenz daransetzten,
Zeugnis vom Holocaust zu geben, wußten genau, daß die
Kontinuität ihres Lebens zerbrochen war, daß es für sie unmöglich war, ihr Leben, wenn ich so sagen darf, in der für
sie gesellschaftlich gebotenen Weise fortzusetzen, ihre Erfahrungen in der Vor-Auschwitz-Sprache zu formulieren.«[3]

Die Schriftstellerin Christina Viragh hat den »Roman
eines Schicksallosen« von Imre Kertész aus dem Ungarischen ins Deutsche übertragen.[4] Ihr verdanken wir auch die
Analyse von Stil und Erzählhaltung dieses Buches. In ihren Beobachtungen und Schlussfolgerungen findet sich am
ehesten eine Erklärung dafür, was »Atonalität« literarisch
bedeuten könnte. Und zugleich sollte dies helfen, besser
zu verstehen, was Ludwig Greve unter »entsprechend« verstand. Denn auch er war der Überzeugung, dass wir uns, wie
Kertész es formulierte, »vom Holocaust, dieser unfassbaren
und unüberblickbaren Wirklichkeit (...) allein mit Hilfe der
ästhetischen Einbildungskraft eine wahrhafte Vorstellung
machen« können.[5]

»Verlauf und Ausgang sowohl der historischen als auch
der persönlichen Geschichte stehen ja im Voraus fest, und
daß Kertész sie nicht einfach nacherzählt, kommt daher, daß
er sie sich als stilistische Aufgabe stellt«, schreibt Christina

Viragh.[6] Im Stil aber verkörpert sich auch immer eine Sicht auf die Welt, im Stil offenbart sich das Verhältnis des Autors zur Welt deutlicher als durch »Inhalte« und Erklärungen.

Da sich die Besonderheiten der ungarischen Grammatik im Deutschen nicht ohne weiteres nachbilden lassen, seien vor allem die Wirkungen der verwendeten Stilmittel genannt. Generell stellt Christina Viragh fest, dass »der Autor mit dem Ungarischen ein Medium zur Hand (hat), das ihm die Aktualisierung einer bekannten, doppelt bekannten Begebenheit erlaubt«.

Was den Stil neben der »Aktualisierung« prägt, ist eine Intimität des Erzählens, die wiederum das Bekannte als unbekannt erscheinen lässt. Der Blick auf das Geschehen ist nahezu unbeteiligt. Oder besser: »unbeirrbar von historischen, ethischen oder moralisierend sentimentalen Vorgaben behält der Autor den Blick für das Gesamt des Moments, der neben dem Bekannten notwendig auch Unbekanntes enthält, neben dem Entsetzlichen das Schöne, wobei er, darin liegt seine Kühnheit, aufs Schöne setzt«. Die Vergegenwärtigung bewirkt aber auch, dass der Erzähler / Protagonist Schritt für Schritt in ein Nichts hinaustritt, »das nicht ›Auschwitz‹ ist, sondern das Noch-Nicht des nächsten Augenblicks«. Der Stil spiegelt das Sichvortasten ins Nichts. Dadurch wird das Erzählte nicht nur »zu einer sich im Hier und Jetzt entwickelnden Begebenheit, sondern zu Realität, die den Leser zu aktuellem Nachvollzug zwingt«.

Eine weitere wichtige Beobachtung gilt dem Erzähler. Der vierzehnjährige Protagonisten-Erzähler ist »keineswegs naiver als alle« anderen, aber »redseliger, kommentierfreudiger, ein besserer Beobachter als der Durchschnitt und damit der ideale Erzähler einer Geschichte, die erst geschrieben werden muß«. Neben dem Protagonisten-Erzähler aber scheint noch ein weiterer Erzähler am Werk zu sein.

Als Beispiel dafür dient Christina Viragh folgende Beschreibung: »Und so tastete, lief und kratzte seine Hand eine Zeitlang bloß von außen auf seiner Brust herum wie eine spärlich behaarte große Spinne oder besser, ein kleines Meeresungeheuer, das einen Spalt sucht, um ihm unter die Jacke zu schlüpfen.« Ist ein Vierzehnjähriger in der Lage, solch einen Vergleich zu formulieren? Fällt er hier nicht aus seiner Rolle? Ein anderes Beispiel: Es »war nämlich das Gerücht aufgekommen und sofort auf dem ganzen Hof aufgegriffen und des langen und breiten erörtert und verbreitet worden: ›Bald gibt es eine warme Suppe!‹ Ohne Frage, auch ich fand es an der Zeit, aber diese vielen strahlenden Gesichter, diese Dankbarkeit, diese fast schon irgendwie kindlich wirkende Freude, mit der die Nachricht aufgenommen wurde, haben mich dann doch ein bißchen erstaunt: deshalb hatte ich wohl das Gefühl, sie galten nicht so sehr der Suppe, sondern eher irgendwie der Fürsorge an sich (…).«

»Wer sagt solche Dinge?«, fragt Christina Viragh. »Doch wohl nicht wirklich György (der vierzehnjährige Protagonist – I.S.)? Da ist ein heimlicher Erzähler am Werk. Einer, der zwar nicht an Beobachtungsgabe, aber an Artikuliertheit weit über ihn hinausgeht und den Text in die große europäische Erzähltradition des psychologischen Romans einfügt.« Einer, »dem der kulturelle Fundus zur Verfügung steht, der für jeglichen Sprachgebrauch ein Tertium comparationis bereit hat. (…) György und der heimliche Erzähler profitieren voneinander, wie alles, das in einem rhythmischen Bezug steht.«

Der Vierzehnjährige, der sich gemäß seiner bisherigen

»traditionellen« Lebenserfahrung verhält und damit auch ungewollt zum Komplizen seiner potenziellen Mörder wird, und der heimliche Erzähler, dessen Bildung und Wissen diese Tradition noch verstärken, verhalten sich gemäß ihren bisherigen Erfahrungen rational. Ihre Rationalität, man kann sie humanistisch oder der Aufklärung verbunden nennen oder eine des urbanen, zivilen Lebens, kollidiert mit der Rationalität der industriellen Tötung von Menschen. Indem diese beiden »Rationalitäten« aufeinanderprallen, gewinnt das Unsagbare eine Evidenz, die sich unmittelbar auf den Leser überträgt. Dieses unentwegte und nachvollziehbare Aufeinanderprallen zweier verschiedener Rationalitäten ließe sich als atonales Erzählen fassen. In dieser Kollision enden alle Gewissheiten und Absprachen. Und trotzdem – und das macht die Größe von Imre Kertész aus, »seine Kühnheit« – existiert *in* seiner Darstellung neben dem Entsetzlichen das Schöne. Und mehr noch: *Durch* seine Darstellung schafft er das Schöne, das hier auch das Entsprechende, das Angemessene genannt werden kann. Das ist der Grund, weshalb uns der Anblick der Medusa nicht versteinert. Die Kunst ist das glänzende Schild, in dem wir das Grauen erkennen und uns ihm – wie Perseus – stellen können.

Ludwig Greves »Wo gehörte ich hin? Geschichte einer Jugend« (der vom Verlag gewählte Titel lässt eher an Memoirenliteratur denken) beginnt mit dem Wort »komisch«: »Komisch, wie man sich ändert; noch mit dreißig fand ich morgens nur schwer aus dem Bett, während es mir jetzt nichts ausmacht, ein paar Bahnen früher als nötig zur Arbeit zu fahren.« Die nachfolgende Begründung, dass er dann in Ruhe lesen könne, ungestört von Schulkindern – ohne dass sich aus dem Walkman ein »Stampfrhythmus« einmischt, verschont von den »Explosiv- und Grunzlauten« derer, die sich einen Western nacherzählen –, leuchtet ein. Doch sofort fällt sich der Erzähler selbst ins Wort: »Die Sorgfalt dieser Beschreibung könnte mich, falls das einer liest, in den Geruch eines Kinderfeindes bringen, das ist lächerlich, jeder, der mich kennt (…), vielmehr achte ich am Anfang wohl besonders auf die Formulierung, sagen wir, aus Mangel an Zutrauen. Das wird sich geben oder auch nicht.«

Allein diese Zeilen auf der ersten Seite des Buches stellen einen Erzähler vor, der in der Gegenwart spricht und der unsicher ist. Tastend bewegt er sich vorwärts. Das Eingeständnis mangelnden Zutrauens (in sich selbst und seine Fähigkeiten? in die Welt? in die Leser?) macht den Leser mitverantwortlich für die Situation des Erzählens.

»(…) doch seit ein paar Jahren überkommt mich beim Geräusch der ersten Lastwagen die Panik meiner Jugend, vielleicht ist es auch nur Ärger im Büro, nun aber unentrinnbar wie in der griechischen Tragödie, genug, ich breche aus der dumpfen Höhle aus, in der die Bettdecke mich einschließt, und suche Klarheit unter der Dusche. War da nicht noch was anderes?« Was sollte da noch anderes sein? Welche Panik der Jugend? Also doch nicht störende Schulkinder als Grund für die frühen Fahrten?

Erst auf der nächsten Seite findet sich ein Hinweis, beiläufig, derart beiläufig, dass es auffallen muss: »Habe ich schon gesagt, daß ich Jude bin? Jedenfalls für die anderen, vor meinesgleichen mache ich keine gute Figur.« Jude sein oder zum Juden gemacht werden – er ist einer, der »noch nicht mal den Kaddisch gelernt« hat, »was nur deshalb ungeahndet blieb, weil mein Vater – davon später«. Die Erzählung bricht ab, nimmt den Faden wieder auf, weicht aus, schweift ab, deutet voraus. Was zu sagen ist, braucht Zeit. Er spricht, als müsse er erst herausfinden, ob zu sprechen hier und jetzt überhaupt möglich ist.

Die Prosa von Ludwig Greve hat fast immer, direkt oder indirekt, einen Adressaten. In seiner »Geschichte einer Jugend« wird sie explizit im Text benannt. Es ist »Golem«. Der Erzähler nennt so einen Mann, dem er eine Zeitlang um sieben Uhr morgens in der Straßenbahn begegnet. Man könnte sagen, er erschafft sich selbst einen Golem, er macht sich ein Gegenüber. Die Erinnerung an Golem ist nichts Abgeschlossenes – »weiß der Henker, warum er mir auffiel«. Und dann, als sei ihm dieses Bild eben erst wieder vor Augen getreten, heißt es: »Der Hut. Ja, daran erkannte man ihn gleich, weil er so komisch auf dem Hinterkopf saß, nein, nicht wie die Strohhüte in amerikanischen Filmen, gar nicht zum Lachen: so unpersönlich wie an einer Vogelscheuche.«

»Unpersönlich« scheint überhaupt das Wort zu sein, das auf diesen Mann zutrifft. Seine Anzüge sind Dutzendware, er liest keine Zeitung, er starrt nur stumm vor sich hin. Und selbst das Interesse, das er im Erzähler weckt, lässt sich nicht näher bestimmen, es bleibt allein das Allerweltswort »irgendwie« für ihn übrig – zunächst. Die Namensgebung durch den Erzähler erfolgt, »um die Irritation zu begrenzen«. Doch dann, als sei es dem Erzähler erst durch den Namen Golem wieder eingefallen (»Der Name war mir übrigens nicht so zufällig gekommen«), erinnert er sich, diesen Mann bereits bei einem jüdischen Begräbnis gesehen zu haben, als einer von jenen, die den Kaddisch gesungen hatten. Manchmal sitzt Golem ein anderer Mann in der Straßenbahn gegenüber. Dann redet er wie aufgezogen. »Der Golem hatte keine angenehme Stimme, heiser, rechthaberisch, doch immerhin war's ein Anzeichen von Leben; dann erkannte ich die Sprache (...) Jiddisch.« Außer dem Erzähler scheint sich niemand daran zu stören. Für ihn jedoch ist das der Grund, nun noch eine halbe Stunde früher zu fahren. »Warum sollte ich mich schuldig fühlen, daß ich nach ein paar Wochen die stumme Verabredung, sagen wir, vergaß – ich wachte offensichtlich immer früher auf, weil eine Terminarbeit mir zu schaffen machte. *Soll ich meines Bruder Hüter sein?*« Er geht seinem »Bruder« aus dem Weg, in seiner Vorstellung aber – als gäbe es da eine Schuld abzutragen – solidarisiert er sich mit ihm. Er würde sich zu den beiden stellen, wenn ein Fahrgast, »dann die anderen, ich war dessen schon gewärtig, die Juden anpöbelte«. Aber sicher kann er sich seiner eigenen Reaktion auch nicht sein. »So weit ich zurückdenken kann, habe ich mich immer bemüht, nein, nein, nicht bemüht, es kam ganz natürlich – nicht aufzufallen.« Darin konnte es der Erzähler angeblich »schon zu einiger Vollendung bringen, sofern meiner Mutter Sohn, wie die Lustigen Personen bei Shakespeare sagen, sich nicht einmischte. Kannst Du mir folgen, Golem? Aber der Haken steckt.«

Offensichtlich hat hier einer Erfahrungen gemacht, die ihn die Wirklichkeit anders erleben und deuten lassen, als es die Menschen tun, die ihm im Alltag begegnen. Sein Vertrauen in die ihn umgebenden Verhältnisse ist keine Selbstverständlichkeit. Ihm ist sein »Weltvertrauen« abhandengekommen. Und er braucht zumindest in Gedanken ein Gegenüber – das konkrete Gegenüber muss da nicht immer förderlich sein –, das »dabei gewesen« ist, wie es Ludwig Greve in einem frühen Brief schreibt.

In seiner Prosa vollzieht Ludwig Greve nach, was zu einer bestimmenden Erfahrung seines Lebens geworden war: dass es unmöglich ist, voraussetzungslos mit dem Sprechen, mit dem Erzählen zu beginnen. Diese Introduktion ist notwendig, um eine Situation zu schaffen, in der das Erzählen – vielleicht – gelingt.

Indem Ludwig Greve den Erzähler sich vorstellen lässt, werden die Voraussetzungen des Schreibens erkennbar. Dies geschieht sowohl durch die Art und Weise seines Sprechens wie auch durch den beschriebenen Konflikt: Dem Erzähler sind die Stimmen der einen wie des anderen unangenehm, er meidet die lauten Schulkinder und weicht vor Golem aus, als dieser Jiddisch spricht. Zugleich aber wird das Erzählen zur Gegenbewegung. Er erzählt Golem seine Geschichte. Und vielleicht – so die unausgesprochene Hoffnung – hören ihm irgendwann einmal sogar die Schulkinder zu.

Auffällig sind auch die Ähnlichkeiten in der Charakterisierung des Golems und des Vaters. Die Anzüge des Vaters – »immer in der gleichen Machart« – sind grau oder graugrün, die Golems sind »immer Anzüge (…) von der Stange, graugrün oder beige, eigentlich undefinierbar«. Auch die Schwierigkeiten in der Beschreibung von Golem (»Der Mensch reizte mich irgendwie«) und Vater (»Beschreibe wer seinen Vater!«) korrespondieren. Indem er Golem erzählt, überwindet er auch seine Stummheit gegenüber dem Vater.

Golem ist zugleich das hebräische Wort für »Ungeformtes«. Das gibt dem Erzählen eine weitere Bedeutung: Es vollzieht sich gegenüber dem Ungeformten, es ist dem Ungeformten abgerungen. »Der ungeformte Stoff ermüdet.« Kann der geformte Stoff etwas von dieser ermüdenden Last nehmen?

Die Erinnerung beginnt mit der stilistischen Figur der Ellipse, der Auslassung: »Wir sollten stolz darauf sein, hatte mein Vater gesagt.« – Zwei Seiten weiter heißt es: »Worauf sollten wir stolz sein? Daß wir Juden waren. Ich hatte das Wort natürlich schon gehört, ohne mir viel dabei zu denken. Die Erwachsenen hatten ihre Sprache, das ging mich nichts an, solange sie mich nicht betraf.« Wer spricht da? Doch nicht jener Erzähler, den wir eingangs hörten! Hier spricht ein Kind. Was da geschieht, sehen wir plötzlich mit seinen Augen, erleben wir aus seiner Perspektive. Die Beobachtungen des Kindes setzen sich fort: »Es gab da noch eine Art Familienwörter, die sogar Mimi nicht verstand, obwohl sie doch, weiß Gott, mehr zu uns gehörte als Onkels und Tanten. (...) Sie war auch schon mal streng, regte sich aber nicht über jedes aufgeschlagene Knie oder unterlassenen Diener auf wie meine Mutter. Irgendwann schloß ich daraus, daß sie zu den Gojim gehören mußte, welches eins von den Wörtern war, die, als wenn sie keine frische Luft vertrügen, nur innerhalb der Familie gebraucht wurden.« Ist das jetzt noch der Junge? So einen Vergleich würde er – ganz so wie der vierzehnjährige György Köves im »Roman eines Schicksallosen« – nicht zustande bringen.

Auch in der »Geschichte einer Jugend« gibt es zwei Erzähler, die sich überlagern. Zum einen ist da jener erwachsene Erzähler, der sich in der Gegenwart befindet. Sobald er aber beginnt, seine Geschichte Golem zu erzählen, meldet sich rasch ein anderer Erzähler, nämlich der Junge, der mal sechs, mal zehn, mal schon fast fünfzehn Jahre alt ist und der uns seine Beobachtungen mitteilt.

Dem Erwachsenen-Erzähler gelingt es oft, sich ganz hinter der Figur des Kindes zu verstecken, so dass wir plötzlich nur dieses hören. Mitunter ist es schwer zu entscheiden, welcher der Erzähler spricht, oft sind beide gleichzeitig auf der Bühne, bis sich der erwachsene Erzähler im Präsens wieder an Golem wendet: »So wäre es also falsch zu behaupten, ich hätte nicht schon in der Volksschule gewußt, was einen Juden ausmacht. Etwas mit Religion, da hatten wir eine Freistunde. Mit den paar Jungen, die das außer mir betraf, verband mich sonst wenig, wir redeten auch nicht darüber. Vom Turnen befreit zu sein, hätte ich als weit schlimmeren Makel angesehen. Ach Golem, wie soll ich dir soviel Gottlosigkeit erklären?«

Bei Imre Kertész vollzieht sich die Erzählung in einer unerbittlich voranschreitenden Linearität, in der immer wieder der »heimliche Erzähler«, der Erwachsenen-Erzähler, dem jugendlichen Protagonisten mit Kommentaren und Formulierungen zu Hilfe kommt. Ludwig Greve schafft seinem Erwachsenen-Erzähler eher einen Raum der Gleichzeitigkeit, in dem – gemäß der sich einstellenden Erinnerung – alle Ereignisse gleich nah und entfernt liegen können, wodurch die Linearität der Zeit, des Älterwerdens gebrochen und eine beständige Vergegenwärtigung bewirkt wird. Der Erzähler, der im Heute zu Golem spricht, holt die Erinnerung stets aufs Neue in seine Jetztzeit.

Der doppelte Erzähler und die damit einhergehende Vergegenwärtigung des Vergangenen lassen, wie bei Kertész, zwei Rationalitäten aufeinanderprallen. »Wo gehörte ich hin? Geschichte einer Jugend« beschreibt die Anfänge der mörderischen Rationalität der Shoa und deren Crescendo, das Verschwinden aller Gewissheiten und Regeln im Alltag des Einzelnen.

Imre Kertész wie Ludwig Greve bewirken durch ihre Prosa etwas, das ich als befreiende Einsicht bezeichnen würde, als nachvollziehbare Erfahrung von etwas, das ohne die Literatur unsagbar und damit unerklärlich bliebe. Das macht die Schönheit, die Angemessenheit ihrer Literatur aus, und darin liegt vielleicht auch der Grund, weshalb diese Prosa den Leser nie mit Betroffenheit erpresst, sondern ihm stattdessen Souveränität schenkt, eine Souveränität, in der alles möglich ist – selbst Glück.

Das Manuskript, das Ludwig Greve hinterließ, bricht zu Beginn jener Zeit seines Lebens ab, nach der ihn Freunde und frühere Weggefährten besonders oft und meist vergeblich fragten. Dieses »versprochene« Buch nicht lesen zu können ist schmerzlich. Anders stellt es sich dar, wenn man von dem einzelnen Manuskript absieht und Ludwig Greves Schriften und Briefe in ihrer Vielfalt als zusammengehörig begreift. So wie die »Geschichte einer Jugend« auch als Brief an Golem gedeutet werden kann, lassen sich die Briefe wie die drei Berichte als Prosa lesen.

Ludwig Greve ist in seinen Briefen immer wieder zum »Märchenerzähler seiner Aventuren« geworden. Mitunter, wie im Brief an seinen väterlichen Freund Ernst Papanek, wehrt er erst generell ab, um dann doch eine Szene seiner Flucht zu beschreiben. Im Mittelpunkt steht darin aber nicht er selbst, sondern jener Erzieher, der ihm die Flucht ermöglicht hatte, ihm Wochen darauf falsche Papiere verschaffte und der später gefasst und erschossen wurde.

Es ist auffällig und auch nachvollziehbar, dass Ludwig Greve immer dann über das, was ihm und anderen widerfahren ist, im Brief schreiben kann, wenn sich eine »entsprechende« Situation zwischen ihm und seinem Gegenüber eröffnet. Seine Berichte sind dann Antworten auf besondere Vertrauensbeweise und Nöte seines Gegenübers. So muss es gewesen sein, als er HAP Grieshaber auf einen nicht erhalten gebliebenen Brief antwortet und die Umstände beschreibt, unter denen Vater und Schwester verhaftet worden sind. Welche Kluft zwischen dem Erlebten und der Möglichkeit, darüber zu sprechen, besteht, lässt sich daran ermessen, dass der enge Freund, der »große Gries«, davon erst 1964, zwölf Jahre nach der ersten euphorischen Begegnung, erfährt. Dabei hatte Grieshaber den ersten Gedichtband gestaltet, der mit dem der deportierten Schwester gewidmeten Gedicht »Lucca, Giardino Botanico« beginnt.

So ist es auch gegenüber Werner Weber, dem Feuilletonredakteur der Neuen Zürcher Zeitung, der regelmäßig Gedichte von Ludwig Greve veröffentlicht. Sobald sein Gegenüber etwas von sich offenbart oder dieser sich in einer Notsituation befindet, kann auch Ludwig Greve von sich sprechen – als Trost, als Gegengabe, als Vertrauens- und Freundschaftsbeweis. Bei Ludwig Greve hat das Schreiben stets Gesprächscharakter. »(...) ohne atemnahe Rede und Gegenrede, läuft jedes Wort die Gefahr, zu feierlich oder zu zynisch zu klingen«, schreibt er in einem anderen Zusammenhang (an Hans Windmüller, 17. November 1946).

Was anderes aber als Ludwig Greves Sentimental Journey bekommen wir in seinen Schriften und Briefen zu lesen? Selbst noch im Unfertigen, im Abbrechen der Erzählung, im ungeschriebenen Italien-Teil der Reise, bewährt sich die Analogie zu Laurence Sterne. Und sind die kenntlich gemachten Leerstellen nicht auch zu lesen als das Entsprechende, das Angemessene, so wie ein Reim, der nicht aufgehen darf?

Diese Prosa von Ludwig Greve lässt die Frage, wie das Unsagbare sagbar werden kann, das Ungestaltete Gestalt erhält, als eine die ganze Existenz des Menschen durchdringende Frage erscheinen, die jenen, die »nicht ›dabei‹ waren«, vielleicht nicht begreifbar ist, aber ihnen trotzdem etwas davon erahnbar macht. Sie handeln von der Suche nach einer Sprache, in der das Erlebte »mit-teilbar« wird, um das »nicht fortsetzbare Dasein fortzusetzen«. Deshalb zählen aber auch die – mitunter kenntlichen – Leerstellen hinzu. Vielleicht sind gerade sie es, die für die Wahrhaftigkeit dieser Schriften und Briefe bürgen und ihnen den Rang von Prosa verleihen. Sie lassen das Nicht-Gesagte als zum Werk gehörig erscheinen, die Leerstellen sind Teil der »entsprechenden«, der angemessenen Erzählung. Und sie geben eine Vorstellung davon, was es bedeutet zu sagen: Ich lebe!

(2013)

1 Ludwig Greve (1924–1991), als Sohn eines jüdischen Kaufmanns in Berlin geboren, versuchte 1939 mit seiner Familie auf der »St. Louis« nach Kuba auszuwandern. Dort abgewiesen, kehrten sie nach Europa zurück; im Exil in Frankreich und Italien, jeweils Mitglied der Widerstandsbewegung. 1944 wurden Vater und Schwester in Italien verhaftet und nach Auschwitz deportiert; er konnte seine schwer verwundete Mutter und sich retten. Sie wanderten 1945 nach Palästina aus, 1950 kehrte Greve nach Deutschland zurück. Er gehörte zum Freundeskreis um HAP Grieshaber, wurde 1957 Mitarbeiter des Deutschen Literaturarchivs in Marbach und leitete von 1968 bis 1988 dessen Bibliothek. Im Sommer 1991 ertrank er vor Amrum. Der Dichter wurde 1988 mit dem Stuttgarter Literaturpreis ausgezeichnet, 1992 erhielt er für sein Gesamtwerk den Peter-Huchel-Preis.

2 György Konrád, Über Juden, Berlin 2012, S. 15.

3 Imre Kertész, Die exilierte Sprache. Essays und Reden, Frankfurt am Main 2003, S. 212.

4 Imre Kertész, Roman eines Schicksallosen, Berlin 1996.

5 Vgl. Anm. 2, S. 54.

6 Christina Viragh, Bis hierher und nicht weiter, in: Dietmar Ebert (Hrsg.), Das Glück des atonalen Erzählens. Studien zu Imre Kertész, Dresden 2010, S. 135–143.

SICH NICHT ZUM FEIND
MACHEN LASSEN.

Laudatio auf Dževad Karahasan zur Verleihung des Goethepreises der Stadt Frankfurt am Main in der Paulskirche am 28. August 2020

In den letzten Wochen habe ich regelmäßig und ernsthaft erwogen, nicht mit einem Zitat von Goethe oder Karahasan zu beginnen oder *über* Dževad Karahasan zu sprechen, sondern lieber gleich etwas *von* ihm auszuwählen und vorzulesen. Prosa und Essays des Preisträgers haben mich selbst verändert. Eine Auswahl seiner Texte würde vielleicht auch mein Publikum ein klein wenig verwandeln. Dieser Gedanke bedrängte mich mit demotivierender Regelmäßigkeit. Zugleich machte er mir immer wieder klar, welch großes Geschenk uns mit den Büchern von Dževad Karahasan und ihrer Übersetzung ins Deutsche zuteilgeworden ist.

Nun aber doch Goethe:

»Ich hatte soviel vom Kanonenfieber gehört und wünschte zu wissen wie es eigentlich damit beschaffen sei. (...) Ich war nun vollkommen in die Region gelangt wo die Kugeln herüber spielten; der Ton ist wundersam genug, als wär' er zusammengesetzt aus dem Brummen des Kreisels, dem Butteln des Wassers und dem Pfeifen eines Vogels. (...) Es schien, als wäre man an einem sehr heißen Orte, und zugleich von derselben Hitze völlig durchdrungen, so daß man sich mit demselben Element, in welchem man sich befindet, vollkommen gleich fühlt. (…) Von Bewegung des Blutes habe ich nichts bemerken können, sondern mir schien vielmehr alles in jener Glut verschlungen zu sein. Hieraus erhellet nun, in welchem Sinne man diesen Zustand ein Fieber nennen könne.«

Nun Karahasan:

»Die erste wütende Zertrümmerung erlebte Marindvor Ende Mai 1992 (wenn ich mich recht erinnere, vom 27. auf den 28.). Es begann um neun Uhr abends und dauerte bis vier Uhr morgens, wir wurden mit Raketen und Granaten beschossen (überhaupt wurde in den ersten Kriegsmonaten zumeist nachts geschossen, so daß wir tagsüber wie betäubt waren vor Unausgeschlafenheit). Es wollte schon tagen, als der Beschuß so weit nachließ, daß wir aus dem Keller kommen konnten. Weiß vor Angst und Schlaflosigkeit, redeten wir einander ein, wir seien ›ganz o.k., nur ein wenig müde‹, und machten uns auf nachzusehen, was von Marindvor übriggeblieben war.«

Als Goethe im September 1792, von seinem Herzog genötigt, an der »Campagne in Frankreich« teilnahm, war er 43 Jahre alt. Die Campagne sollte die Französische Revolution beenden und den König wieder in seine Rechte einsetzen. Dreißig Jahre später, 1822 also, hat Goethe die Geschichte dieses seltsamen Feldzugs veröffentlicht.

Dževad Karahasan wiederum war 39 Jahre alt, als die Belagerung von Sarajevo begann. Er schrieb den zitierten Text während der Belagerung und kurz nach seiner »Übersiedlung« Ende Februar 1993. Im selben Jahr erschien »Das

Tagebuch einer Aussiedlung«[1] bereits auf Deutsch und kurz darauf in mehreren anderen Sprachen.

Goethe beschreibt seinen Ritt auf einen Hügel am Rande der Schlacht wie ein gefährliches Experiment. Das »Kanonenfieber« erlitt er selbst, so wie auch Alexander von Humboldt oder Johann Wilhelm Ritter wenig später gefährliche und schmerzhafte Experimente am eigenen Körper unternahmen. Mitunter trugen die »Objekte« solcher Experimente bleibende Schäden davon.

Der andere, Dževad Karahasan, sitzt fest in einer belagerten Stadt, er kommt von ganz unten, aus dem Keller, weiß vor Angst und Schlaflosigkeit. Die Beschwichtigungsversuche sollen das Erlebte integrieren und die furchtbare Erfahrung im Gewohnten verbergen.

In Karahasans Roman »Sara und Serafina« von 1999 gibt es zu Beginn ein Gespräch, das der Ich-Erzähler mit Dervo, einem der Verteidiger Sarajevos, führt. »›Irgendjemand führt ein Experiment mit uns durch, Professor‹, sagte Dervo, und seine Worte hallen noch heute in mir nach. ›Jemand, der unheimlich mächtig ist, führt irgendein Experiment am lebendigen Leibe und mit unserem beschissenen Leben durch.‹«

Der Ich-Erzähler reagiert wütend auf diese Sichtweise: »›... sie halten dich für eine Ratte und haben dich de facto zur Ratte gemacht‹, schrie ich ihn an. ›Das kannst du dir doch nicht antun, Mensch!«

Am Abend desselben Tages, an dem Goethe sein »Kanonenfieber« erlitt, soll er die bekannte Sentenz formuliert haben: »Von hier und heute geht eine neue Epoche der Weltgeschichte aus, und ihr könnt sagen, ihr seid dabei gewesen.«

Als ich bei der Lektüre der »Campagne« auf diesen berühmten Satz stieß, wunderte ich mich, ihn ausgerechnet an dieser Stelle zu finden. Aus dem zuvor Geschilderten geht keinesfalls hervor, warum dieser Tag Weltgeschichte schreiben sollte. Die erwartete Schlacht blieb wegen dauerhaften Artilleriebeschusses von beiden Seiten aus. Die Ausrufung der Republik in Paris folgte erst am nächsten Tag. Die Kanonade von Valmy war noch nicht die Kanonade von Valmy. Wohl nicht zufällig findet sich die Sentenz nur in Goethes um dreißig Jahre verspäteten Bericht.

Dževad Karahasan schreibt zehn Jahre nach der Belagerung von Sarajevo und dem Krieg in Bosnien: »Hat sich nicht das kurze 20. Jahrhundert im Wesentlichen zwischen zwei Brücken von Sarajevo abgespielt? Es begann bekanntlich am 28. Juni 1914 auf der Lateinerbrücke mit der Ermordung des österreichischen Thronfolgerpaares. (…) Das Intermezzo der für das 20. Jahrhundert charakteristischen bürgerlichen Demokratie endete am 6. April 1992 in Sarajevo, vier Brücken flußabwärts der Lateinerbrücke. An diesem Tag wurden auf der Vrbanjabrücke Suada Dilberović und Olga Sučić ermordet. Sie demonstrierten gegen einen Krieg, der offiziell mit ihrer Ermordung begann. (…) Wir können noch nicht wissen, was da begann, wir wissen nur, daß es im Endstadium der politischen Gesellschaftsform einer bürgerlichen Demokratie, wie wir sie im 20. Jahrhundert kennengelernt haben, nicht im Geringsten ähneln wird.«

An anderer Stelle heißt es: »… jenes Jahrhundert endete mit dem bosnischen Krieg, der als erste spektakuläre Demonstration der neuen Gegenaufklärung ganz selbstverständlich das Ende des ›aufgeklärten 20. Jahrhunderts‹ bedeutete.«

Goethe wie Karahasan beschreiben jeweils Grenzerfahrungen, zwischen denen genau 200 Jahre liegen. Deutet Goethe sein Erlebnis als einen Beginn, so Karahasan das seine als ein Ende.

Über die Wirkung seiner Sentenz auf die preußischen Offiziere schreibt Goethe nichts. Hätte er sie tatsächlich an jenem Abend geäußert, wäre das Defätismus gewesen. Denn er hätte damit nicht nur eine Schlacht und einen Feldzug verloren gegeben, er hätte dem Feind, dessen terreur sich bereits ankündigte und den er noch am Morgen desselben Tages gewillt gewesen war »aufzuspießen und aufzuspeisen«, sogar eine weltgeschichtliche Rolle zugebilligt.

Nicht wenige würden wohl auch Dževad Karahasan für seine Wertung des Jahres 1992 als Epochengrenze im Sinne einer Gegenaufklärung, einer Entwicklung weg von der Demokratie des Defätismus bezichtigen. Unwillkürlich verfalle ich darauf, Argumente im üblichen Pro und Contra aufzutürmen und finde mich dabei mitten in einer fruchtlosen Aufrechnerei und Rechthaberei, die auch dem Preisträger zuwider wäre. Ist die Frage erlaubt, was dieser Krieg jenseits der über hunderttausend Toten, Hunderttausenden Vertriebenen, Versehrten, Waisen, der Opfer von Vergewaltigungen und Folterungen und nicht zuletzt dem Versagen der sogenannten Weltgemeinschaft, insbesondere der europäischen Staaten, noch bedeutete?

Im dritten Teil des »Tagebuches einer Aussiedlung« beschreibt Dževad Karahasan ein Gespräch zwischen ihm und einem französischen Journalisten, der ihn im eingeschlossenen Sarajevo besucht.

Während der couragierte und den Belagerten wohlgesinnte Franzose hören will, wie furchtbar das Leben ist unter Artillerie- und Scharfschützenbeschuss, ohne Wasser, ohne Heizung und Fensterscheiben bei Minusgraden, bei mangelnder Versorgung mit Lebensmitteln und ärztlicher Fürsorge, versucht Dževad Karahasan ihm zu erklären, »wie viel wichtiger es sei, Sarajevo zu retten und die Möglichkeit für vier Religionen und vier Nationen, hier zusammenzuleben, als sich mit meinen Wasserproblemen zu beschäftigen«. Statt über Nahrungsmangel zu reden, sei es das Wichtigste, »nicht zuzulassen, daß von den nichtserbischen Volksgruppen mit dem gleichen Chauvinismus auf den serbischen Chauvinismus geantwortet würde«. Es ist die »Angst vor der Interkulturalität«, schreibt er, »die die Politik in so fataler Weise diktiert und die Waffen gegen jene richtet, die gemeinsam leben und sich dabei ihrer Unterschiede freuen wollen«.

In Dževad Karahasans Deutung verläuft die Front zwischen den Verfechtern einer monolithischen Einheit, die die anderen als Gefahr und Bedrohung deuten, und den Verteidigern einer mosaikartigen Einheit, Verschiedenheit, Vielfalt, die in der Anwesenheit der anderen eine Möglichkeit sehen, eine Chance, »sich selbst besser zu verstehen«. Die Gegensätze zwischen monolithischer und mosaikartiger Einheit, darüber hegt Dževad Karahasan keine Illusionen, reproduzieren sich auch innerhalb jeder Gruppe immer wieder neu.

Was aber hat das mit der Literatur zu tun? Dževad Karahasan schreibt: »In Sarajevo muss sich der Mensch erkennen, weil er ohne Unterlaß, wie in der Grundform der Narration, mit dem Anderen und Andersartigen konfrontiert ist, gezwungen zu einer Begegnung, die ihn in die Welt schickt, eingetaucht in soziales Unbehagen, das ihn zwingt, sich selbst zu erkennen. Man könnte auf die Idee kommen, Sarajevo sei eine Stadt, die entstanden ist, damit sie erzählt würde, damit die Narration irgendwo ein Heim fände.«

Wer Sarajevo so interpretiert, und es fällt schwer, eine schönere und lebensbejahendere Deutung einer Stadt zu finden, musste und muss die Belagerung, den bosnischen Krieg, jeden Krieg, jedes monolithische Denken auch als einen Angriff auf eine Literatur erleben, die sich als dialogisch versteht, für die das »Grundmotiv des Erzählens die Begegnung ist« und »in der das sprechende Subjekt die Erfahrung seiner Begegnung artikuliert«.

Soweit ich es zu erkennen vermag, gibt es im Werk von Dževad Karahasan keinen Fixpunkt, weder einem Ich noch dem für ihn so wichtigen Platon noch einem Gott gebührt eine Stellung außerhalb von Relationen und Beziehungen. Man könnte allerdings auch von »einem verborgenen Fixpunkt« sprechen, »den Dževad Karahasan zugleich hinterfragt und unermüdlich sucht« (Naser Šećerović). Wer aber weder Ich noch Platon noch Gott noch sonst eine Instanz absolut setzt, ist frei für seine Figuren. Der fehlende oder verborgene Fixpunkt begünstigt ihre Entstehung, weil sie sich frei im gegenseitigen Wechselspiel zu entfalten und zu verändern vermögen. Verwoben in die Handlung produzieren sie eine eigene Logik, der der Autor zu folgen hat.

Für Dževad Karahasan gilt die »autopoiesis« als die vielleicht wichtigste Forderung seiner Poetik. »Ein Roman ist nicht gut, wenn er voll und ganz meinem Konzept entspricht, weil er nichts Organisches an sich hat, er hat nicht im Geringsten an seiner eigenen Formung mitgewirkt (…).

Was lebendig ist, muss auch selbst an seinem Wachstum und seiner Formung mitwirken.« Nichts erscheint mir so langweilig, möchte ich hinzufügen, wie die Bücher jener Autoren, die die Kontrolle über ihre Figuren beanspruchen oder deren Ich-Erzähler nie Distanz zum Autor zu gewinnen vermag. Sich von den Figuren, Dialogen, Situationen leiten zu lassen, von der ihnen innewohnenden Logik, ermöglicht es am ehesten, auch der eigenen Begrenztheit, dem eigenen Glaubensbekenntnis zu entkommen. Mit jedem Stück, mit jeder Erzählung, mit jedem Roman bringt Dževad Karahasan Figuren zur Welt, die so lebendig und differenziert und damit auch widersprüchlich sind wie wir selbst.

In diesem Sinne zähle ich den Karahasan'schen Omar Chayyam aus dem Roman »Der Trost des Nachthimmels« zu meinen bewunderten Freunden, jenen Mathematiker, Astronomen, Dichter und Privatdetektiv, der von 1048 bis 1131 in Persien gelebt hat. Auf 700 Seiten entspinnt sich diese Geschichte zum Gleichnis unserer Welt. Wie nebenbei wird deutlich, dass die zu bekämpfenden äußeren Feinde aus dem Inneren der bestehenden Macht hervorgehen. Mit Chayyam lernen wir einen Protagonisten kennen, der sich weigert, sich zum Feind machen zu lassen und zu hassen. Unbeirrt antwortet er auf Vereinfachung mit Differenzierung.

Weil Dževad Karahasan es auf Verständigung anlegt, weil er seine Leser als Gesprächspartner behandelt, hält er am Erzählen fest wie ein avancierter moderner Komponist, der die Melodie nicht preisgeben will, diese aber nicht allein in Dur oder Moll entwickelt, sondern sie auch aus der Zwölftontechnik oder östlichen Vierteltonschritten herzustellen weiß.

Dabei handhabt Dževad Karahasan das traditionelle Erzählen äußerst bewusst. Jedes seiner Prosabücher lässt sich als Kriminal- und als Liebesroman lesen, allerdings auf eine Art und Weise, wie sich »König Ödipus« von Sophokles auch als Indizienprozess und Liebestragödie inszenieren ließe.

Sosehr mich die kriminalistische Exposition fesselt und ins Buch zieht, tritt doch die Auflösung des geschürzten Knotens nach und nach in den Hintergrund, weil interessantere, wichtigere Fragen entstehen oder die Lösung des Falles nach etwa einem Viertel des Buches die Schwierigkeiten nur noch vergrößert.

In Dževad Karahasans Romanen und Erzählungen wird das Erzählen wie die Adressierung des Erzählens selbst zum Thema. Wenn ich es richtig sehe, findet sich mit einer Ausnahme in allen Romanen ein Manuskript, ja mitunter sogar eine Erzählung in einer Binnenerzählung im Roman, die gefunden oder geschrieben und jemandem zum Lesen gegeben werden, weil sich auch innerhalb der Romanhandlung etwas mit literarischen Mitteln besser oder überhaupt erst ausdrücken lässt, was in einer Rede, einem Interview oder einer wissenschaftlichen Abhandlung nur ungenügend oder gar nicht erfasst werden kann.

In seinem ersten Roman, »Der Östliche Divan« von 1989, verschränken sich die Erzählebenen auf so irritierende wie beglückende Art und Weise, dass ich nicht mehr zu sagen weiß, ob nicht die Figur, die liest, jene ist, die gerade aus einem Manuskript hervorgegangen und in die Handlung eingegriffen hat, deren Leser zu sein sie vorgibt. Innerhalb des Romans geschieht, was sich auch zwischen dem Buch und uns Lesern vollzieht: Zum einen treten die Figuren in das Leben der Lesenden ein, wie wir Lesenden in das der Figuren eintreten. Zum anderen begreifen wir lesend die Notwendigkeit des Erzählens, die sich vollendet in Scheherazade verkörpert. Wer aufhört, zu erzählen, ist vom Tode bedroht.

Mir würde es schwerfallen, das mir liebste Buch von Dževad Karahasan zu benennen. Vielleicht der im letzten Jahr auf Deutsch erschienene Erzählungsband »Ein Haus für die Müden« oder doch »Der Trost des Nachthimmels«? Aber warum nicht »Berichte aus einer dunklen Welt« oder eben das unvergleichliche »Tagebuch einer Aussiedlung«? Wäre der Roman »Der nächtliche Rat« von 2005 unter meinen Favoriten? Es ist das Buch, das ich am nachdrücklichsten empfehlen und vor dem ich gleichzeitig warnen möchte. Ich weiß nicht, wann ich je von der Notwendigkeit, ein literarisches Werk lesen zu müssen, derart überzeugt gewesen bin, bei der Lektüre aber verschiedene Stadien der Verunsicherung und Beklommenheit durchlief. Dieses Buch ist eine Schule des Mit-Leidens und Mit-Liebens. Ich will nur einen Aspekt herausgreifen aus einem Werk, bei dem mir jedes Detail mehrfach konnotiert und aufgeladen erscheint. Der Protagonist des Buches, Simon Mihailović, kehrt am 28. August 1991, da wird in Kroatien bereits gekämpft, aus Berlin in das Haus seiner verstorbenen Eltern in Foča, in seine bosnische Heimatstadt in der Grenzregion zu Serbien und Montenegro zurück. 25 Jahre zuvor hatte er sie verlassen, um dem Wehrdienst zu entgehen. Er ist Arzt geworden, hat die Liebe seines Lebens, Barbara, gefunden, ihr gemeinsamer Sohn steht auf eigenen Füßen. Kaum in Foča angekommen, verdächtigt man ihn, eine frühere Schulkameradin auf sadistische Weise ermordet zu haben. Von allen Seiten wird er misstrauisch taxiert oder umworben. Simon aber scheint nicht zu verstehen, was da gerade passiert. Grenzen werden gezogen, die zu Fronten werden. Auf einer nacherzählbaren Ebene beschreibt der Roman, wie eine Stadt aufgrund von ethnischen Zuschreibungen dissoziiert wird.

Dževad Karahasan nutzt die Möglichkeiten, die das realistische Erzählen bietet, meisterhaft aus. Das Buch ließe sich noch bis über seine Hälfte hinaus als Krimi lesen. Bei mir setzten sofort die Genrereflexe ein. Ich hoffte, Simon würde heldenhaft die Morde aufdecken, die ihm wie ein Fluch auf den Fersen folgen. Da dies immer unmöglicher wird, sollte er dann doch wenigstens fliehen, zurück nach Berlin, wo die Welt noch in Ordnung ist. Er aber verhält sich wie ein Tölpel. Für einen Abend macht er sich sogar mit dem Polizeichef, seinem ehemaligen Sportlehrer, und dessen Entourage gemein und wird nun auch von jenen verdächtigt, die ihm wohlgesonnen waren.

Auf inhaltlicher Ebene macht die Hilflosigkeit gegenüber einem von Tag zu Tag, von Mord zu Mord an Einfluss gewinnenden nationalistischem Denken beklommen. Naser Šečerović analysiert den Roman mit Hilfe eines Begriffes, den Dževad Karahasan selbst immer wieder thematisiert, dem der Grenze. »Mit dem Bewusstwerden und dem Erhalt von inneren Grenzen«, schreibt Šečerović, »geht es um die Bewahrung der Komplexität des Ichs, die ja erst durch die Vielfalt von inneren Grenzen erzeugt wird, im Gegensatz zur Reduktion, die ein von äußeren Grenzen auf wenige Pseudoessenzen beschränktes Wir mit sich bringt.« Er beschreibt damit eine wichtige Relation: Je differenzierter das Ich, desto weniger braucht es äußere Abgrenzung und

Feinde. Oder anders: Wer Feinde braucht, hat ein Problem mit seiner Identität.

Meiner Ansicht nach lässt sich das Verhältnis zwischen inneren und äußeren Grenzen auch formal auf die Machart dieses Romans übertragen. Und vielleicht erklärt das auch mein Unbehagen, meine Pein und Irritation beim Lesen.

Während seiner Zeit am Berliner Wissenschaftskolleg schrieb Dževad Karahasan eine Abhandlung über die verschiedenen Arten des Chronotopos, einer von Michail Bachtin entwickelten Kategorie, die sich mit dem spezifischen Erleben einer jeweiligen »Raumzeit«, so die deutsche Übersetzung, in literarischen Werken beschäftigt. Den Abenteuerroman respektive den Krimi ordnet Dževad Karahasan dabei dem mechanischen Chronotopos zu, in dem, sehr vereinfacht, die Helden aus der Geschichte so hervorgehen, wie sie hineingegangen sind.

Aber der Simon aus dem Roman hält sich nicht an die Genregrenzen, er verharrt nicht in den Grenzen seiner Raumzeit.

Irritiert anfangs schon sein – gemessen an den Genregesetzen – pikareskes Verhalten, so wird im weiteren Verlauf kaum merklich eine Grenze überschritten, als sich Türen im Haus nicht öffnen lassen, Kälte sich in den Räumen ausbreitet und Simon sich in den eigenen vier Wänden beobachtet fühlt. Sein Freund Enver – der wie er aus Foča fortgegangen ist, allerdings in entgegengesetzter Richtung, nach Osten zu den Sufis –, kommt ihn in der Dämmerung besuchen. Simon kann dessen Augen nicht erkennen. Damit wechseln wir nicht vom Krimi zu Stephen King oder der Gothic Novel, eher zu Homer und Dante und der orthodoxen Mystik.

Begleitet von Enver, in einem ständigen Fragen und Antworten, beginnt Simon einen Gang in die Unterwelt, wie ihn die Literatur noch nicht auf sich genommen hat. Mit ihm und Enver überschreiten wir eine Grenze, betreten wir ein Reich, in dem frühere Bewohner des Hauses leben, die zu Tode gequält worden sind, aber keine Ruhe finden und wiederauferstehen, wenn sich ein neues Massaker ankündigt. Werde ich Zeuge einer unerträglichen Epiphanie? Hat der Protagonist diese Welt in sich eingelassen?

Bei einer zweiten Lektüre war meine Beklommenheit noch größer, aber jetzt sah ich die vielen Hinweise, die schon früh gegen das Krimi-Abenteuerbuch arbeiten.

Dževad Karahasan bricht im Leser Wahrnehmungsmuster auf, die uns umso wirksamer leiten, je weniger wir uns ihrer bewusst werden. Durch die Irritation meiner Lesegewohnheiten – das kann so unangenehm wie ein Schwindel sein – erweitert Dževad Karahasan meine Fähigkeit, mitzuleiden wie auch mitzulieben. Simon wird zum Zeugen und zum Arzt für die Wunden der Seele und des Körpers, vor allem aber wird er zu einem großen Liebenden. Denn es ist auch ein Buch über die Liebe, die den Weg vom Vergleich zum Gleichnis, von der Literatur ins eigene Leben, von der Anschauung zur Teilhabe findet, um den Kreislauf des Hasses und Mordens zu unterbrechen.

Ich weiß nicht, ob Dževad Karahasans Datierung einer Epochengrenze auf das Jahr 1992 und ihre Beschreibung zutrifft. Auf jeden Fall aber sollten wir ihm zuhören, weil er andere Erfahrungen besitzt als die allermeisten von uns. Diese Erfahrungen sind in der Welt verbreiteter, als wir es uns mitunter eingestehen wollen. Sie bestehen im Erlebnis eines

Krieges, aber auch in der Erfahrung mit dem damaligen wie heutigen Desinteresse der anderen europäischen Staaten. Als Teil Jugoslawiens einst von West wie Ost umworben, wurde Bosnien-Herzegowina durch Krieg und Dayton-Konferenz zum Bittsteller degradiert. Wenn es eines Beweises bedürfte, wie sehr wir, wie sehr auch die EU die Erfahrungen Bosnien-Herzegowinas braucht, dann stellte der Schriftsteller, der heute den Goethe-Preis erhält, diesen Beweis dar.

Ich lese sein Werk als den unentwegten Versuch, an der Selbstaufklärung festzuhalten, die immer eine Suche nach dem eigenen blinden Fleck ist, eine Überprüfung unserer Ideen- und Denkmuster, in denen wir gewohnt sind, die Welt wahrzunehmen.

»Mit der cartesianischen Methode«, so Dževad Karahasan, »können Sie die Welt als Ganzes, können Sie das Sein selbst nicht erkennen, weil Sie sich nicht instrumentalisieren lassen. Wie soll ich, der ich bin, das Sein in das Objekt meiner Erkenntnis verwandeln?«

Aus welchen Erfahrungen heraus die kritischen Anmerkungen Dževad Karahasans zum Leitsatz Decartes' »Cogito ergo sum« ihre Entschiedenheit beziehen, muss nicht wiederholt werden. Sein eigenes Muster der Weltwahrnehmung beschreibt er unter anderem so: »Mein Bild im fremden Auge hängt von ihm *und* von mir ab; das, was mein Gesprächspartner zu mir sagt, bestimmen er *und* ich; das, was ich von jemandem denke und was ich gegenüber jemandem fühle, hängt von ihm *und* von mir ab; die Beziehung des Verstehens ist nicht eine Beziehung zwischen aktivem Subjekt und passivem Objekt, in der der Prozeß des Verstehens nur vom Subjekt abhinge. Anders kann es nicht sein in einer Kultur, die sich aus vier monotheistischen Religionen und

aus vier von ihnen abgeleiteten Kulturparadigmen in gleich-
berechtigter Weise konstituiert.«

So wie das Sarajevo von Dževad Karahasan für das Erzählen steht, steht Sarajevo auch für die Universalität von Erfahrung. Dževad Karahasans Denken führt mitten hinein in die
jüngsten weltweiten Konflikte. Wenn vor knapp zwei Monaten Standbilder von Christoph Kolumbus gestürzt und sym-
bolisch ins Meer geworfen wurden, würde ich das nicht als
der Weisheit letzten Schluss bezeichnen. Aber dieser Protest
ist berechtigt, weil er sich gegen ein Denken und eine Praxis
richtet, deren Akteure sich selbst als gottgleich begreifen, als
habe erst die Entdeckung durch Kolumbus Amerika Existenz verliehen.

Wer sich dagegen wehrt, hat in Dževad Karahasan insofern einen geistigen Verbündeten, weil sein Schreiben und
Denken eben jenes »starke Subjekt« in Frage stellt, »das alles, was es erkennt, in ein Objekt verwandelt, jenes Denken,
das glaubt, etwas zu erkennen, bedeute, es zu beherrschen«.
Zugleich aber will Dževad Karahasan Zeugenschaft ablegen
und die Erinnerung an das Geschehene erhalten, eben auch
an die Verbrechen, an die Schrecknisse, auch an die Sklaverei. Deshalb wäre er sehr wohl bereit, Kolumbus-Statuen
zu verteidigen, obwohl ihm vor Kolumbus und den Folgen
seiner »Entdeckungen« graut.

Wer am Tag der Kanonade von Valmy eine Untersuchung
über das Kanonenfieber anstellt, hat nicht nur den Welt-
oder Zeitgeist in der Tasche, sondern versteht sich auch darauf, das eigene Leben mit der Weltgeschichte zu synchro-
nisieren. Goethe hat es aber auch immer wieder vermocht,
sich von sich selbst zu befreien. In den Essays von Dževad
Karahasan über Goethe entsteht ein kleines Kompendium

gerade dieser Seite seines Werkes und seiner Persönlichkeit. Goethe selbst ist es, der uns das »starke Subjekt« in zwei Teilen einer Tragödie vorführt, in der es zum Mörder an Philemon und Baucis wie auch zum Kolonisator wird.

Dževad Karahasans »Tagebuch einer Aussiedlung« ist das Protokoll einer Vertreibung. Vor allem aber handelt es »von der Aussiedlung (…) aus einer materiellen in eine ideelle Wirklichkeit, aus seinem bergumstandenen Talbecken in das Gedächtnis, in die Erinnerung«.

Wenn im Alltag das, was uns am Leben hält, vernichtet wird, erweisen sich Bücher wie die von Dževad Karahasan als rare Reservoire, in denen sich, wenn überhaupt, wieder lebensbejahende Kräfte sammeln können. Indem wir die Bücher von Dževad Karahasan lesen und in unserem Alltag heimisch machen, gelingt es uns vielleicht, auch etwas von jener Aussiedlung rückgängig zu machen. Anders kann ich mir eine Lektüre der Bücher von Dževad Karahasan nicht vorstellen.

(2020)

---

1 In neuer Übersetzung und einer um zwei Texte und ein Interview erweiterten Ausgabe erschien der Text unter dem Titel »Tagebuch einer Übersiedlung«, Berlin 2021.

EINE WELT, ERSCHAFFEN AUS BODENLOSER SPRACHE.

Gespräch mit Dževad Karahasan über Andrej Platonows »Tschewengur«

Ingo Schulze:
Ich wurde vergleichsweise früh auf Andrej Platonow aufmerksam gemacht, in der Schule, in Dresden, es muss um 1980 herum gewesen sein. Unser Lateinlehrer unterbrach aus irgendeinem Grund den Unterricht und hielt uns einen Vortrag über Platonow – es war gerade eine Neuauflage der Erzählungen und Novellen unter dem Titel »In der schönen und grimmigen Welt« erschienen. Dieser Lehrer, der auch etliche Rohübersetzungen für Heiner Müller gemacht hat – was ich damals nicht wusste –, fragte nach unseren Erfahrungen mit Platonow. Als wir die Achseln zuckten, legte er los. Doch nicht wie sonst, wenn wir etwas nicht wussten, sondern voll des Vorwurfs! Er tadelte uns, als hätten wir die Hausaufgaben nicht erledigt. Er stellte uns regelrecht zur Rede, warum wir Platonow nicht lesen, warum der Erzählungsband noch Wochen nach Erscheinen in den Buchhandlungen herumstehe, statt sofort weggekauft zu werden, wie alles andere, was als besonders wichtig und brisant galt. Mit der flachen Hand schlug er sich gegen die Stirn: »Platonow!«, rief er. Ich weiß noch, dass er von einer riesigen Baugrube sprach, in der aber nie ein Haus stehen

würde, und von einem Helden, der auf einem Pferd mit einem Namen wie »Arbeiterklasse« oder so ähnlich reitet und Rosa Luxemburg liebt und sich nach ihr verzehrt, obwohl er weiß, dass sie tot ist. Ich hoffte, diesen sowjetischen Don Quijote in einer der Erzählungen zu treffen, und las sie alle, von den »Epifaner Schleusen« über »Die Stadt Gradow« und »Dshan« bis »In der schönen grimmigen Welt«.

Ich war begeistert, aber auch irritiert: Die Erzählungen unterschieden sich in Stil und Charakter so stark voneinander, dass sie mir nicht wie Texte ein und desselben Schriftstellers vorkamen.

Seit 1986 brachte der Verlag Volk und Welt eine Werkausgabe heraus, doch erst 1990, als im Osten kaum noch jemand Muße für Romane fand, erschien »Tschewengur«. Und dann vergingen weitere Jahre, bis ich mir das Buch vornahm und endlich jenem Reiter begegnete, der Rosa Luxemburg liebte und auf einem Pferd namens »Proletarische Kraft« unterwegs war.

Bis heute gelingt es mir nicht, denjenigen, die noch nie etwas von Platonow gelesen haben, eine halbwegs angemessene Beschreibung von »Tschewengur« zu geben. Vertraute Begriffe wie »Figuren« oder »Handlung« greifen nicht, obwohl es Figuren und eine Handlung gibt. Aber bei Platonow erscheinen diese Kategorien in einem völlig neuen Licht. Nichts ist mehr so, wie wir dachten, alles wird unvertraut, inkommensurabel, alles auf der Welt, selbst die Sonne, kann sich jederzeit ändern oder verändert werden.

Dževad Karahasan:
Mir geht es genauso. Das erste Buch, das ich von Platonow gelesen habe, war »Die Entstehung eines Meisters«, nach der

Lektüre blieb ich tief beeindruckt und total verwirrt, um nicht zu sagen ratlos zurück ...

Ingo Schulze:
Dabei ist das nur der Beginn von »Tschewengur«, von dem du sprichst, 1927 als selbständige Erzählung erschienen, das Vorspiel, könnte man sagen, noch mit der »alten Zeit« als Hintergrund, bis an die Revolution heranführend. Ich teile deine Verunsicherung, finde sie aber bemerkenswert, denn im Vergleich zu dem, was folgt, wirkt dieser Auftakt beinah »unspektakulär«. Wobei die Sprache und die Weltsicht von »Tschewengur«, wenn ich so sagen darf, schon vernehmlich sind, man den Ton einer Heilsgeschichte – auf die der Untertitel hindeutet – bereits im Ohr hat.

Dževad Karahasan:
In meiner Leseerfahrung gab es nichts Vergleichbares, ich verfügte über keinerlei Mittel und Instrumente, das Gelesene zu analysieren, darüber nachzudenken, es zu deuten. Die Figuren in den gelesenen Erzählungen handeln, doch ihr Handeln scheint durch keine uns bekannten menschlichen Bedürfnisse, Wünsche, Motive veranlasst zu sein. Gewiss, es gibt eine Geschichte, aber ihr Anfang, ihre Mitte und ihr Ende stehen in keinem kausalen Zusammenhang; der Mittelteil geht so wenig als logische Folge aus dem Anfang hervor, wie das Ende vom Anfang oder der Mitte bestimmt wird. Das Gelesene lässt mir keine Ruhe, ich will die Texte immer wieder lesen, ich muss zu ihnen zurückkehren, bin aber nicht imstande, die Gründe dafür zu erraten. Sind die Erzählungen spannend konstruiert? Bringt die Lektüre ein ästhetisches Vergnügen? Erfüllt mich das Lesen mit Freude?

Nichts dergleichen – trotzdem will ich sie immer wieder lesen und analysieren. Aber wie nur? Der Mann schreibt seine Texte, als ob er gar nichts erzählen, aber alles erklären will, habe ich mir einmal gedacht, nachdem ich »Dshan« gelesen hatte. Und dann kam mir die Erleuchtung: Die Texte haben Ähnlichkeit mit dem Mythos, wie Claude Lévi-Strauss ihn versteht, sie wollen »reine Bedeutungen« bzw. »reinen Sinn« vermitteln. Das hat mich auf die Idee gebracht, die Bücher Platonows als »Mythourgie« (Mythos + Ergon, die Arbeit mit dem Mythos, die Wirkung eines Mythos) zu definieren und sie vom literarischen Erzählen im engeren Sinne abzugrenzen.

Ingo Schulze:
Die Lektüre ist ein Genuss ganz eigener Art. Bei »Tschewengur« brauche ich für eine Seite drei- bis viermal so lange wie sonst. Die Sätze sinken wie Blei in mich ein, ich möchte sie auswendig lernen, damit sie sich in meiner Vorstellung einnisten, ich möchte sie nicht wieder verlieren. Im Grunde ließe sich über jede einzelne Seite des Romans eine Abhandlung schreiben, eine Exegese, man könnte auch über jede Seite predigen.

Dabei ist »Tschewengur« gar nicht schwer zu lesen. Die Konstruktion von »Tschewengur« ist ebenfalls relativ klar …

Dževad Karahasan:
Diese Konstruktion, die ganze Erzähltechnik Platonows bestärkt mich in meiner Überzeugung, dass er Mythograph ist. Im literarischen Erzählen gehorcht die Aufeinanderfolge der Begebenheiten, von denen berichtet wird, nicht der Chronologie, sondern dem inneren Zusammenhang.

Platonow hingegen erzählt der Reihe nach, scheinbar ohne jede Absicht, eine kohärente Form (im Sinne der Fabel, des Sujets) erschaffen zu wollen, denn er erzählt eine »heilige Geschichte« – in ihr artikuliert sich die reine Notwendigkeit. Platonow braucht keine Zusammenhänge und Kausalitäten zu konstruieren, denn im Mythos ist alles unauflöslich miteinander verbunden. Sein Erzähler hat keinen fest definierten Standpunkt, er ist überall präsent und mit allem, was erwähnt wird, »verwandt«; diesem Erzähler ist das innere Wesen aller Dinge zugänglich, und alle Dinge haben bei ihm auch ein inneres Wesen. Dieser Erzähler ist weder der allwissende Erzähler der »alten Erzähltechnik« noch der »moderne allwissende Erzähler«, wie ihn Flaubert und Henry James verstanden haben; Letzterer kann von den Dingen nur so viel wissen, wie sein *point of view* ihm erlaubt. Der Platonow'sche Erzähler hingegen ist mit den Dingen verwandt, er weilt gewissermaßen in ihnen.

Platonow verzichtet völlig auf die üblichen Mittel, mit denen Schriftsteller die sozialen, psychischen oder rationalen Beweggründe ihrer Protagonisten plausibel machen; seine Figuren werden durch keine uns Menschen nachvollziehbaren Gründe zum Handeln bewegt, in ihrem Handeln werden sie oft von Kräften geleitet, die uns verborgen bleiben. Warum bleibt Sachar Pawlowitsch im Dorf, nachdem alle Dorfbewohner weggegangen sind? Warum verlässt auch er das Dorf, nachdem der Einsiedler gestorben ist? Warum verlässt Sascha Dwanow Dorf und Haus, in denen er nach langer Zeit Sonja wiederbegegnet? Wieso findet Kopjonkin ihn immer wieder, ohne nach ihm zu suchen? Die einzige Antwort, die mir einfällt, hat Platonow selbst gegeben: mit seiner Bemerkung, dass Sascha Dwanow »schon ein klares

Gefühl für diese neue Welt« besaß, »aber sie ließ sich nur machen, nicht erzählen«.

In »Tschewengur«, aber auch in anderen Werken Platonows, bleiben die Grenzen zwischen Mensch und Natur unklar. Sascha Dwanow erkennt sich im Wind wieder und tröstet sich damit, dass der Wind auch nachts arbeiten muss, während er, Sascha, nur tagsüber beschäftigt ist. Unklar und fließend sind auch die zeitlichen und räumlichen Verhältnisse, die Grenzen zwischen Realem und Erträumtem, Idealem und Materiellem – wie im Mythos. Der Mensch ist bei Platonow Teil einer hochintegrierten mythischen Welt. Er sieht vor seinen Augen eine neue Welt entstehen, eine neue Sprache und einen neuen Menschen, und diesen Entstehungsprozess will er in seinem Werk schildern.

In diesem Sinne ist für mich Platonow deshalb eher Mythograph als literarischer Erzähler. Das muss auch der Grund sein, weshalb mir stets Franziskus von Assisi einfiel, wenn ich versuchte, sein Werk mit irgendetwas zu vergleichen.

Ingo Schulze:
Das ist die liebevolle Variante. Ich dagegen musste beim Lesen von »Tschewengur« an reformerische Bettelorden denken, an kämpferische Sekten, an Glaubenskrieger, nur dass sie die Bibel, den Koran oder das Kommunistische Manifest bestenfalls vom Hörensagen kennen. Es ist die Verkündigung und das Praktizieren des Kommunismus auf eigene Faust – mit allen Konsequenzen.

Dževad Karahasan:
Platonow schildert eine Welt, die aus dem Geist, durch das Wort geboren werden soll. Das hat er, glaube ich, mit Fran-

ziskus gemein – beide befassen sich mit dem Mythos, nicht mit der materiellen Welt. Franziskus hat die Botschaft Jesu beim Wort genommen: Liebe hält die Welt zusammen, alle Lebewesen sind durch Gottes Liebe vereint und verbrüdert, Jesus verpflichtet alle Menschen, ihm nachzufolgen … Dementsprechend nennt er Schlange und Mond (Luna) seine Schwestern, der Tod ist sein Bruder, er predigt den Fischen und Vögeln, für ihn sind Armut und Besitzlosigkeit der einzig wahre Weg. Was für Franziskus der christliche, war für Platonow der kommunistische Glaube: Durch das Aussprechen – die Dekrete! – wird eine neue Welt samt neuen Menschen entstehen. In »Tschewengur« entdecke ich eine ganze Reihe mythologischer Elemente: Kopjonkin liebt Rosa Luxemburg (man muss sich sehr anstrengen, um die Korrespondenzen mit der christlichen Marienliebe zu übersehen). Sonne und Mond sind himmlische Arbeiter, der Sozialismus »wächst aus dem Gras« und »offenbart sich neben dem Weg, der zu Rosa Luxemburg führt«, Sterne und Sonne unterstützen den menschlichen Arbeitsprozess, Tschepurny, der Vorsitzende des Tschewengurer Govrevkom, fürchtet, die Sonne könnte seine Mitstreiter im Stich lassen …

Ingo Schulze:
Es sind elf Bolschewiki in Tschewengur übrig geblieben, die auf Sascha Dwanow warten, Tschepurny glaubt, ein gerade gestorbenes Kind könne wieder ins Leben zurückkehren…

Dževad Karahasan:
So ist es! Die Anspielungen an die »Neuanfänge der Welt« sind überaus zahlreich. Der Mythos, aus dem die Neue Welt und der Neue Mensch geboren werden oder entstehen sol-

len, verbindet alles Bestehende und macht alle Existenz zu einer wunderbaren Einheit, alles ist beseelt und einig im Streben nach der neuen Welt. So sind in »Tschewengur« Nacht und nächtliche Frische »junge Mädchen und Buben«, Maschinen sind personalisiert und vermenschlicht (vor allem Lokomotiven, die große Liebe von Sachar Pawlowitsch), Tiere und Vögel »trauern um Rosa Luxemburg«, das Pferd »Proletarische Kraft« hat sehr lebendige Erinnerungen …

Ingo Schulze:
… mir fällt der Bastschuh ein, den Sachar Pawlowitsch zu Beginn des Romans im Dorf entdeckt: »Der Bastschuh war ohne die Menschen ebenfalls zum Leben erwacht und hatte sein Schicksal gefunden – ihm entwuchs das Reis einer Rotweide, sein übriger Körper aber faulte zu Staub und bot dem Würzelchen des werdenden Strauches Schatten.« Jeder Leser wird sofort bemerken, dass sich die Auffassung des Körpers bei Platonow stark von unserer heutigen unterscheidet; vielleicht ist es eher eine mittelalterliche Auffassung, eine im Bachtin'schen Sinne »karnevaleske«. Für die Menschen (die Körper) ist das Alleinsein das Abnormale, das Ungewöhnliche. Sie suchen und wärmen einander, sie schlafen eng nebeneinander und lieber auf der Erde als in einem Bett, sie löffeln aus denselben Schüsseln, wenn sie sich nicht von Kräutern und Gras ernähren. Mir schien es mitunter, als seien sie weder voneinander noch von der Vegetation oder den Dingen abgegrenzt. So entstehen menschliche Gefühle unmittelbar aus der Körperlichkeit, auch die Worte sind im kreatürlichen Sinne körperlich: »Der Greis schwieg zuerst – in jedem Übrigen entstand zuerst nicht der Gedanke, sondern ein gewisser Druck dunkler Wärme,

die dann irgendwie in Worten ausströmte und dabei erkaltete.«

Dževad Karahasan:
Wunderbar! Stimmt. Aber nicht nur »karnevalesk«, Karneval ist nur eine der Formen einer »vormodernen« Körperauffassung. Das »körperlose Denken«, ein Denken in Begriffen, auf das wir unser Verstehen reduzieren, kann keine Form zustande bringen, daher können Mythos, Ritus, auch die Kunst, mit dieser Art Denken nichts anfangen – eine körperlose Form ist unmöglich. Erst der Gott der monotheistischen (abrahamitischen) Religionen ist ein Schöpfergott, einer, der mit den Worten, aus dem Wort erschafft. Alle Götter vor Ihm haben die Welt durch Tanz oder mit der Hand hervorgebracht. Auch im Christentum spielt der Körper noch viele wichtige Rollen – als Ort der Versuchung, als Grund der Sünde, aber auch als Quelle der übernatürlichen Macht. Erinnern wir uns an die unaussprechliche Macht, die im Christentum einzelnen Gliedern am Leib der Heiligen zugeschrieben werden. Die geizigen Kaufleute aus Venedig wussten, was sie taten, als sie 50 Zechinen für den Leichnam des Evangelisten Markus zahlten (man darf sich fragen, ob Venedig so mächtig geworden wäre, hätte es nicht den ganzen Leichnam des Evangelisten gehabt). Gar nicht zu reden von den archaischen Kulturen – von Isis, die aus Lehm eine Schlange schafft, die sogar den Sonnengott Re-Harachte beißen kann, von Orpheus, dessen abgetrennter Kopf den Bach hinunterschwimmt und weitersingt. Für eine archaische Kultur ist die Welt aus unterschiedlichen Körpern zusammengesetzt, ein Körper wiederum aus unterschiedlichen Teilen; die einzelnen Körper bzw. Teile behalten ihre

heilige Kraft, auch wenn sie allein für sich stehen, weil das Ganze in jedem seiner Teile gegenwärtig ist. So besitzt Sascha Dwanow die neue Welt, die gerade entsteht, in seinem Körper. Und obwohl Sachar Pawlowitsch behauptet, dass jeder von uns im unteren Bereich seines Körpers den Imperialismus fühlt, kann Sascha Dwanow »in seinem Körper keinen Imperialismus fühlen«.

Wenn man über die Körperauffassung bei Platonow spricht, sollte man, meine ich, auch seine Epoche berücksichtigen, seine Zeitgenossen, die Autoren, mit denen er korrespondierte. Der einflussreichste Theoretiker der »proletarischen Kultur«, des Proletkult, Alexander Bogdanow, sprach zum Beispiel vom »physiologischen Austausch des Lebens zwischen den einzelnen Personen« in der neuen Gesellschaft, auch vom »allumfassenden Verständnis innerhalb des neuen Kollektivs«. Der damaligen zeitgenössischen Kultur mangelte es total an Körperlichkeit, zumindest rhetorisch musste sie die Körperlichkeit einer archaischen Kultur erneuern, wenn sie die Revolution ernst nehmen wollte. Denn die Revolution nach Platonows Verständnis ist ganz sicher nicht eine Neuverteilung der Macht innerhalb der menschlichen Gesellschaft, sie ist vielmehr die Rückkehr zum Wahren, zum Ursprung, das Erschaffen einer gänzlich neuen Welt. Ohne Körper geht das nicht.

Ingo Schulze:
Ja, nur finden wir in »Tschewengur« eine ausdifferenzierte Beschreibung der Genese eines Glaubens, der allerdings kaum etwas mit dem zu tun hat, was in den Büchern von Marx, Engels und Lenin steht. Lola Debüser hat in ihrem Nachwort von 1990, das fast eine kleine Monographie ge-

worden ist, detailliert nachgezeichnet, auf welcher Zeitachse der Roman sich bewegt – von der Jahrhundertwende bis zum Ende der zwanziger Jahre; es lassen sich direkte Bezüge zwischen Zeitungsartikeln und Kampagnen von Lenin und Stalin herstellen. Es ist ja wirklich atemberaubend, mit welcher Selbstverständlichkeit Platonow diese Realien aufgreift, wie sie sich nicht nur der Handlung, sondern auch der sprachlichen Gestalt bemächtigen. Für die »Baugrube«, den Roman, der unmittelbar auf »Tschewengur« folgte, hat die Übersetzerin Gabriele Leupold dieses Verfahren in ihrem Kommentar minuziös nachgewiesen.

Man muss das alles nicht wissen, es macht aber das Traumhaft-Traumatische der Romanwelt deutlicher. Hätte der Roman damals erscheinen können und nicht erst 1988 – Platonow ging fest davon aus und beklagte sich bei Gorki über die Zurückweisung –, wäre der aktuelle Bezug für jeden Leser evident gewesen. Gorki spricht von einem »zweifachen Licht«, das Platonow auf seine Figuren fallen lasse. Er fand, die Revolutionäre würden parodiert. Aber Platonow ist kein Parodist, kein Ironiker, so wenig Kafka ein Parodist oder Ironiker ist.

Dževad Karahasan:
Parodist oder Ironiker sicherlich nicht, aber ein Mythograph, wie Platonow, ist Kafka schon. Auch sein Werk gibt das Entstehen einer Welt wieder, auch in seinem Werk sind die Grenzen zwischen Menschen und toten Gegenständen fließend, in seinem Werk agieren die Menschen oft als Maschinen, und Maschinen erfüllen ihre Pflicht gewissenhaft wie ein braver Soldat (»In der Strafkolonie«), während tote Gegenstände Schmerz empfinden (»Die Brücke«). Die Texte

von Franziskus und Platonow wirken gelegentlich wie Parodien des Glaubens, weil sie ihn absolut ernst nehmen. Wer sein Pferd »Proletarische Kraft« nennen oder den Fischen das Evangelium predigen kann, mag unserem menschlichen Verstand parodistisch erscheinen. Einem göttlichen oder mythischen Verstand wahrscheinlich nicht, denn alle Existenz ist im Einen vereint. Der Mythos ist weder komisch noch tragisch.

Ingo Schulze:
Es kommt darauf an, auf welche seiner Werke man sich bezieht. Die Unterschiede zwischen den Romanen, Erzählungen und Novellen sind verblüffend. Wäre »Die Stadt Gradow« anonym erschienen, hätte man vielleicht eher Soschtschenko als Autor vermutet und nicht unbedingt den Schöpfer von »Tschewengur« oder der »Baugrube«. Die Unterschiede lassen sich auch nicht mit der schriftstellerischen Entwicklung Platonows erklären. Er kann zur selben Zeit auch eine Art Realist oder ein Satiriker sein. Ich glaube nicht, dass man diese als Zugeständnisse an die Zensur sehen sollte, als Verteidigungsmanöver gegen die vielen Verleumdungskampagnen, die gegen ihn geführt wurden. Jedenfalls ist alles, was ich von Platonow kenne, so gut, dass ich es mir nicht als Zugeständnis vorstellen kann.

Wo aber sollte man den literarischen Stil von »Tschewengur« einordnen? Selbst Beckett erscheint mir im Vergleich zu Platonow wie ein realistischer Autor. Gogol ist natürlich ein Stammvater, unbedingt Dostojewski und Daniil Charms ein jüngerer Bruder. Bei Beckett bezeichnen die Wörter noch etwas, das sich nachvollziehen lässt. Die Dinge sind noch vorhanden. Charms blickt schon im vollen Bewusstsein in den Abgrund, dass die Worte nichts mehr bezeichnen, dass sie keine Wurzel mehr in der Wirklichkeit haben, dass sie bodenlos, also absurd geworden sind. Da aber die Wörter als verbindliche Realität gelten, löschen sie die Wirklichkeit, löschen sie die Menschen, löschen sie überhaupt alles Lebendige aus. Wer als Kulak bezeichnet wird, ist es auch und deshalb des Todes. Das kann man Stalinismus nennen oder Inquisition. Bei Platonow wird man als Leser schier zerrissen, weil seine Figuren diese bodenlose Sprache praktizieren, beseelt davon, eine bessere, gerechtere Welt zu schaffen.

Dževad Karahasan:
Völlig einverstanden: die Sprache Platonows will nichts benennen, sie will erschaffen. Vergessen wir bitte nicht, dass der einflussreichste Linguist dieser Epoche, Nikolaj Marr, felsenfest daran glaubte, dass aus der Revolution auch eine neue Sprache entstehen muss: Eine neue Welt geht, der Logik der Dinge nach, mit einer neuen Sprache einher. Ich darf nichts behaupten, bin aber mehrere Male in Versuchung geraten, die Sprache Platonows als Versuch, diese neue Sprache, von der Marr geträumt hat, vorwegzunehmen.

Ingo Schulze:
Ja, doch mit der Einschränkung, dass es sich um nur *eine* dieser neuen Sprachen handelt. Denk an Welimir Chlebnikow mit seiner *za-um*-Sprache, die Platonow gekannt haben wird. Sie mutet heute wie eine reine Lautsprache an, für Chlebnikov aber bedeutet sie eine neue, eine absolute Sprache. Wenn ich richtig verstanden habe, war sie von ihm als eine Art natürliches Esperanto gedacht, das jeder neue Mensch sprechen und verstehen sollte. Auch wenn ich mich

jetzt vielleicht versteige, aber es drängen sich mir Analogien in der bildenden Kunst auf. Malewitsch zum Beispiel, der mit seinem schwarzen Quadrat einen Endpunkt setzen will und dies in gewisser Weise auch schafft, danach aber wieder Figuren malt, denen allerdings ihre abstrakte Erschaffung anzumerken ist. Als hätten sie anstelle des Herzens ein schwarzes oder weißes Quadrat. Man merkt der Sprache in »Tschewengur« an, dass sie sich einer neuen Offenbarung, einer Revolution verdankt, als habe Platonow aus den Silben des *za-um* seine Wörter zusammengesetzt und sie wieder der Verständlichkeit angenähert, um das neue Evangelium schreiben zu können. Man ist gefesselt an diese die Wirklichkeit vernichtenden, eine neue Wirklichkeit schaffenden Figuren. Diejenigen, die in der Vorstellung der Bolschewiki das Erscheinen des Kommunismus behindern, werden mit dem Maschinengewehr liquidiert, bis nur noch die Bolschewiki übrig sind oder besser gesagt jene, die sich dafür halten, so unterschiedlich sie auch sein mögen. Die Opfer werden mit keiner Silbe mehr erwähnt.

Es scheint in diesem Roman kaum eine Beschreibung zu geben, die nicht als Motiv an anderer Stelle variiert oder moduliert wieder auftaucht. Der Roman ist ein dichtes Beziehungsgeflecht, einzelne Motive lassen sich nur schwer herauslösen, weil sie ohne ihre Funktion im Zusammenhang ihre Konturen verlieren. Zwischen Eingangs- und Schlussszenen spannt sich der Roman wie ein Bogen. Von Anbeginn durchzieht ihn eine Ambivalenz, die sich in den beiden Protagonisten Sascha Dwanow und Prokofi Dwanow verkörpert. Schon der Familienname Dwanow trägt die Zwei (dwa) in sich. Sascha und Prokofi wachsen wie Brüder auf, obwohl sie keine leiblichen Brüder sind, und Sachar Pawlowitsch ist nicht ihr leiblicher Vater, nimmt aber die Vaterstelle ein. Seine Liebe gilt eindeutig Sascha.

Saschas leiblicher Vater war ein Fischer, für den die Fische »zwischen Leben und Tod« stehen, der über die Verlockung des Todes nachdenkt, für den der Tod nur »ein anderes Gouvernement« ist, »unter dem Himmel gelegen, als wäre es am Grunde eines kühlen Wassers«. Seine Absicht war, »eine Zeitlang im Tod zu leben und dann zurückzukehren«. Als Sascha zu der Familie von Prokofi gegeben wird, sagt er: »Tante, ich habe einen Fisch an der Angel. (…) Ich will ihn holen und essen, dann brauchst du mir nichts zu geben.« Seine Ziehmutter lässt ihn aber nicht gehen. Am Ende des Buches, als eine mechanische, stumme Armee die sich wandelnden Tschewengurer Kommunisten ihrerseits auslöscht, kehrt Sascha auf Kopjonkins »Proletarischer Kraft« in einer Nacht und einem halben Tag an jenen See zurück. Zwischen den Hufen des Pferdes hat sich eine Angel verfangen. Es ist Saschas Kinderangel, an der noch »das ausgedörrte, zerbrochene Skelett eines kleinen Fisches« hängt. Sascha »stutzte, denn sein Vater war noch da – seine Knochen, die lebendige Substanz seines Körpers, der Moder seines verschwitzten Hemdes –, die ganze Heimat des Lebens und der Freundschaftlichkeit«. Wie einst sein Vater gleitet Sascha ins Wasser, »wo die Rückkehr des Blutes, das einst im Körper des Vaters für den Sohn abgegeben worden war, als ewige Freundschaft erwartet wurde«. Es ist diese Freundschaft, die nach allen Irrtümern und Morden dennoch im Finale anwesend ist. Selbst Prokofi, der mit all seinem Besitz nicht glücklich geworden ist, macht sich auf Bitten des alten Sachar, den die Sehnsucht nach Tschewengur getrieben hat, auf die Suche nach Sascha, aber nicht mehr für einen Rubel, wie noch im ersten Teil des Buches, sondern »umsonst«, also um seiner selbst willen. Ist das eine Hoffnung am Ende des Buches?

Dževad Karahasan:
Ich fürchte kaum, lieber Ingo, denn die Platonow'sche Welt hat mit unseren allzu menschlichen Kriterien wenig zu tun, sie will nicht rein menschlich sein und sich nicht auf die menschliche Sicht der Dinge begrenzen. Keinem Verstorbenen wird bei Platonow eine Träne nachgeweint, kein neugeborenes Kind wird begrüßt, das hast du sicherlich gemerkt. Es ist aber keine Welt der anorganischen Gleichgültigkeit, es ist nur eine Welt, die nicht ausschließlich menschlich sein will. Wenn man sich einer Lokomotive nähern will, muss man eine Einweihung, einen Initiationsritus durchmachen. Oder siehst du das anders?

Ingo Schulze:
Es braucht nicht mal eine Initiation, denn das hieße ja, man könnte sich für diese Welt entscheiden oder nicht. So eine Figur wie Prokofi, die, psychologisch gedeutet, durch die Armut der Kindheit gezeichnet, nun als Funktionär erfolgreich Besitz zusammenrafft – der Einzige, den Besitz überhaupt interessiert –, der sogar nach einer Familie strebt, hätte wohl, versetzte man ihn in den Kapitalismus, eine Karriere. als Selfmademan vor sich. Selbst wenn er als Funktionär wieder verbürgerlicht, gehört er dennoch dazu. Man könnte natürlich sagen, unter den Jüngern – die Analogie scheint mir unübersehbar, schon allein durch Alexander Bloks »Die Zwölf«, in denen Jesus den zwölf Revolutionären vorangeht – ist Prokofi der Judas. Aber dieses »umsonst«,

das so exponiert am Schluss steht, kann nach dem Massaker an den Tschewengurer Bolschewiki eigentlich nur als Läuterung gelesen werden. Zugegeben als eine, die am ehesten einer wilden Hoffnung, einem unbedingten Glauben entspringt, so wie jenes »umsonst leiden« bei Hiob, der mit seinem Gott hadert.

Dževad Karahasan:
Das wahre Lesen kommt, nach Art und Wert der Erkenntnis bemessen, einem Erlebnis gleich, und so dürfte man annehmen, dass oft gelesene Bücher in uns Spuren hinterlassen, ähnlich denen, die Erlebnisse hinterlassen. Hat Platonow dich beeinflusst, haben seine Bücher Spuren hinterlassen?

Ingo Schulze:
Die Frage ist eher, wie sehr ich mich vor seinem Einfluss schützen konnte. Mein »Peter Holtz«, der seinem Kinderheim entlaufen ist, kommt aus Gradow an der Elbe. Ein Gradow findet man hierzulande natürlich nirgendwo. Zudem ist Peter ein Wortgläubiger. Es hat ja ungewollt auch etwas Anmaßendes, sich so in Beziehung zu setzen. Trotzdem würde ich vermuten, dass es zwischen Peter Holtz und einigen Platonow-Figuren verwandtschaftliche Beziehungen gibt. Nur musste ich darauf achten, dass es möglichst entfernte sind. Sonst wäre er zerschmolzen oder zu einem Monster geworden. Jetzt kann ich Platonow wieder unbefangener lesen.

Dževad Karahasan:
Bücher, die wir immer wieder lesen, eignen wir uns an, sie werden zum Teil unserer selbst. Aus diesem Grunde ist es

unmöglich zu sagen, ob ein Autor dich beeinflusst hat, und wenn ja, wie weit dieser Einfluss geht. Ich glaube, dass Platonow in meiner Arbeit Spuren hinterlassen hat. Verraten meine Figuren, die auf die soziale Dimension des menschlichen Daseins verzichten, die eine »reine elementare Existenz« zu erfühlen und zu artikulieren trachten und pures Dasein werden wollen Platonows Spur? Er hat Menschen dargestellt, die weder Helden noch Bäcker sein wollen, weder Vater noch Mutter, die weder reich noch angesehen sein wollen, keine Mitglieder von irgendetwas werden möchten – so einer will mit der Existenz allein sein, sich mit dem Wunder des Daseins auseinandersetzen … Wenn solche Figuren nicht aus meiner Welt kämen, wenn in meinem Geist das Bedürfnis, das Dasein selbst so klar wie möglich zu artikulieren, nicht so stark wäre, gäbe es diese Figuren in meinen Büchern nicht. Sind sie jedoch meine Antwort auf die Fragen, die Platonow gestellt hat? Auf Fragen, die ich aus seinem Werk herausgelesen habe?

Ingo Schulze:
»Eine Parabel«, schreibt Gustaw Herling, »kann man höchstens mit Hilfe einer anderen Parabel erhellen, niemals aber interpretieren.« Vielleicht stimmt das ja. Aber einen Versuch war es doch wert.

(2018)

WENN WIR NICHT SINGEN,
SINGEN ANDERE.

»Levins Mühle« von Johannes Bobrowski

»Es ist vielleicht falsch, wenn ich jetzt erzähle, wie mein Großvater die Mühle weggeschwemmt hat, aber vielleicht ist es
auch nicht falsch. Auch wenn es auf die Familie zurückfällt.«

Der Untertitel: »34 Sätze über meinen Großvater«, »bei
dem das alles zusammenkommt: behalten wollen, mehr haben wollen, besser sein wollen als alle anderen.«

»Feste Urteile hat man schon gern, und vielleicht ist es
manch einem egal, woher er sie bekommt, mir ist es jetzt
nicht egal, deshalb werde ich die Geschichte auch erzählen.«

»Diese übliche Geschichte, die überall passieren kann.«

Suchte man nach einer Begründung, warum immer wieder erzählt werden muss, hier hätte man sie.

Der Roman »spielt an der früheren russisch-deutschen
Grenze in Westpreußen, 1874 im Sommer, und hat es also
mit den gewissen nationalen und religiösen Gegensätzen zu
tun, will aber gerade erweisen, dass die guten Leute zusammen leben können und es auch getan haben«.

»Die Deutschen hießen Kaminski, Tomaschewski und
Kossakowski und die Polen Lebrecht und Germann. Und so
ist es nämlich auch gewesen.«

»(…) eines Morgens« war das Stauwasser abgelassen,
»und von Levins Mühle nur noch der halbe Steg übrig.«

Der Jude Levin zieht vor Gericht. Zwei Parteien entstehen. Die eine lässt ihre deutschen Beziehungen zum Pfarrer, Landrat und Richter spielen. »Dann werden sich die Liberalen aber wundern, dann kommen sie ran: Künstler und Zigeuner und Professoren, wird spaßig.«

Die andere macht ein Lied auf die Dinge – und der Zirkus der Habenichtse führt es auf.

»Weshalb sind die bloß so, sagt Flötist Geethe. Er meint diese deutschen Behörden und diesen deutschen Großvater und diesen deutschen Fußgendarm (...) Aber was soll Habedank antworten? Alles keine Musikanten.«

Nach zwei Gerichtsterminen – der eine verschoben, der andere bringt nichts, ein dritter aber ist anberaumt – geht Levin, der im Ensemble der Figuren eine schweigsame Nebenrolle hat, mit seiner Braut Marie nach Osten. Der Großvater verlässt sein Dorf und zieht in die Stadt.

»Und nun überlege ich nur, ob es nicht doch besser gewesen wäre, die ganze Geschichte weiter nördlich oder noch besser viel weiter nordöstlich spielen zu lassen, schon im Litauischen, wo ich alles noch kenne, als hier in dieser Gegend, in der ich nie gewesen bin, an diesem Fluß Drewenz, am Neumühler Fließ, an dem Flüßchen Struga, von denen ich nur gehört habe.«

Bobrowski schrieb seinen ersten Roman vom Herbst 62 bis zum Sommer 63 mit Bleistift in der S-Bahn, während der Arbeitspausen im Verlag oder abends zu Hause. Seinem Lektor Klaus Wagenbach vertraut er an: »Dieser elende Roman ist fertig und verkauft. Außerdem ist er nichts geworden, ich zieh mich mit ihm endgültig aus der Literatur zurück. Bloß lustig ist er.« Im Mai 64 erscheint das Buch im Union-Verlag (Berlin / Ost) und bei S. Fischer (Frankfurt am M.).

»Und da man häufig auf die Meinung trifft, von der deutschen Nachkriegsliteratur zähle nur, was im Bereich der sozialen Marktwirtschaft geschrieben wurde, so wollen wir noch feststellen: seit diesem Roman ist das nicht mehr so.« (Heinrich Bosse, WDR, 1965)

Dass Ende der Fünfziger und zu Beginn der Sechziger der Großteil an wichtiger deutschsprachiger Literatur den Osten zum Thema und Ort der Handlung hat, überrascht nicht – zumindest aus heutiger Sicht.

»Das Thema Osten usw. gehört mir ja im Grunde gar nicht, ich bin weder Pole noch Russe und schon gar nicht Jude. Das Einzige, was mich berechtigen könnte, ist: wenn ichs nicht sage, ist wieder einer weniger, der es den Deutschen, also meinen Leuten, vor Augen stellt. Aber da taucht die Frage nach dem Wahrheitsgehalt auf. Es könnte ja auch alles Schmuh sein bei mir, reizvoll vielleicht, weil gelind exotisch und eben nicht häufig. Aber – legitimieren müßte mich wohl erst einmal die Zustimmung der Betroffenen.«

»Hingehen, das geht nicht mehr. Hingehen nicht. Herrufen, hierher. Wo wir sind.«

»Diese Juden, sagt er, haben Jesum ans Kreuz geschlagen, mit Nägeln, Achtzöller. Er weiß das. Er weiß es genau, er wird ja keinem dieser Juden etwas tun wollen deswegen, er wird Gott nicht vorgreifen, der getreu ist und es auch tun wird, wie es heißt, ersten Thessalonicher, und wenn er es tun wird, wird er, der nicht viel sagt, dastehn und sich nicht verwundern, das mußte ja so kommen, höchstens vielleicht stellt er sich näher dazu, und vielleicht hilft er noch ein bißchen nach.«

In seiner Prosa näherte sich Bobrowski (zwei Jahre Militärdienst, sechs Jahre Soldat und vier Jahre sowjetische Ge-

fangenschaft) der Gegenwart – sein zweiter Roman »Litaui-
sche Claviere« wie auch die meisten seiner Erzählungen sind
zeitlich zwischen der Machtergreifung der Nazis und dem
Ende des Zweiten Weltkrieges angesiedelt. Mit den Erzählungen »Das Käuzchen« und »In eine Hauptstadt verschla-
gen« hatte Bobrowski sein Heute erreicht.

Kann man sich einen Bobrowski-Roman über die DDR
denken? Ich hätte mir zuerst ein sehr viel längeres Leben
dieses 1917 in Tilsit geborenen Dichters und dann so einen
Roman gewünscht.

Wenn »Bobrowski seine Prosa im Mittelpunkt eines ima-
ginären Dreiecks zwischen Isaak Babel, Robert Walser und
Hermann Sudermann sah« – etwas später setzt er Arno
Schmidt an die Stelle Babels –, möchte ich es zum Vier-
oder Fünfeck erweitern: um den Autor der »Mutmaßungen«
(1959) und den von »Katz und Maus« (1961). Vor allem zum
Sprachduktus von Johnson, dem siebzehn Jahre Jüngeren,
der 1965, wie Ingeborg Bachmann und viele andere seiner
Kollegen, zu Bobrowskis Beerdigung anreist, besteht eine
Affinität – auch in der Art und Weise, wie die Figuren aus
einer Landschaft hervortreten und wie ihre Schöpfer am –
politisch bedingten – Verlust der Landschaft leiden.

Bobrowski ist eine Dreifachbegabung. Sowohl in Gedichten als auch im Roman und in den Erzählungen hat er eine
eigene, modulationsreiche Stimme entwickelt.

Nachdem ich »Levins Mühle« gelesen hatte, schien es mir,
als hätte ich diese Geschichte erzählt oder zumindest vorgelesen bekommen.

Und dann ist der Roman »natürlich, auch sprachlich ein
bißchen problematisch. Zuvor ganz leicht verständlich, aber
doch ungewöhnlich: in der Hereinnahme von Umgangs-

sprache, Dialekt, Jargon usw. Und zwar so, daß diese volkstümlichen Elemente ohne Übergänge ineinandergebracht werden mit der in der deutschen Erzähltradition entwickelten stilisierten Erzählhaltung, die von Wilhelm Meister wie den Romantikern ausgehend ein, denk ich, vorläufiges Ende in den verschiedenen Ausformungen Hesse, Th. Mann, Musil, Kafka gefunden hat. Das ist ein Philologenproblem, weil es am sichtbarsten in der Veränderung des Vokabelbestandes ablesbar ist, aber natürlich auch an den Versuchen, die Syntax in Bewegung zu bringen. Und angesichts der Technisierung der Sprache möchte ich den natürlichen Sprechtonfall als ein bewußtes Stilmittel hereinbringen, es soll die Ausdrucksmittel lebendig halten.«

»Lies auf einen Sitz, wenns geht. Es ist nämlich auch die Abfolge im Tonfall überlegt, es verändert sich in sich fortwährend, wenn auch ein bißchen unauffällig, und korrigiert sich dauernd. Deswegen sind die Gerüste (Satzzählung, Rückblicke, Aufrechnungen) nötig.«

Sein lebendiges Wort versöhnt Tradition und Moderne. Die DDR-Zensur sah darin »bestimmte Auflösungserscheinungen des Romans«. Zugleich haftet diesem Ton – wie sollte das bei einem Geschichtenerzähler auch anders sein – noch das Märchen, die Sage, das Lied an, spröde und innig zugleich.

Der Erzähler von »Levins Mühle« ist fern jeder auktorialen Geste, er ist einer, der nachfragen kann, weil er sich unter seine Figuren mischt und mit ihnen dieselben Wege geht. Und er weiß, dass er selbst kenntlich werden, dass er teilnehmen muss. Denn: »Es ist nichts: Beobachter sein, der Beobachter sieht nichts.« Er kämpft um jede seiner Figuren. Selbst als er seinen Großvater schon aufgegeben hat, erschafft er noch den akademischen Maler Philippi, der sich dem Alten in den Weg stellt. »›Lassen Sie mich doch in Ruhe‹, sagt der Großvater mit unsicherem Blick. Aber Philippi ruft: ›Nein‹. Und dieses Philippische Nein, das soll gelten.«

Die Erzählweise – immer im Präsens! – erscheint absichtslos, unberechenbar und ist doch stringent, voller Notwendigkeit – als könnte es anders gar nicht ausgesprochen werden.

Als Leser fühle ich mich eingeladen und dazugebeten. Ich möchte mir bei diesem Erzähler Rat holen, weil er so beharrlich abwägen kann.

Bobrowski erlaubt es sich, eine Vielzahl an Motiven zu schaffen, sie eine Zeitlang zu führen, hier und da klingen auch nochmals ein paar Takte an – dann scheinen sie zu verwehen. Man bemerkt ihre Abwesenheit – und spürt, dass man sie schon als Metaphern mit sich trägt, ein ganzes Metaphernbündel.

Mir fällt es schwer, über ein Werk zu schreiben, zu dem ich mich in einem familiären Verhältnis fühle, distanzlos. Auch deshalb empfehle ich: Gerhard Wolf, »Beschreibung eines Zimmers«, den Film »Levins Mühle« von Horst Seemann und die gleichnamige Oper von Udo Zimmermann.

Was Bobrowski in Worte gebracht hat, ist Maßstab. Kein Satz, der nicht die Schwerkraft der gewöhnlichen Mitteilung überwindet – alle Wörter werden zu Worten.

Durch diesen Autor habe ich zum ersten Mal erfahren, wie rein Literatur sein kann – im Sinne von reiner Malerei: ganz aus der Farbe gearbeitet, ohne Zeichnung. Die Handlung entsteht aus dem Szenenwechsel, aus der Abfolge der Details.

Ich entferne mich nie zu weit von Bobrowskis Büchern. Seit ich sie zum ersten Mal gelesen habe, finde ich in ihnen Rückhalt.

»Es ist doch da etwas gewesen, das hat es bisher nicht gegeben. Das ist dagewesen, also geht es nicht mehr fort.«

»Und daß es welche gibt, die davon reden werden, überall, und nicht aufhören damit.«

»Wenn wir nicht singen, singen andere.«

(1999)

»EIN INTERESSE AN DER ERHALTUNG AUCH NUR EINES TEILS DIESER GROSSSTÄDTISCHEN BEVÖLKERUNG BESTEHT UNSERERSEITS NICHT.«

Vorwort zum »Blockadebuch« von Ales Adamowitsch und Daniil Granin

Die Blockade von Leningrad konnte am 27. Januar 1944 durchbrochen und beendet werden. Ein Jahr später befreite die Rote Armee am 27. Januar 1945 das Vernichtungslager Auschwitz. Für den Holocaust-Gedenktag am 27. Januar 2014 war Daniil Granin nach Berlin eingeladen worden, um vor dem Deutschen Bundestag zu sprechen. Einen Tag zuvor besuchte er die Berliner Akademie der Künste, deren Mitglied er seit 1986 war.

Der Pulk an mitgereisten Fotografen und Kamerateams war dem 95-jährigen »Staatsgast« lästig. Er hatte Fragen, er war neugierig. Dieses Berlin kannte er nicht. Daniil Granin ersparte es uns, auf Russisch zu radebrechen, er sprach Deutsch, ein sehr schönes Deutsch. Sein freundliches, offenes Gesicht konnte sich jedoch von einem Augenblick auf den anderen verfinstern, wenn er sich durch die Journalisten gestört fühlte.

Daniil Granin hielt es für ein unwahrscheinliches Wunder, dass er den Krieg überlebt habe – als Freiwilliger an der Front der ersten Kriegstage, dem vorrückenden Aggressor unterlegen, dann im Leningrader Schützengraben, vor Hunger und Kälte kaum bei Bewusstsein, später als Kommandant einer Panzerkompanie. Aber von sich selbst wollte er gar nicht sprechen. »Sie kennen doch St. Petersburg?«, fragte er.

Von 1984 an war ich mehrmals in Leningrad gewesen. Das Faktum der Blockade dieser Stadt war uns studentischen Touristen durchaus bewusst, allerdings war es bei unseren Besuchen unpersönlich geblieben. In der Gorbatschow-Zeit interessierte ich mich vor allem für Publikationen, die jetzt endlich möglich waren, meistens Memoiren oder Literatur, die die Verbrechen der Stalinzeit zum Hintergrund hatten. Und ich weiß noch, wie sehr ich im Sommer 1989 die freiheitliche Atmosphäre im Land genoss – gerade im Unterschied zu jener in der DDR. Als ich im Herbst 1992 erneut in die Stadt kam, die sich nun wieder St. Petersburg nennen durfte, und kurz darauf begann, dort zu arbeiten, schloss ich Freundschaft mit einem Redaktionskollegen, der die Leningrader Blockade als Kind miterlebt hatte. Obwohl wir einander vieles anvertrauten – von den Blockadejahren zu sprechen, lehnte er ab. Die Pförtnerin unseres Gebäudes »gestand« mir nach einiger Zeit, als Zwangsarbeiterin in Deutschland gewesen zu sein, wobei sie im Erzählen bemüht war, die guten Momente herauszustreichen. Beim Reden liefen ihr die Tränen übers Gesicht, ohne dass sie dies zu bemerken schien. Sie tätschelte meine Wange. Ich kam aus jenem Land, das für den Tod von mehr als einer Million Bewohnerinnen und Bewohner der Stadt verantwortlich war. Und nun, 1993, verdiente ich das Hundert- bis Zweihundertfache von dem, was meine russischen Kolleginnen und Kollegen erhielten, die sich nicht mal das Notwendigste zum

Leben kaufen konnten. Das war der Hintergrund, vor dem ich die beiden Bände des »Blockadebuches« von Ales Adamowitsch und Daniil Granin in deutscher Übersetzung zu lesen begann. Ich begriff schnell: Dieses Buch führte mich in eine Welt ein, von der ich noch keine Kenntnis hatte. Es veränderte meinen Blick auf die *condition humaine* – und damit mich selbst.

»Der Führer hat beschlossen, die Stadt Petersburg vom Antlitz der Erde zu tilgen«, heißt es in einer geheimen Direktive des Stabes der deutschen Kriegsmarine mit dem Titel »Über die Zukunft der Stadt Petersburg« vom 22.9.1941. »Es besteht nach der Niederwerfung Sowjetrusslands keinerlei Interesse an dem Fortbestand dieser Großsiedlung. (...) Es ist beabsichtigt, die Stadt eng einzuschließen und durch Beschuss mit Artillerie aller Kaliber und laufendem Bombeneinsatz dem Erdboden gleichzumachen. Sich aus der Lage der Stadt ergebende Bitten um Übergabe werden abgeschlagen werden. (...) Ein Interesse an der Erhaltung auch nur eines Teils dieser großstädtischen Bevölkerung besteht (...) unsererseits nicht.«

Kein Interesse am Fortbestand der »Großsiedlung«, kein Interesse an der Erhaltung »dieser großstädtischen Bevölkerung«.

Was dies für die Bevölkerung der Stadt bedeutete, schien hinreichend dokumentiert und gestaltet zu sein. Die kaum zu zählenden Opfer, die Verhungerten und Erfrorenen, die getöteten Soldaten und Zivilisten, die zerbombte Stadt, in der von entkräfteten Musikern Schostakowitschs 7. Sinfonie uraufgeführt und durch Lautsprecher übertragen wird (sogar bis in die deutschen Schützengräben), die evakuierte Ermitage, in der die Angestellten durch die Säle führen und jene Bilder beschreiben, von denen nur noch die Rahmen hängen, und – kaum geflüstert – das Versagen Stalins und der meisten Parteiführer, die ihr Land wider besseres Wissen nicht auf den deutschen Überfall vorbereitet und so das Leiden noch vergrößert hatten.

Als Ales Adamowitsch und Daniil Granin Mitte der siebziger Jahre auf Adamowitschs Initiative hin ihre Befragungen von Überlebenden begannen, wussten sie noch nicht, »welch barbarische Dinge sich hinter dem gewohnten Wort ›Leningrader Blockade‹ verbergen. (...) Denn diese Menschen haben uns all die Jahre geschont. Doch wenn sie jetzt erzählen, schonen sie vor allem sich selbst nicht mehr.« Es ist das alltägliche Leben unter Bedingungen, die mit Begriffen nicht zu beschreiben sind. Selbst konkrete Bezeichnungen bedeuten in unserem Sprachgebrauch etwas anderes. Das Brot war kein Brot mehr, auch wenn die Tagesration nur 125 Gramm betrug, das Wohnen hatte alles Wohnliche verloren bei kaputten Fensterscheiben, ohne Heizung, ohne Strom, ohne Gas, ohne Wasser, bei zwanzig Grad unter Null unter dem Beschuss von Artillerie und Flugzeugbomben. Deshalb braucht es diese Berichte, Berichte, die auch nicht einfach als Beispiel zitiert werden können, auch das wäre unangemessen. Es braucht das Ganze, das aus den zahlreichen alltäglichen Notwendigkeiten bestand.

»Vor allem ging es gar nicht um Heroismus. Schließlich war es für viele ein erzwungener Heroismus gewesen. Das wahre Heldentum bestand in etwas anderem. Es war jenes, das sich in den Familien, in den Wohnungen abspielte, wo die Menschen litten, fluchten und starben, wo es zu unwahrscheinlichen Taten kam, die Hunger, Kälte und Beschuss verursachten.

Die Blockade war ein Epos menschlichen Leidens. Das war nicht die Geschichte von neunhundert Tagen Heldentaten, sondern von neunhundert Tagen unerträglicher Qualen.«

Diejenigen, die diese unerträglichen Qualen überlebt haben, können aber auch Zeugnis ablegen von Solidarität und Würde, von intellektuellem und künstlerischem Leben und Widerstand. Deshalb erschüttert und schockiert dieses Buch nicht nur durch Art und Ausmaß des Leidens, von ihm geht auch eine seltsame Ermutigung aus. Es ist das Staunen darüber, wozu Menschen trotz alledem fähig sind.

Die jeweiligen Erzählungen und Dokumente des »Blockadebuchs« benennen zudem stets den physisch-psychischen Ort der Erinnerung. Adamowitsch und Granin beschreiben, was die Erfahrungen dieser neunhundert Tage in den Überlebenden hinterließen, welch fragiles Gebilde Erinnerungen sind und wie ganz und gar nicht selbstverständlich es ist, dass sie ausgesprochen und anderen Menschen anvertraut werden, obwohl es doch für die Betroffenen selbst als notwendig erscheint, diese Erinnerungen zu teilen. Darüber hinaus ahnt man, welch unwahrscheinlichen Glücksfall es bedeutet, wenn es gelingt, das Erinnerte zu fixieren und weiterzugeben.

Dieses Buch hat viele Autorinnen und Autoren, hinter denen wiederum andere sichtbar werden, die nicht überlebt haben. Die Leistung von Ales Adamowitsch und Daniil Granin besteht darin, das Vertrauen ihrer Gesprächspartner gewonnen und deren Erfahrungen erzählbar gemacht zu haben. Sie selbst beschreiben, was das für sie persönlich zur Folge hatte. Die Qualen als auch die vielen Arten der Auflehnung gegen die Vernichtung werden in diesem Buch auf eine für Leser mögliche Weise nachvollziehbar.

Adamowitsch und Granin war es gelungen, die Veröffentlichung, wenn auch unter Einbußen, durchzusetzen. 1984 erschien die erste Ausgabe des Blockadebuchs. In ihren Kommentaren ist auch die Zeit der Recherche anwesend. Dass es die Sowjetunion bald nicht mehr geben würde, war 1984 unvorstellbar. Seither haben sich die politischen Verhältnisse nicht nur einmal verändert. Schon wenige Jahre nach dem Erscheinen des »Blockadebuches« war der Freiraum für Autoren ungleich größer geworden. Daniil Granin hat ihn in jeder Form genutzt.

Leningrad war die einzige Stadt im Zweiten Weltkrieg, der eine Blockade, eine Belagerung widerfuhr. Heute denkt man an Sarajevo – und an die Aufzeichnungen von Dževad Karahasan in seinem »Tagebuch einer Übersiedlung«. Die Blockadebücher aus dem Irak, aus Lybien oder Syrien stehen uns wohl noch bevor.

Daniil Granins Rede im Bundestag war im eigentlichen Sinne keine Rede, sondern ein Bericht über die Blockade. Und doch war es eine der wichtigsten Reden im deutschen Parlament. In seinem schon etwas zu groß gewordenen Anzug, ohne Krawatte, wollte er am Rednerpult stehen und wehrte mehrfach die seine Rede unterbrechenden Versuche ab, ihm einen Stuhl anzubieten. Der 95-Jährige sprach als Soldat vor den deutschen Abgeordneten. Er ersparte sich und den Zuhörern nichts. Und er sprach von seiner Erfahrung mit dem Hass, ohne versöhnlerisch zu werden.

»Ich, der ich als Soldat an vorderster Front vor Leningrad gekämpft habe, konnte es den Deutschen sehr lange nicht verzeihen, dass sie 900 Tage lang Zivilisten vernichtet haben, und zwar auf die qualvollste und unmenschlichste Art und Weise getötet haben, indem sie den Krieg nicht mit der

Waffe in der Hand führten, sondern für die Menschen in der Stadt Bedingungen schufen, unter denen man nicht überleben konnte. (…) Heute sind diese bitteren Gefühle von damals nur noch Erinnerung.«

Das Blockadebuch kann uns nicht zuletzt daran erinnern, wie viel Kraft und Großmut notwendig sind, um solch einen Satz auszusprechen, wie auch daran, dass unser aller Leben in Deutschland überhaupt nur möglich wurde, weil all jene, die das nationalsozialistische Deutschland besiegten, uns das Schicksal ersparten, das ihnen selbst im deutschen Namen zugedacht gewesen war.

(2018)

PIETISTEN UND PIRATEN ODER: JEDER TRÄGT SEIN EIGENES LICHT, SEIN EIGENES, EINSAMES LICHT.

Nachwort zu »Der Winter unseres Missvergnügens« von John Steinbeck

Die Frage, die John Steinbecks letzter Roman aufwirft, ließe sich vielleicht so formulieren: Ist es möglich, ab und an ein paar Stunden falsch zu leben, um anschließend wieder das richtige Leben im falschem zu führen, nur auf einem komfortableren Niveau und gesellschaftlich anerkannter? Oder direkter gefragt: Darf ich für meinen »Aufstieg« täuschen, lügen, denunzieren, rauben und den Tod eines Freundes einkalkulieren, um danach, wenn das Erstrebte erreicht ist, wieder anständig weiterzumachen? Die Frage so zu stellen, nimmt die Antwort vorweg. Im Roman jedoch verwirren sich die Eindeutigkeiten für den Protagonisten – und womöglich auch für Leserinnen und Leser. Gibt es überhaupt ein richtiges Leben? Oder führt Ethan Allen Hawley gar ein falsches Leben im richtigen? Oder worum geht es?

Innerhalb von zwanzig Jahren – von der Depressionszeit, dem *new deal* Franklin D. Roosevelts über Pearl Harbor, den Zweiten Weltkrieg, über Hiroshima und Nagasaki bis zum Beginn des Kalten Krieges, den Hexenjagden unter

McCarthy, dem Koreakrieg, der rasanten wissenschaftlichen und technologischen Entwicklung und dem Aufblühen des US-amerikanischen *way of life* – hatten sich die USA wie die Welt in bis dahin ungekannter Schnelligkeit verändert. In den dreißiger Jahren war es Steinbeck geglückt, der unmittelbaren Gegenwart und ihren sozialen Kämpfen literarisch gerecht zu werden, herausragend sind dabei die Erzählung »Von Mäusen und Menschen« (1937) und der Roman »Die Früchte des Zorns« (1939).

1953 muss die Frage eines französischen Journalisten, ob die amerikanischen Autoren die Gegenwart zugunsten der Vergangenheit preisgegeben hätten, bei Steinbeck einen Erkenntnisschock *(»a shock of recogniton«)* ausgelöst haben, wie er es selbst nennt. »It has occured to me that we may be so confused about the present that we avoid it because it is not clear to us«, schrieb er an seine Agentin. »But why should that be a deterrent? If this is a time of confusion, then that should be the subject of a good writer if he is to set down his time.« Als Beispiel bzw. möglichen Stoff weist er auf die Auswirkungen der McCarthy-Anhörungen / Verhöre hin, die jene, die es betraf, ein Leben lang begleiten würden. Für Steinbeck stand die Frage, ob er als Schriftsteller seiner Gegenwart tatsächlich gewachsen war. Eine schnelle Antwort darauf fand er nicht.

Von 1956 bis 1959 widmete er sich einem Buch, das ihn seit seinen Kindertagen begleitet hatte und das auch im »Winter« Erwähnung findet, Thomas Malorys »King Arthur« aus der Mitte des 15. Jahrhunderts. Um der Welt von König Artus und seiner Tafelrunde näher zu sein, hatte Steinbeck zeitweise im englischen Somerset gelebt. Im Herbst 1959 legte er sein Manuskript von »The Acts of King

Arthur« beiseite – es sollte erst postum veröffentlicht werden – und kehrte nach New York zurück. Obwohl nie unkritisch, muss Steinbeck gerade im Kontrast von englischem Landleben und New York die US-amerikanische Wirklichkeit in ihrer Widersprüchlichkeit, in ihrer Grandiosität und Immoralität, als besonders drastisch erfahren haben.

Kurzer Exkurs oder: »Lest Moby Dick, verehrter Hund.« 1947 hatte der Lyriker Charles Olson eine Studie über Herman Melville veröffentlicht. »Call me Ishmael« ist ein Genre für sich und steht heute im Range eines Klassikers.

Charles Olson war es gelungen, einen Teil der Bibliothek von Melville aufzuspüren. Dreh- und Angelpunkt von Olsons Essay sind die Anstreichungen und Kommentare Melvilles in den Shakespeare-Dramen.

»›Moby Dick‹«, so Olson, »das waren zwei zwischen dem Februar 1850 und August 1851 geschriebene Bücher. Das erste Buch hat Ahab nicht enthalten. Es hat vielleicht auch Moby-Dick nicht enthalten, höchstens beiläufig.« Olson zitiert Melville: »Soweit ich persönlich interessiert & unabhängig von meiner Tasche bin, ist es mein ernster Wunsch, die Art Bücher zu schreiben, von denen man sagt, dass sie ›schiefgehen‹.«

Im Juli 1850 arbeitet Melville an einem Essay über William Shakespeare und Nathaniel Hawthorne. Melville: »Irgendwie hänge ich an der seltsamen Lieblingsvorstellung, dass tief verborgen in allen Menschen – wie auch in einigen Pflanzen und Mineralien – gewisse wundersame und geheimnisvolle Eigenschaften schlummern, die durch irgendeinen glücklichen, aber sehr seltenen Zufall (wie Bronze dadurch entdeckt wurde, dass beim Brand von Korinth Eisen und Kupfer miteinander verschmolzen) auf dieser Erde in Erscheinung treten können.«

Und Olson schlussfolgert: »Melville und Shakespeare zusammen hatten ein Korinth ergeben, und aus dem Brand entstand Moby-Dick, Bronze.« Es ist faszinierend zu lesen, wie Olson seine These glaubhaft zu machen versteht. Hier nur ein paar wenige Stichworte: Die Rolle des Narren, der es sich nicht versagt, anzudeuten, was er wusste (Lear – Narr / Ahab – Pip); die positiven Eigenschaften der Schurken und ihre Fähigkeit, Liebe zu erwecken; Figuren wie Edmund und Regan aus »König Lear« liegen laut Olson »hinter der Erschaffung eines Ahab, eines Fedallah und des Weißen, allerliebsten, monströsen Wals«; die Desillusionierung, die er durch Freundschaft und deren Zerfall darstellt; der Wal in der Funktion des Todes in der Elisabethanischen Tragödie; die Struktur von An- und Absteigen, die retardierenden Momente, die die Handlung zügeln, die Tragödie unter den Bedingungen der Demokratie etc.

Ob John Steinbeck »Call me Ishmael« gelesen hat, ist (meines Wissens) nicht bekannt. Die Art und Weise jedoch, mit der er sich seinem Stoff nähert, scheint mir der Melvilles verwandt zu sein. Schon allein der Titel des Buches – es ist die erste Zeile aus William Shakespeares »Richard III.« – wie auch die Empfehlung zu Beginn des ersten Kapitels, »Moby Dick« zu lesen, geben Anlass, in diese Richtung weiterzufragen.

Beim Lesen stellt man schnell fest, dass es kaum eine Passage des Romans gibt, die nicht durch irgendein literarisches Muster aufgeladen und gehalten wird. Neben Shakespeare und Melville sind dies die Bibel und, zurückhaltender, der

Sagenkreis um König Artus, um nur die wichtigsten Geburtshelfer zu nennen. Diese literarischen Bezüge modellieren Steinbecks Gegenwartsstoff, seine Figuren gewinnen dadurch größere Plastizität und einen über sie hinausweisenden Resonanzraum. Der Roman erhält durch die Muster oder Schichten unter der Gegenwartsebene auch eine »Zufuhr« von Menschheitserfahrung. Je nach der Konstellation der Figuren wird ein Muster (eine Schicht) zur bestimmenden. Oder anders gesagt: Seine Figuren, allen voran Ethan, werden mit mehreren Rollen besetzt.

Was die erste Fassung des »Moby Dick« für Melville war, könnte für Steinbeck sein 1955 geschriebenes Stück gewesen sein: »How Mr. Hogan Robbed a Bank, or the American Dream, an unpublished, unproduced, unconsidered play in One Act by John Steinbeck«. Das Stück wurde tatsächlich nie aufgeführt und nicht einmal veröffentlicht. Und es kam noch eine andere Erfahrung hinzu. 1950 war Steinbeck von Kalifornien nach New York übersiedelt und hatte kurz darauf Elaine Scott geheiratet, seine dritte Ehefrau. Das Ehepaar erwarb ein Haus in Sag Harbor, einer alten Walfänger-Kleinstadt auf Long Island, nicht weit von Montauk. Sag Harbor wurde zum Vorbild für New Baytown. John Steinbeck konnte »am Ort der Handlung« wie auch in ihrer Zeit leben. Er schrieb »Der Winter unseres Missvergnügens« in der ersten Jahreshälfte 1960 – also beinah in Echtzeit: Der erste Teil des Romans beginnt am Karfreitag und reicht bis zum Dienstag nach Ostern (15.–19. April), der zweite Teil spielt gut zwei Monate später in den Tagen vor dem 4. Juli 1960, dem Unabhängigkeitstag. Steinbeck muss sehr schnell gearbeitet haben, denn schon im September brach er zu seiner Recherche »Reise mit Charlie« auf; es gibt auch einige

Flüchtigkeitsfehler, u. a. das Alter von Marullo, einmal ist er 68, einmal 52.

Wenn Olson über Melville schreibt: »Er hatte eine Prosa-Welt, eine NEUE. / Aber sie war eine ›Tragödie‹, alt. / Shakespeare vermachte ihm eine Trickkiste. / Das Quod-erat-demonstrandum: *Moby-Dick*«, dann ließe sich dies variiert auch auf den »Winter« anwenden: Steinbeck wollte und konnte sich nicht länger der Aufgabe entziehen, die neuartige Erfahrung, jene *»time of confusion«*, darzustellen. Er hatte ein »Setting« (Sag Harbor) und einen Plot (sein Stück). Mit Hilfe der »Trickkiste«, die ihm vor allem Shakespeare vermachte, aber auch Melville, zudem der Fundus der Bibel und der Artussage, entdeckte Steinbeck im profanen Alltag seiner Gegenwart die amerikanische Tragödie.

Mary, geweckt »vom schönen goldenen Aprilmorgen«, sieht als Erstes die Grimasse ihres Mannes, der seinen Mund zum Froschmaul verzieht. Mary – Maria – wird wie eine Prinzessin eingeführt, Ethan hingegen als Spaßmacher, als Narr. Hinter dem Froschmaul kann sich ein Monster verbergen, ebensogut aber auch ein verzauberter Prinz.

Mary und Ethan parlieren, als stünden sie tatsächlich auf einer Broadway-Bühne. Allerdings ist Karfreitag. »Karfreitag ist noch nie leicht für mich gewesen. Schon als Kind hat mich das Leid tief bewegt, nicht die Qual der Kreuzigung, sondern die hässliche Einsamkeit des Gekreuzigten.« Seine Großtante Deborah schlug ihn »einmal im Jahr ans Kreuz«. Ihr verdankt er nicht nur sein Mitleiden mit dem einsamen Heiland, durch sie kennt er auch seine Herkunft. Ethan, der in seiner alteingesessenen Familie Pietisten und Piraten, Pilgerväter und Walfangkapitäne vorzuweisen hat, benennt jenen Widerspruch, den die folgenden Dialoge und seine Monologe zur Grundlage haben werden: »Wären meine großartigen Vorfahren stolz, wenn sie wüssten, dass sie einen gottverdammten Verkäufer in einem gottverdammten Itakerladen in jener Stadt hervorgebracht haben, die einmal ihnen gehört hat?« Zwischen dem Anspruch der Familiengeschichte und seiner gegenwärtigen Existenz klafft ein Zwiespalt, der größer kaum sein könnte.

Ethan ist aus dem Zweiten Weltkrieg zurückgekehrt – sein Name steht in silbernen Lettern an der den Kriegsteilnehmern von New Baytown gewidmeten Stele, die goldene Schrift ist den Gefallenen vorbehalten. Das Heldenepos liegt bereits glücklich hinter ihm, der Ritter hat die Abenteuer bestanden und ist heimgekehrt zu Weib und Kindern. Dem Happy End aber folgt das Missgeschick. Er versagt als Geschäftsmann. Der Rest des Vermögens, den sein Vater noch nicht verloren hatte, verliert Ethan. Und nicht nur das: Es ein Ausländer, ein Einwanderer, an den er seinen Lebensmittelladen verkaufen musste, um seine Schulden abzahlen zu können. Und dabei darf sich Ethan noch glücklich schätzen, von dem »Itaker« wieder angestellt worden zu sein. Allein die letzte Bastion des ehrwürdigen Familiennamens, das Wohnhaus, verblieb in Ethans Besitz. Für Ethan ist der amerikanische Traum geplatzt. Sein *way of life* besteht aus einem Überleben ohne Luxus. Immerhin reicht es, um die Raten für den Kühlschrank abzahlen zu können. Und Ethan hat sich allem Anschein nach mit seinem Los als Lohnarbeiter abgefunden. Tapfer harrt er aus im Alltag seines Missvergnügens.

Doch mit Marys Mitteilung »Margie Young-Hunt liest mir heute wieder die Karten« wird ein Reigen von Begegnungen eröffnet, deren jede den Zwiespalt zwischen Ethans Alltag und dem Anspruch, der aus der Existenz seiner Vorfahren konstruiert wird, vergrößert.

Der Erste ist Joey Morphy, Kassierer in der First National Bank. Für ein Sandwich verrät er Ethan die vier Gesichtspunkte, unter denen man Bankräuber fängt, und folgert daraus: »Man tue in allen Punkten genau das Gegenteil.«

Die zweite Person, an die Ethan gerät, ist Mr. Baker, der Direktor der Bank, der ihm Vorwürfe macht: »Reißen Sie sich zusammen, Ethan. Sie schulden der Belle-Adair ein bisschen Mumm.«

Die Belle-Adair ist das große Walfängerschiff, das Ethans Großvater und Mr. Bakers Vater gehört hat. Mit dem Walfängerschiff liegt auch eine ganze Industrie auf Grund, die im 19. Jahrhundert eine US-amerikanische geworden war. Seit 1855 in Pennsylvania Erdöl entdeckt und zu Petroleum fraktioniert wurde, war deren Ende besiegelt. Ethan wundert sich selbst, dass sein Großvater Kapitän eines Walfängers geworden ist, als deren große Zeit schon vorüber war.

Drittens erscheint jene »Wahrsagerin« Mrs. Margie Young-Hunt, die ihn umgarnt. Da er nicht darauf eingeht, droht sie ihm: »Wissen Sie, was ich tun werde? Ich sage heute eine wahrhaft teuflische Zukunft voraus. Und Sie werden darin eine große Rolle spielen, denn alles, was Sie von nun an in die Hand nehmen, wird zu Gold – Sie sind ein wahrer Anführer! ... Leben Sie wohl, Sie Heilsbringer!«

Als Vierter erteilt Marullo, sein Chef, der Ladenbesitzer, ihm eine Lektion im Geschäftemachen: »Jungchen, vielleicht sind Sie zu nett – zu freundlich. Geld ist nicht freundlich. Geld will keine Freunde, will nur mehr Geld.«

Als Fünfter tritt Mr. Biggers, ein Vertreter für Lebensmit-

tel, in Ethans Laden. Er will ihn anstiften, den Rabatt, den er,
Mr. Biggers, als neuer Zulieferer gewähren könnte, in die eigene Tasche zu stecken. Ethan widersteht auch dieser Versuchung. Joey ist von Ethans Verhalten befremdet. »Ich würde
drum betteln und dafür Männchen machen. (…) Seien Sie
nicht dumm.« Gekränkt fordert Ethan ihn auf, sein Geschäft
zu verlassen, um sich einen Augenblick später zu revidieren
und sich mit dem Hinweis auf die heutigen Begegnungen
und diesen »schrecklichen Feiertag« zu entschuldigen. Von
Jahr zu Jahr bedränge ihn dieser Tag mehr. »Vielleicht verstehe ich auch nur besser, was sie bedeuten, diese einsamen
Worte ›lama sabach thani‹.« Es ist weniger das körperliche
Leiden, das Ethan an der Kreuzigung trifft, sondern jenes:
»Mein Gott, mein Gott, warum hast du mich verlassen?«,
die Einsamkeit dessen, der auch noch die letzte Gewissheit
zu verlieren droht. Ethan quälen keine religiösen Zweifel.
Ihn quälen die Angriffe auf sein Vertrauen in die Welt, in
der er lebt, auf seinen Platz und sein Verhalten in ihr: Die
Aufforderung, mit dem Geld seiner Frau zu spekulieren
(Mr. Baker), sie zu betrügen (Margie), das Geschäft allein
wegen des Profits zu betreiben (Marullo), sich bestechen
zu lassen zum eigenen Vorteil (Mr. Bigger), das Gutheißen
der Bestechung (Joey) machen Ethan an diesem Karfreitag
einsamer und verzweifelter. Ethan jedoch hält den Versu-
chungen noch stand. Deshalb beschimpft Margie ihn auch
als »Heilsbringer«. Das Lebensmittelgeschäft, ein Tante-Em-
ma-Laden, wird vom Erzähler zu einem sakralen Ort auf-
gewertet, an dem »indirektes Kirchenlicht«, ja »ein diffuses
Licht wie in der Kathedrale von Chartres« herrscht, in dem
die Dosentomaten Orgelpfeifen bilden, die Senf- und Oli-
vengläser zu Kirchtürmen emporwachsen und die Sardinen-

dosen »aberhundert ovale Gräber« darstellen. Durch diese Aura wird Ethan, der Heilsbringer, in seiner Einsamkeit und seinen Selbstzweifeln zu einem Gekreuzigten. Zugleich liegt in seinem Verhalten auch eine offenbar unzeitgemäße Ritterlichkeit, ein Stolz und eine Würde, die ihn auszeichnen und seine Faszination auf andere erklären.

Am Ende des ersten Kapitels ist die Atmosphäre um ihn herum so hochgradig von Versuchung und Zweifel verdichtet, dass es nur noch eines Funkens bedarf, um etwas Neues beginnen zu lassen. Diesen Funken liefert die Familie. Denn inzwischen hat die »Hexe« Margie wie angedroht ihr Werk vollbracht und Mary in einen Glückzustand versetzt: »Du wirst einer der bedeutendsten Männer dieser Stadt«, zeigt sie sich überzeugt. »Jede Karte, die sie aufgedeckt hat, versprach Geld, Geld und noch mehr Geld.«

Mary polemisiert gegen seine »altmodischen, überkandidelten Ideen«, und die Kinder der beiden, die im komödiantischen Gleichklang Ellen und Allen heißen und sich am nationalen Aufsatz-Wettbewerb »Warum ich Amerika liebe« beteiligen, beschweren sich bei ihm. In der Schule gelte man nichts, wenn man zu Hause keinen Fernseher und kein Auto habe.

Nachdem Ethan den »blanken Stahl ihrer Wünsche« gesehen hat, nachdem erstmalig das »Gift« zum Vorschein gekommen ist, zieht sich Ethan über Nacht an »seinen Ort« zurück, ein Relikt der alten Schiffswerft seiner Familie, wo er immer hingeht, »um Bilanz zu ziehen«. Erst jetzt, mit dem dritten Kapitel, beginnt die Ich-Erzählung Ethans, als wäre er nun endlich von der Bühne heruntergestiegen.

»Große Veränderungen führen mich her – große Veränderungen.«

Nichts aber ist schwieriger in der Literatur, als die Veränderung einer Figur plausibel darzustellen.

»Wollte ich es in ein Bild fassen«, erklärt Ethan seinen Erkenntnisprozess, »würde ich an ein nasses Tuch denken, das in herrlichem Wind flattert und trocknet, so dass dessen Weiß immer heller leuchtet.« Angefacht haben jenen herrlichen Wind allerdings andere, vor allem Margies Karten. »Könnten sie mich auch dazu bewegen, einen Geschäftssinn zu entwickeln, den ich nie gehabt habe, einen mir fremden Erwerbssinn? Könnten sie mich dazu bringen, etwas zu wollen, was ich nie wollte? Man frisst oder wird gefressen.« Ethan will nicht bemerken, dass er bereits dabei ist, ein anderer zu werden. Er entpersonalisiert seine Entscheidung, als wären es Margies Karten, die ihn verändern, ohne dass er etwas dafür könnte. Sein Nachdenken soll keinesfalls als »Nachdenken« gelten, obwohl er kurz zuvor behauptet hat, an seinem Ort gerade besonders gut nachdenken zu können. Beinah trotzig behauptet er schließlich: »Was hier auch geschieht, es ist das Richtige für mich, ob es nun gut ist oder nicht.« Bei der Begegnung mit dem Nachtpolizisten von New Baytown verhält er sich bereits so, als brauchte er ein Alibi. Doch noch bevor er sein Haus erreicht, trifft Ethan auf seinen einstigen Freund Danny Taylor, der, aus reichem Hause und einstiger Schüler einer Militärakademie, zum Stadtsäufer geworden ist. In Dannys Gestalt erscheint Ethan das Zerrbild seines eigenen Lebens. Danny ist bereits »dieser Penner«, als den Mary ihn beschimpft hat.

Dass sich Ethan in dieser durchwachten Nacht tatsächlich gewandelt hat, wird durch die anderen Figuren offensichtlich. Statt erschöpft und übermüdet auszusehen, bemerken Mary, Marullo, Margie und selbst Mr. Baker an ihm eine

Verjüngung, eine stärkere Ausstrahlung. Plötzlich scheint er bereit zu sein, die Ellbogen für seinen gesellschaftlichen Aufstieg einzusetzen. Und sie deuten dies jeweils in ihrem Sinn.

Wenn gegen Ende des ersten Teils Ethan die beiden Anfangsverse aus Richard III. »singt«, sind die Würfel längst gefallen. Margies Karten, die ja nichts anderes offenbaren als das kollektive Wünschen, haben Geld, Geld und Geld versprochen, und Ethan folgt ihrer Verheißung auch in dieser Dreizahl: die Bank überfallen, damit Marullo den Laden abkaufen (und den Rabatt von Mr. Biggers einstreichen), den Grundbesitz von seinem einstigen Freund Danny zum Spottpreis erwerben. Der Verweis auf den Brudermörder und Denunzianten Richard III. ist nicht falsch und brandmarkt Ethan so eindeutig, wie er als widerständiger Heilsbringer / Gekreuzigter eingeführt worden ist. Doch es ist eine andere Tragödie Shakespeares, die Steinbeck nachspielt.

»… Doch Angst macht mir
dein Wesen, zu voll von Milch der Menschlichkeit,
das Einfachste zu tun. Du wärst gern groß;
du hast den Drang danach, doch fehlt Gemeinheit,
die dazugehört: Was du auch willst,
du willst es edel, lehnst Falschspiel ab,
doch willst auf falschem Weg zum Ziel.«

So klagt Lady Macbeth, noch bevor sie ihren Mann nach der erfolgreichen Schlacht wiedergesehen hat. Macbeth ist nicht von Anbeginn die Kröte, das Monster in Menschengestalt. Selbst die Weissagungen der Hexen haben ihn noch nicht seiner Skrupel beraubt: »Wenn die Gelegenheit / mich krönt, dann soll sie's tun, doch ich tu nichts dafür.«

Es sind die sich als richtig erweisenden Voraussagen der Hexen wie das Insistieren seiner Frau, die Macbeth zum mörderischen Handeln treiben. Ohne diese Einflüsterungen hätte er nicht gewagt, seinen Machtgelüsten zu folgen.

Die Stationen der Macbeth-Tragödie liegen als literarische Muster unter der Alltagsebene dieses Romans des Jahres 1960: 1) der erfolgreich aus dem Krieg heimkehrende Held, 2) die Weissagung der Königswürde durch Hexen, 3) das Insistieren der Ehefrau, die Verheißung beim Wort zu nehmen, 4) die erste Tat, 5) die erneute Befragung der Hexen, 6) das Morden und 7) das tatsächliche Erreichen des Ziels.

1) Ethan kehrt als Hauptmann und dekoriert aus dem Krieg zurück. 2) Die weissagende Margie wird mehrfach als Hexe bezeichnet und mit einigen Attributen ausgestattet, ihre Finger sind »Krallen«, die ihr Alter verraten. 3) Die zum Handeln drängende Funktion der Lady Macbeth wird auf verschiedene Personen aufgeteilt (Mr. Baker, Joey-Boy, Mr. Bigger), wobei vor allem die hexengläubige Mary zum literarischen Geschlecht der ehrgeizigen Lady gehört. Gerade im Kontrast zu Marys Rolle als liebende Hausfrau trifft Ethan (und mich als Leser) ihre Verachtung der subalternen Position ihres Mannes besonders hart. 4) Die tausend Dollar vorgeblich für Dannys Entziehungskur, das Planen des Bankraubs wie die Denunziation von Marullo wegen dessen illegaler Einreise vor vielen Jahren entsprechen den Morden. 5) Bei Margies Einladung in die Hexenküche (in das »Foremaster« mit seinen alles verzerrenden pseudoantiken Fenstern) gesteht Ethan sich beim Anblick des draußen vorübergehenden Danny ein, dass es vergiftetes Geld ist. Im zweiten Teil führt alles auf das Gelingen seiner Pläne 7) hin – und in Richtung Tragödie.

Steinbecks Figuren umspielen allerdings nur ihre Vorbilder. Sie sind differenzierter. Gerade ihre Ambivalenz ist das, was am meisten berührt. Wir wissen nie, wie sie sich entscheiden werden. Die zur Identifikation verführende Eloquenz, Intelligenz und anfängliche Unbestechlichkeit Ethans wie auch der Wechsel der Erzählperspektive in die erste Person Singular ketten mich als Leser an ihn, wir werden zu Ethans literarischen Komplizen und damit unentwegt selbst auf die Probe gestellt. Mitunter glaubt man, die dunklen Strudel der Tragödie zu spüren, die unter dem dünnen Eis, auf dem die Steinbeck'schen Figuren agieren, stets anwesend sind.

Macbeth (wie Richard III.) geht es nicht vorrangig um Besitz, sondern um Macht, so wie Ethan nicht im Geld das Ziel seiner Wünsche sieht, sondern allein das Mittel, um seiner Familie zu mehr Zufriedenheit, Ansehen und Respekt zu verhelfen. Muss Macbeth nach der Prophezeiung der Hexen fürchten, dass es nicht *seine* Nachfahren sind, die den Thron besteigen werden, so lässt Steinbeck keinen Zweifel daran, dass im Jahre 1960 einem Tante Emma-Laden nicht gerade die Zukunft gehört. Selbst Mary kauft das Brathuhn für die Familienfeier heimlich im verhassten Discounter am Stadtrand, Woolworth baut bereits im Zentrum.

Ähnlich wie im elisabethanischen Drama gibt es auch in diesem Roman einen Aufstieg und einen Abstieg. Wenn in »Moby Dick« die Erklärungen über den Walfang den Fortgang der Handlung sowohl bremsen als auch Spannung aufbauen und eine zusätzliche Reflexionsebene schaffen, so haben diese Funktion im »Winter« Ethans Monologe.

Der zweite Teil des Romans, der in den Tagen vor dem Unabhängigkeitstag angesiedelt ist, beginnt wie schon der erste mit zwei auktorial erzählten Kapiteln (was nicht zwingend erscheint), bevor die Stimme wieder auf Ethan übergeht.

Steinbeck aber macht nun, da alles mit einer gewissen Folgerichtigkeit ablaufen könnte, etwas Überraschendes. Vereinfacht gesagt, lässt er der Kaskade der Versuchung, wie sie in den ersten beiden Kapiteln des Buches auf Ethan niedergeht, im zweiten Teil die Kaskade der Bekehrung zum Guten folgen.

Mary vertraut Ethan blind und erlaubt ihm, nach Belieben über ihr ererbtes Geld zu verfügen; Mr. Baker will ihm tatsächlich helfen (wenn auch durch zweifelhafte Geschäfte), weil er offenbar Schuldgefühle gegenüber Ethans Familie hat; Marullo, von Ethan denunziert, schenkt ihm das Geschäft, statt es ihm günstig zu verkaufen, worauf Ethans Denunziation eigentlich zielte; Margie zieht im Hintergrund für ihn die Strippen – wenn auch nicht ganz uneigennützig, aber so sind Hexen nun mal. Schließlich ist es ein Vertreter des Staates, ein FBI-Mann namens Walder, der einem *deus ex machina* gleich durch sein Erscheinen nicht nur den Banküberfall verhindert, sondern ihn auch überflüssig macht. Voll staunender Bewunderung über den Großmut Marullos will Walder die Nachricht von der Schenkung des Geschäftes Ethan persönlich überbringen. Auch Joey-Boy, dem man als Leser eine heimliche Kooperation mit Ethan hätte unterstellen können, da er alle Details über die Bank ausgeplaudert hat, verhält sich korrekt. Da auch die Kungelei der Stadtverwaltung mit Investoren auffliegt, soll Ethan sogar zum neuen Stadtdirektor ernannt werden. Ethan steht, da er sich doch gerade entschlossen hatte, es wie alle anderen zu machen, schon wieder auf der »guten« Seite. Die Tragödie findet allein in ihm selbst statt.

Seine beiden größten »Erfolge« verdankt Ethan denjenigen, die er denunziert oder zum Selbstmord verleitet hat. Danny hatte die eigentliche Absicht hinter Ethans Tausend-Dollar-Geschenk erfasst. Was aber hat Marullo, für den offenbar nur Geld zählte, dazu gebracht, Ethan das Geschäft zu übertragen?

Am Ende wird ein Motiv dominant, das in seiner symbolischen Bedeutung bisher nicht benannt wurde: das Licht. Indirekt war es von den ersten Seiten an im Motiv des Heilsbringers, des Gekreuzigten (»Ich bin das Licht der Welt«) präsent. Im Verhältnis von Ethan zu seinem einstigen Freund Danny spielt das biblische Deutungsmuster die entscheidende Rolle. Ethan wird zum Judas durch den Kuss, den er Danny gibt, und zum Kain durch die Frage: »Soll ich meines Bruder Hüter sein?« Als Ethan sich von Danny durchschaut sieht, verhärtet sich nicht nur sein Gesicht, sondern er schließt »die Tür zur Gasse so bedächtig, als wäre sie die Tür zu einer Gruft«.

Es ist bezeichnenderweise der Staatsbeamte Walder, der den Begriff explizit einführt: Marullo »will Sie zu einer Art Wahrzeichen dessen machen, woran er einmal geglaubt hat. (...) Und Sie sind so etwas wie seine erste Anzahlung, damit das Licht nicht ausgeht.«

Als Ethan sich mit rosafarbenem Talisman in der Hosentasche auf den Weg macht an seinen Ort und von Margie abgefangen wird, trägt er als Zeichen des Triumphs den Narwalstock des alten Käpt'n. Auf seinem Weg durch New Baytown hört es sich fast so an, als ginge Ahab mit seinem Holzbein übers Deck.

Ethans Schuld wird auf eine ihn überraschende Art und Weise eingefordert. Sein Sohn Allen ist zwar einer der Preisträger im Aufsatz-Wettbewerb »Warum ich Amerika liebe«, aber sein Beitrag war ein Plagiat, zusammengeschrieben aus den Büchern, die Mary auf den Dachboden verbannt hatte. Ethan beendete seine am Vortag gehaltene Laudatio auf den noch nicht entthronten Preisträger Allen mit den beiden Eingangszeilen aus »Richard III.«, so wie er sie am Ende des ersten Teils des Romans bereits gesungen hatte. Es wirkt wie eine Prophezeiung. Oder ahnt er bereits, dass die Devise der Piraten auch in seinem Sohn weiterlebt? »Etwas für nichts. Reich werden ohne Mühen.«

Wegen des Schwindels zur Rede gestellt, wird Allen, ohne es zu ahnen, zum Ankläger seines Vaters. »Machen doch alle. (…) Alle, bis ganz nach oben – lies einfach die Zeitung. (…) Ich wette, du hast zu deiner Zeit dasselbe Spiel gespielt, weil es nämlich jeder tut. Ich werde jedenfalls nicht die Prügel für all die anderen einstecken. Mir ist das Ganze piepegal.«

Für Ethan stand »das Ganze« nicht im Gegensatz zu seinem eigenen Leben. Jetzt, da er diese Beziehung aufgekündigt hat, bleibt ihm nur Resignation, ja Verzweiflung. Denn auch zwischen ihm und Mary ist etwas kaputtgegangen. Für Ethan war sie sein Licht. Am Ende fährt er Mary über die Wange und findet diese genauso verhärtet, wie er es an sich erfahren hat.

In dieser neuen Einsamkeit erlangt jener rosafarbene Talisman, den Ethan bei sich trägt, eine besondere Bedeutung. In ihm verkörpert sich die Erinnerung an seine Großtante Deborah. Deborah hat ihm diesen Talisman vermacht: »Ethan, dieses ausländische Ding könnte durchaus dein Talisman werden.« »So viele Wörter fanden zu mir, weil Tante Deborah meine Neugierde weckte und mich dann zwang, sie aus eigener Anstrengung zu befriedigen.« So wie Ethan von Deborah aufgefordert worden war, die Bedeutung des Wortes Talisman selbst nachzuschlagen, forderte er seinerseits Ellen auf, im Wörterbuch nachzusehen. Ist es diese »Erziehung«, die Ellen handeln lässt?

Der Verrat Ellens, der Schwester am Bruder, der Tochter am Sohn, durch ihre Postkarte an die Preisrichter ist wie die spiegelbildliche Denunziation Marullos durch Ethan. Doch muss man ihr nicht glauben, dass sie ihren ungeliebten Bruder tatsächlich vor dem Gefängnis bewahren wollte, zumindest vor Schlimmerem? Im vorletzten Kapitel will Ellen ihren Vater begleiten, weil sie ahnt, was Ethan plant. Es zieht ihn »auf die andere Seite von zu Hause, dorthin, wo Lichter vergeben werden«. Dass er sich gegen den Selbstmord entscheidet, liegt an seiner Tochter, deren Licht er bewahren will. Und an dem, was der rosafarbene Talisman verkörpert. Den will er an Ellen weitergeben – als Unterpfand seiner Liebe, seiner Erziehung, seiner Hoffnung. Das rettet ihn aus der Hexenküche »seines Ortes« und vor den Rasierklingen. Anfang und Ende berühren sich hier wie die Schlange auf dem rosafarbenen Talisman, die zugleich im biblischen Sinn als Zeichen der Überwindung des Todes gelesen werden kann.

Die Brecht'sche Feststellung »Was ist ein Bankraub gegen die Gründung einer Bank« liegt außerhalb von Ethans Horizont. Dabei kommt er mit seiner Frage »Wurde eines der großen Vermögen, die wir bestaunen, je ohne irgendwelche Rücksichtslosigkeit erlangt?« von ihm selbst beantwortet: »Mir fällt keines ein.« Rücksichtslosigkeit ist ein grober Euphemismus. Was Ethan plante, war kriminell, auch wenn es im Falle des Bankraubs nicht ausgeführt wurde und seine Mitschuld am Tod von Danny nicht nachweisbar ist.

Anders als in »Die Früchte des Zorns« ist der Anspruch auf Veränderung im »Winter unseres Missvergnügens« kein gesellschaftlicher mehr. Selbst wenn Ethan nicht an »eine Gemeinschaft der Lichter« glaubt, so heißt das nicht, dass dies eine Absage ans »Ganze« ist. Das »Ganze«, so ließe sich unterstellen, ist mehr als das »Land«. Und ohne die Verantwortung des Einzelnen gibt es das Ganze nicht. Das Licht des Einzelnen ist unersetzbar, ob nun im richtigen oder im falschen Leben. »Geht ein Licht aus, ist die Dunkelheit vollkommen, weit dunkler als wenn es nie gebrannt hätte.«

(2018)

VOM EINVERSTÄNDNIS MIT DEM TEUFELSPAKT.

Wilhelm Raabes »Zum wilden Mann«

»Die Frage ließe sich auch anders formulieren«, sagte ich und merkte, dass es mich bereits anstrengte, gegen das Schweigen im Seminarraum anzureden. »Wenn August Mördling in seinem Brief an Philipp Kristeller schreibt, er mache sich auf den Weg zu den Menschen, wenn er ihm sein Familienerbe schenkt und sich nach Amerika aus-schifft: Woher kommt dieser August Mördling? Und was wird aus ihm?«

Keiner der elf Köpfe hob sich. Fragte ich zu banal? Wäh-rend sie über meiner Frage zu brüten schienen, hätte ich eine ganze Typologie anfertigen können, wie die neun Frauen und zwei Männer die gelbe Reclam-Stuttgart-Aus-gabe »Zum wilden Mann« behandelten. Die Spanne reichte von jenen, die die Seiten zwischen den Fingerspitzen hielten, als würden sie Schmetterlingsflügel präparieren, über jene, deren Daumen unentwegt auf und ab falzten, als könnten sie nur lesen, wenn das gelbe Heft platt gebügelt war, bis zu jener, einer brünetten Schönheit, die den Buchrücken um-klappte, als drehte sie jemandem den Arm auf den Rücken.

Gerade mal siebzehn oder achtzehn Minuten waren von den anderthalb Stunden des Seminars überstanden. Bisher hatte ausschließlich ich geredet.

»Er kommt aus einer Henkersfamilie, aber einer, in der schon der Vater niemanden mehr hängen musste – oder köpfen?« Marcian (oder so ähnlich) sah kurz auf und blätterte hektisch im Buch. Zu Beginn des Semesters hatte ich sie gebeten, Namensschilder anzufertigen. Offenbar hielten sie das nach drei Sitzungen für überflüssig.

»Köpfn«, rief eine Studentin, als bestünde das Wort aus einer Silbe. Wegen der Haargardinen vor den meisten der Frauengesichter ahnte ich nur, wer da gerade den Mund aufgemacht hatte.

»Und weiter?«, fragte ich, bemüht um eine feste Stimme.

»Na ja«, sagte Simon, dem man im Sitzen seine fast zwei Meter nicht ansah und dessen hohe Stimme mich immer wieder überraschte, »anfangs ist dem nicht bewusst, diesem August, woher er kommt. Der weiß schon irgendwie, dass seine Familie anders ist, nicht in der Stadt wohnt, nicht im Dorf, sagt er ja auch, dass er sich wie ein Affe auf der Mauer fühlt, oder? Sein Vater liest Schiller, versteht Goethe, Uhland. Und auch wenn ihn sein Vater nicht im Unklaren gelassen hat in Sachen Scharfrichteramt, ist das alles weit weg, als gehörte es in eine vergangene Zeit – bis der Vater stirbt und er die Leichen im Keller findet, also den Schrank mit den Akten der Geköpften, und was er da liest ›mit allen Zahlen und sonstigen Belegen‹, lässt ihn erstarren, vereisen sozusagen, es braucht ›länger als eine Woche‹, in der er ›geistig und körperlich mit den Zähnen‹ klappert. Er wird darüber förmlich verrückt, er ›sitzt bis zum Frühjahr als ein Idiot am Herde‹, er hat Glück, nicht als ›ein Idiot im Landesirrenhause elend und erbärmlich‹ zu verkommen.«

»Sehr gut«, rief ich und hätte am liebsten noch ein »perfekt« angefügt.

»Heute wundert es ihn, dass ihm niemand ansieht, was für ein Narr er damals gewesen ist«, ergänzte eine aus der ersten Reihe und sah fragend auf.

Ich nickte mehrmals wie ein Grundschullehrer. »Aber der Reihe nach«, sagte ich und bat eine der Frauen, deren Stimme ich noch nie vernommen hatte, jene Passage vorzulesen, in der Agonista seinen Scharfrichter-Vater charakterisiert, der nicht mit ansehen konnte, wenn seine Gemahlin ein Huhn schlachtete. Dagegen setzte ich die Aufforderung an den jungen August Mördling, seines Amtes der Tradition entsprechend zu walten und einen Verurteilten hinzurichten.

Ich hatte eingangs versucht, die Novelle in ihrer Gesamtheit zu skizzieren: In einer stürmischen Nacht sitzen in der Apotheke »Zum wilden Mann« Philipp Kristeller und seine Schwester Dorette mit dem Pfarrer und dem Förster zusammen, um jenes Tages zu gedenken, an dem Philipp vor dreißig Jahren die Apotheke gekauft hat. Hinzu kommen der Arzt und ein gewisser Dom Agostin Agonista, der sich als kein anderer als jener August zu erkennen gibt, der Kristeller vor einunddreißig Jahren 9500 Gulden geschenkt hat und mit leeren Taschen nach Amerika ausgewandert ist. Die nicht von den Figuren erzählte Handlung ist kurz: Alle Welt ist von Agonista fasziniert, der am Ende mit 11 500 Talern und dem Patent auf Kristellers gleichnamigen Likör wieder nach Brasilien verschwindet, während die Geschwister Kristeller mit Schulden und Hypotheken in einem leer geräumten Haus zurückbleiben.

Beim Nacherzählen war es nicht immer einfach gewesen, zwischen Figurenrede und tatsächlicher Handlung zu unterscheiden. Denn gerade die Rückblenden finden ausschließlich in den Schilderungen der Figuren statt.

Wir verglichen nun die Erinnerung von Kristeller und Agonista – die Kristellers bereitet die Agonistas vor. Eine der Frauen in der ersten Reihe, Anna hieß sie wohl, stellte fest, wie leicht es Agonista falle auszusprechen, dass Philipps Braut ihm ›die Welt noch mehr verleidete‹. Er habe das Paar gehasst wegen seiner Seligkeit, er habe ihnen aus ›nichtswürdige(m), zähnknirschende(m) Neid‹ mit Vergnügen eine Fallgrube für ihre Zärtlichkeit graben können. Dieser Einblick Agonistas in seine damalige Gefühlswelt erhöhe nur seine Glaubwürdigkeit. Und Kristeller sei einfach weltfremd. »Ein sich liebendes Paar kann doch nicht glauben«, sagte sie voller Inbrunst, »dass ihre Mitmenschen sich an ihrem Glück erfreuen!« Ihre Behauptung bewirkte ein kurzes Schweigen, als befragten sich alle im Seminarraum für einen Moment.

Es ging dann hin und her, ob Mördling den von ihm Enthaupteten tatsächlich auf den »Blutstuhl« genannten Felsen geschleppt habe.

Simon meinte, dies könne gar nicht anders als im übertragenen Sinne gemeint sein, weil Philipp die Leiche ja sonst noch habe sehen müssen, »denn Mördling sagt, ›als du mich fandest, da saß der Halunke auf mir, kopflos – hatte mir eine Kralle in das Nackenhaar gewühlt‹. Philipp hat ihn aber nicht gesehen!«, rief er. Aber Raabe kriege das schon »extrem krass« hin, wie er ihn an den blauen Socken auf seiner Schulter hält und die Arme am Boden schleifen …

»Brrr«, machte jemand.

Wer einmal einen Angriff auf sich erlebt habe, sagte eine, die ich am Rande der Magersucht wähnte, wer erlebt habe, wie sehr Berührungen an einem haften bleiben, wie man sie weiter mit sich herumträgt, der wisse, was August Mördling meint.

»Und warum will er eine Leiche, die er beseitigen soll«, fuhr Simons Nachbar Marcian (oder so ähnlich) fort, »auf einen Berg schleppen, noch dazu auf Felsen?« Das wäre Blödsinn, wobei er damit nicht gesagt haben wolle – er sah zu seiner Vorrednerin –, dass dieser Geköpfte in der Einbildung nicht wirklich auf dem Rücken zu spüren gewesen sei. Sie nickte.

Anna sagte, dass all das nicht dagegen spreche, schließlich könne es gerade Ausdruck des Wahnsinns sein, solch eine – sie kratzte mit ihren langen Fingernägeln Anführungszeichen in die Luft – unlogische Tat zu begehen.

»Aber Kristeller sieht nichts und hört nichts – also wo is-ser?«, beharrte Simon.

»Wir können das ja erst mal so stehenlassen«, sagte ich, obwohl ich mir vorgenommen hatte, diese Ausdrucksweise niemals mehr zu verwenden, mir außerdem klar war, dass Simon recht hatte und Anna unrecht und ich über diese Frage auch später eigentlich nicht mehr reden wollte.

Die letzte öffentliche Hinrichtung fand – das hatte ich ein paar Tage zuvor gelesen und ließ es nun die Runde raten – 1939 in Frankreich statt, ein mehrfacher Mörder, ein Deutscher, dessen Kopf unter der Guillotine fällt, woraufhin das Publikum applaudiert, dessen betuchterer Teil sich in den offenen Fenstern des gegenüberliegenden Hotels drängt und die Champagnerkorken knallen lässt. Das, so sagte ich, hätte noch eine Kindheitserinnerung meiner Mutter sein können, so wie es eine Kindheits- und Jugenderinnerung für die Brüder Mann hätte sein können, von Sklaven bedient zu werden, wenn sie vor 1888 die brasilianische Heimat ihrer Mutter besucht hätten.

»Was bewirkt nun dieses ›berufsmäßig herausgerufen

werden‹ aus der Welt der Goethe, Schiller, Uhland, außer dass er kurz vor dem Wahnsinn steht?«, fragte ich.

Als wäre es nie anders gewesen, gingen mehrere Hände hoch.

»Er erfüllt seine gesellschaftliche Pflicht, könnte man sagen. Aber trotz der Anerkennung von allen Seiten, droht er darüber nun gänzlich verrückt zu werden. Und um seine Seele zu retten, würde ich mal formulieren«, sagte die Brünette, »muss er sich von seiner Tradition befreien, und das bedeutet vor allem von seinem Besitz, radikal! Er ist konsequent, er flieht nicht nur nach Amerika, er schenkt Kristeller alles. Mehr kann man nicht machen, mehr kann man nicht verlangen.«

Leises Gelächter. Ich weiß nicht, warum, aber das Seminar lief nun wie von selbst. Wir steuerten auf die beiden Kipppunkte von Augusts / Agostins Lebensgeschichte hin, auf deren doppelte Peripetie, wie jemand sagte, zwischen denen – genau in der Mitte des Buches – die Preisgabe der Identität von August / Agostin liegt. Was Dom Agostin Agonista noch inkognito erzählt, kreist um eine Episode im Schiffsraum des »Diablo Blanco«, eines Schiffes der Republik Haiti, in dem er verwundet und gefangen von einem Arzt schwarzer Hautfarbe kuriert wird.

Im Seminar bildeten sich zwei Parteien. Die eine meinte, Agonista bekenne, er habe tatsächlich mit jenem Schwarzen einen Pakt geschlossen. Die anderen hielten dagegen, er suggeriere das nur. »(…) ruft mich, wenn Ihr mich braucht«, habe jener Schwarze gesagt, behauptet Agonista, »›ich stehe immer an Eurem linken Ellbogen.‹ – Meine Herrschaften, das Ding verhielt sich wirklich so, und ich habe den Schwarzen jedesmal, wenn ich ihn nötig hatte, gerufen, und mich stets wohl dabei gefunden.« So erklärt Agonista selbst seine Wandlung vom vermeintlichen Narren August Mördling auf dem »Diablo Blanco« zum weißen Teufel.

Bis auf die zwei Frauen, die noch nie den Mund aufgemacht hatten – es sei denn, ich bat sie, etwas vorzulesen –, suchten beide Parteien nach Belegen für ihre These.

Einig war man sich in der Wirkung auf seine Zuhörer. Wir fragten uns, wie wir selbst es aufgenommen hätten, wenn da einer »gelassen und gemütlich« spricht und herausstreicht, im Besitz einer Erfahrung zu sein, die ihn von den anderen trennt. Denn wer noch keinen Menschen umgebracht habe, könne ihn nicht verstehen. Allerdings: »(...) es lernt sich alles in der Welt und wird zur Gewohnheit, das Hängen und Erschießen wie – das Köpfen.« Wie geht man mit so einem um, ganz gleich, ob er der Teufel ist oder sich nur so verhält wie der Leibhaftige?

Dass es eine zweite Peripetie gibt, lieferte jenen die Argumente, die behaupteten, das ganze Gerede vom Teufelspakt sei bewusstes Fabulieren. Anders als die Episode auf dem »Diablo Blanco« ist die zweite nüchtern und ohne Ausschmückung erzählt: Als Mitglied eines Exekutionskommandos schießt Mördling / Agonista »ohne Umstände wie die anderen. Von dem Augenblicke an war ich von meiner europäischen Lebensbürde vollständig frei.«

Unsere Diskussion hatte nun so viel Stoff, dass wir vor dem entscheidenden Satz, zu dem ich eigentlich diesen Anlauf unternommen hatte, abbremsten, als würde er die Urteile erschweren.

Wir sprachen über nichts Geringeres als darüber, wie einer zu dem wird, was er ist, über das Zusammenspiel von Anlage, Herkunft, täglicher Praxis und den gesellschaftlich herrschenden Normen und über die Kluft zwischen Europa und den ehemaligen Kolonien. Wie viel wusste man damals von deren Alltag? Wie stellte man sich die Sklaverei vor? Musste man sich in der Alten Welt vielleicht ganz ähnlich placken wie in der Neuen, wenn man überleben wollte? Zugleich wunderten wir uns darüber, dass die unmittelbar vor der Entstehung der Novelle geführten Kriege Deutschlands bzw. Preußens mit Dänemark, Österreich und Frankreich keine Spuren im Erzählten hinterlassen hatten. Mein Großvater, Jahrgang 1900, gab ich preis, hat nie ohne leisen Stolz erwähnt, dass sein Geburtstag auf den Sedan-Tag fiel, an dem in seiner Kindheit und Jugend alljährlich die Kapitulation der französischen Truppen am 2. September 1870 gefeiert worden war. Machte es einen Unterschied, auf europäische Nachbarn zu schießen oder mit der Kavallerie über Aufständische in Rio zu reiten?

Jene, die glaubten, der Teufelspakt sei tatsächlich geschlossen worden, brachten nun vor, was Raabe seinem »Meister Urian«, als den sich Agonista selbst bezeichnet, an teuflischen Erkennungszeichen beigegeben hat: Das letzte Treffen mit August fällt in die Zeit der Äquinoktialstürme. Die Äquinoktien gehören, wie die Zeit zwischen den Jahren, zu den bevorzugten Einfallszeiten des Übersinnlichen. Agonista scheint aus einem ähnlichen Sturm wie aus dem Nichts aufzutauchen und sich des Doktors, der ihn mitbringt, eher als Tarnung zu bedienen. Ebenso ungesehen verschwindet er einen Tag vor Weihnachten, als fürchtete er sich vor der Feier von Christi Geburt, dessen Name zeichenhaft die erste Silbe von Kristeller bildet. Kristeller ist sowohl seinem Namen nach der Antagonist Mördlings / Agonistas, als auch von seinem Beruf her: Scharfrichter / Militär der eine, Apotheker der andere. Kristeller hat sogar bei der Jagd Skrupel, wie eine Bemerkung des Försters nahelegt. Die Gegensätze könnten nicht größer sein. Zudem erscheint Agonista nicht nur jung, sondern er verjüngt sich während des Aufenthaltes geradezu in dem Maße, in dem die Geschwister Kristeller verfallen.

Anna meldete sich schon die ganze Zeit: »Bei uns zu Hause in Werder hängt in der Kirche ein Bild, ›Christus als Apotheker‹, das hat sogar Fontane beschrieben. Bei uns in Werder!«, wiederholte sie.

»Großartig!«, sagte ich.

Danach ergaben sich durch Marcian (oder so ähnlich) ziemlich verblüffende Analogien in die brasilianische Literatur hinein. Seiner Meinung nach stelle Agonista einen literarischen Vorläufer oder gar Prototypen des Jagunço dar, eines Leibwächters oder Banditen, der mal im Dienst des Staates, mal im Dienst der Gutsherren agiere. »Jagunços brechen nicht das Recht, sie sind das Recht, wie man im Falle des heutigen Brasiliens sehen kann. Und die, wie im Falle der Figur des Riobaldo aus Guimarães Rosas Nationalepos ›Grande Sertão: Veredas‹ nicht nur einen Teufelspakt eingehen oder sich fragen, ob sie einen eingegangen sind, sondern die Sprache und das Erzählen selbst zum Thema machen, ohne dass man das als Leser unbedingt merken muss«, sagte er und las aus seinen Aufzeichnungen ab: »Der Teufel fällt mit der Tür ins Haus. Gott ist ein Leisetreter.«

Das war für mich die Gelegenheit, endlich über den Satz von Agonista zu sprechen: »(...) juchhe, wie der Dichter stellte ich meine Sache auf nichts!« Was ich Ihnen im Folgenden zusammenfasse, füllte die letzte halbe Stunde.

Denn die Novelle handelt eben auch vom Erzählen. Nur wendet, nun mit meinen Worten gesprochen, Agonista die Goethe'sche Intention ins Gewissenlose. Diese Inanspruchnahme des Dichterwortes passt zur Mentalität des Söldners und kolonialen Abenteurers. Aufschlussreich jedoch ist sein erzählerischer Anspruch, der dahinter auftaucht. Die Studentinnen und Studenten lieferten nun Zitate aus dem Text, die vom Erzählen und dessen Wirkung sprechen, als hätte ich das als Hausaufgabe verlangt. Förster Ulebeule ruft »entzückt«: »Das ist ja aber heute wie ein Abend aus dem Tausendundeinenachtbuche! Wir sind drin im Erzählen, und wenn's nach mir geht, bleiben wir bis zum Morgen dabei.«

Agonista muss nicht um sein Leben erzählen, aber womöglich um seine Zukunft als Bräutigam und Unternehmer.

Die schöne Brünette bemühte die Anfangspassage der Novelle und interpretierte die erste Seite in dem Sinne, als gebe Raabe seinen Lesern eine indirekte Warnung mit: Der Erzähler kann den Leser um den Finger wickeln, passt auf! In ihrer Lesart wurde die zweimalige Schilderung des Wetters – einmal dramatisch ausschweifend, einmal nüchtern sachlich – sogar zu einer Art episierenden Fingerzeigs. Es ist das Erzählen, meinte sie, das bei Agonista eine teuflische Macht entfaltet. So wie er »den Schwarzen« am linken Ellbogen hat, hat er die Zuhörer an seinem linken Ellbogen. Und am Ende sind die beiden menschenfreundlichen und rechtschaffenen Geschwister ruiniert von einem, dem sie gleichgültig sind, der sie auspresst, wie er es mittlerweile gelernt hat, Menschen auszupressen, um möglichst viel an sich zu raffen.

Die Magersüchtige meldete sich: »Das Grundübel besteht

doch darin«, sagte sie, »dass sich Kristeller weigert, anzuerkennen, dass dieser vor ihm sitzende Dom Agostin Agonista nicht mehr identisch ist mit jenem August, den er beim Kräutersammeln getroffen hat. Dabei ist es Agostin selbst, der ihn zweimal mahnt – zuerst freundlich, dann ungehalten –, ihn mit seinem »richtigen«, also seinem neuen Namen anzusprechen, ihn also nicht mit jenem Narren von damals zu verwechseln. Durch ein Zeichen gibt er ihm sogar zu verstehen, was er von der damaligen Entscheidung hält, wenn er sich – es sieht zuerst aus wie Nachlässigkeit oder Unkonventionalität – von seiner einstigen Schenkungsurkunde ein Stück abreißt und als Fidibus für seine Pfeife benutzt. Der Erzähler dagegen ist entschieden: ›Wir rücken ab vom Kaiserlich brasilianischen Gendamerieoberst Dom Agostin Agonista‹, der Erzähler schützt seine Leser, er gestattet ihnen nicht, was er seinen Figuren gestattet oder besser gesagt zumutet.«

Ich applaudierte kurz, so sehr überraschte mich ihre Beobachtungsgabe und Eloquenz. Das hatte ich ihr nicht zugetraut.

Auch Simon, mein, wie ich gestehen muss, Lieblingsstudent, stimmte ihr zu, ergänzte aber: Was einem tatsächlich eine Gänsehaut beschere, sei weniger die Tatsache, dass sich da ein skrupellos gewordener Abenteurer, der Denken und Gemüt seines früheren Freundes Philipp nur zu gut kennt, Ehe- und Startkapital für seine Unternehmung in der Kolonie verschaffe, sondern dass er es fertigbringe, dabei auch noch als Held bewundert und für den besten Freund von jenem gehalten zu werden, dem er die bürgerliche Existenz, im Grunde das Leben ruiniert. »Das ist wirklich ein teuflisches Erzählen!«

Ich erklärte Simons Zusammenfassung zum Schlusswort

und schwelgte still im Hochgefühl, einige Minuten überzogen und dabei gut die Hälfte meiner Fragen noch im Köcher zu haben, so dass ich, obwohl für nächste Woche bereits Raabes Roman »Stopfkuchen« auf dem Programm stand, noch das halbe Seminar damit füllen konnte.

Jetzt erst, da die Anspannung von mir abfiel, spürte ich sie wieder. Alles erschien mir plötzlich leicht und machbar.

»Hätten Sie einen Augenblick Zeit?«, rief ich einer der beiden beharrlich schweigenden Frauen zu, die gerade ihren Rucksack schloss. Ich war davon beseelt, meine Verantwortung als Unilehrer wahrzunehmen.

Sie hängte sich den Rucksack über die Schulter und sah zu mir, als müsse sie sich erst besinnen, wer ich sei.

Ich bedauere, begann ich, sie noch kein einziges Mal gehört zu haben. Alle, vor allem aber sie selbst, hätten doch mehr vom Seminar, wenn sie sich an der Diskussion beteiligen würde. Ich wollte hinzufügen, dass ich ihr Verhalten egoistisch fände, sparte mir das aber für einen späteren Zeitpunkt auf. Ich war losgeworden, was ich loswerden wollte, und griff nach meinem Rucksack.

»Muss ja auch welche geben, die zuhören«, sagte sie und verzog kurz einen Mundwinkel.

»Ich möchte Sie nicht aufrufen, aber ich möchte auch nicht, dass Sie immer nur schweigen.«

»Aufrufen wäre gar nicht schlecht. Ich will mich nicht aufdrängen.«

»Sie meinen, sich aufzudrängen, wenn Sie sich melden?«

»Kann doch sein«, sagte sie gleichmütig, sah mir in die Augen und stellte ihren Rucksack auf meinen Tisch. Zum Glück stand die Tür halb offen.

»Dann bitte ich Sie hiermit, sich nächste Woche im Seminar aufzudrängen«, sagte ich und machte einen Schritt, der sie zum Mitgehen ermuntern sollte. War meine ironische Bitte, sich aufzudrängen, zweideutig gewesen?

»Sie haben gesagt, wir sollen uns einbringen, als Persönlichkeit, so mit allem, was uns umtreibt, Wünsche, Sehnsüchte, Vorurteile. Anders geht es ja auch gar nicht.«

»Umso besser!«, rief ich.

»Sie haben vorhin so eine Formulierung gebraucht: ›herausgerufen aus der Welt der Goethe, Schiller, Uhland‹ … «

»Das steht bei Raabe.«

»Das ist falsch, finde ich. Schiller und Uhland hab ich noch nicht gelesen. Aber bei Goethe jedenfalls war das keine andere Welt, nicht nur wegen des Teufelspaktes, sondern wegen Philemon und Baucis. Faust lässt morden, Faust ist Unternehmer und Kolonisator, Agostin auch. Er ist nur nicht so plump, er ist raffinierter, indirekter, schon näher dran an uns. Bei uns ist alles indirekt, fast alles.«

»Wenn Sie sich melden, beginnen wir nächste Woche mit Ihrem Faustvergleich«, sagte ich.

»August Mördling haut nicht nur ab, er schmeißt auch seine Erbschaft weg, er schmeißt sie Kristeller an den Hals, richtig! Aber dann holt er sich das Erbe wieder, und zwar mit Zinsen und Zinseszins und Kristellers Patent. Er tritt wieder ein in das alte Kontinuum, in das alte Leben, vor dem er sich hatte retten wollen.« Erwartungsvoll sah sie mich an.

»Sparen Sie sich Ihr Pulver auf«, sagte ich, »wir reden nächste Woche darüber.«

»Ich weiß, von wem Sie bezahlt werden«, sagte sie unvermittelt.

»Das ist kein Geheimnis«, erwiderte ich, »das wussten Sie, bevor Sie mein Seminar belegt haben.«

»Was macht man, wenn man Hitler so willfährig unterstützt hat? Da kann man natürlich nichts anderes machen, als alles von sich zu schmeißen. Also gründet man eine Stiftung. Da ist August Mördling konsequenter, gar kein Vergleich mit Alfried Krupp zu Bohlen und Halbach, aber gut, es ist ein Versuch. Das kann man anerkennen, auch wenn es mir schwerfällt, bei all diesem Schlachten, bei all diesen Massakern und dieser Ausbeutung, die den Profit ins Unermessliche trieben, noch von Anerkennung zu reden. Mördling holt sich sein Erbe zurück, Krupp hat es nie weggegeben, und die Stiftung streicht Jahr für Jahr die Dividende ein.«

»Es ist nicht meine Aufgabe, die Krupps zu verteidigen«, sagte ich, »aber meines Wissens sieht die Familie nichts davon.«

Sie lächelte spöttisch.

»Worauf wollen Sie hinaus? Dass ich besser nicht mit Ihnen über Wilhelm Raabe spreche? Beruhigt es Sie, dass bei Thyssenkrupp nur noch vier Prozent vom Umsatz auf die Rüstung entfallen?«

»Immerhin haben Sie schon mal nachgesehen«, sagte sie, »das ist löblich.«

»Ach, kommen Sie«, sagte ich. »Wir sitzen alle im selben Boot.«

»Ich streiche nicht das Geld ein, das Sie bekommen. Und diese vier Prozent reichen immerhin aus, den vierten Platz unter den deutschen Rüstungskonzernen zu behaupten.«

»Würde es Sie erleichtern, wenn ich vier Prozent meines phantastischen Gehaltes, das zu zahlen die öffentliche Hand sich leider nicht in der Lage sieht, einer Stiftung für gute Zwecke spende?«

»Sie wollen es zurücküberweisen?«

»Wer sagt uns denn«, erwiderte ich, »ob nicht von den Steuern, die Thyssenkrupp zahlt, auch dieses Haus hier finanziert wurde und Ihr Bafög oder das Ihrer Freunde?«

»Ach so, es ist sinnlos, darüber zu reden, weil wir alle mit drinhängen, ob wir wollen oder nicht?«, spulte sie in einem gelangweilten Tonfall ab, musterte mich und lachte kurz auf. »Wissen Sie, wie Sie jetzt aussehen? ›(…) und alle drei – sonst gar nicht übele Leute – sahen in diesem Moment merkwürdig stupide aus‹«, zitierte sie. »Das ist genial von Raabe, ›sonst gar nicht übele Leute‹, die plötzlich stupide aus der Wäsche schaun, als sie das, was Agostin erzählt, zwar nicht rechtfertigen können, aber sie es auch nicht wagen, ihm zu widersprechen. Sie sind in guter Gesellschaft.«

Am liebsten hätte ich sie geohrfeigt. Trotzdem verwirrte mich ihr Zitat. Für einen Moment glaubte ich tatsächlich, zu jenem werden zu müssen, den sie aus ihrem manichäischen Wahn heraus auf mich projizierte.

»Ihrer Meinung nach stehe ich also auf der Seite des Bösen?«, fragte ich und mühte mich, dabei niedergeschlagen zu klingen, so dass sie die Ironie darin erkennen musste.

»Ist Kristeller besser als Agonista?«, fragte sie und antwortete sich selbst. »Wahrscheinlich schon. Aber dieser Christus geht einem auf die Nerven, er legt's drauf an, gekreuzigt zu werden.«

Ich konnte mir auf diese neue Wendung keinen Reim machen und schwieg.

»Ist doch Wahnsinn, mit welcher Selbstverständlichkeit Agostin auftritt«, ereiferte sie sich weiter, »wie selbstverständlich er seine Interessen durchsetzt. Dabei hat er keinerlei Anspruch auf das Haus, nicht auf die Zinsen und erst recht nicht auf den Kristeller-Likör, zu dem ihm in Brasilien hoffentlich die Kräuter fehlen werden. Er bedient sich! Warum lässt Kristeller ihn gewähren? Gastfreundschaft, ja! Ein Geschenk, zur Hochzeit, gut. Vielleicht sogar ein paar tausend Taler, einverstanden. Aber dann hinweg mit ihm!«

Sie sah mich an, als erfordere ihr Vortrag eine Antwort.

»Dem ließe sich zustimmen«, sagte ich schließlich.

»Die Einzige, die dagegen hält, ist Dorette, Fräulein Dorette. Die Männer versagen der Reihe nach, alle! Selbst der Pfarrer kuscht. Aber das hinfällige Fräulein, die Schwächste von allen, diejenige, die gar nichts zu melden hat, die kapiert sofort, was Sache ist. Deshalb stürzt sich Agostin immer auf sie, wieder und wieder, drückt sie in seinen Sessel, führt eine Art imitierte Hochzeit mit ihr auf, bei der er sie wie eine Braut aus der Kirche führt, vor der das Dorf dem Paar Spalier steht. Ihm reicht es nicht, sie in der Öffentlichkeit an sich zu fesseln, sie und sich in ›einer Familie‹ zu sehen, er ist so dreist, dass er sie sogar zwingt, ›in ihre eigene Stube, des Hauses Ehrengemach‹ mit ihm zu gehen und dort mit ihm zu reden, in ihrer ›Putzstube‹! Allein!«

Wieder machte sie eine Pause. Ich schwieg.

»Der allmächtige Erzähler«, hob sie wieder an, »der uns überall einzuschleusen vermag, lässt uns nur in diesem einen Fall vor der Tür stehen, ausgerechnet das Gespräch zwischen Fräulein Dorette und Dom Agonista bleibt eine Black Box. Das ist die eigentliche Peripetie der Novelle, die Szene in der Kammer, von der wir nichts erfahren, aber in der die Besitzverhältnisse geregelt werden. Der Name der Apotheke wird zum Besitztitel.«

Ich war mir nicht sicher, ob der letzte Satz so stimmte, aber es klang gut.

»Wie eine Gefangene geht Dorette in das Verhör – und als er sie wieder herauslässt, wankt sie hinaus, ihr wurde Gewalt angetan. Ob es nun Dorettes Übersetzungsleistung ist oder ob Dom Agostin blankgezogen und sein Geld zurückgefordert hat, ist unerheblich. Agonista weiß, dass er sie überrennen wird wie seine Aufständischen, eine ganze Schwadron hintereinander weg. Er behauptet den Kampfplatz, er bleibt in der Stube und spielt sich als Herr und Meister des Hauses und seiner Menschen auf, öffnet das Fenster und erteilt Befehle.«

»Und warum haben Sie damit bis jetzt hinterm Berg gehalten?«

»Man hätte Krupp enteignen müssen.«

»Was?«

»Man hätte Krupp enteignen müssen. So hatten es die alliierten Richter beschlossen. Das Urteil wurde aus Angst, es könnte als Systemkritik verstanden werden, wieder zurückgenommen. Man hätte Agonista nicht mit Geld für seine teuflische Unternehmung ausstatten dürfen. Dorette, diese ›moralische Lady Macbeth‹ hätte es verhindert.«

»Aber mal anders herum«, sagte ich. »Es gibt bestimmt etliche vernünftige Regierungen, die es sehr begrüßen würden, wenn sich Unternehmer wie Agonista in ihrem Land ansiedelten und einen Likör zur Weltmarke machten. So wie das Liebig-Extrakt.«

»Ist es nicht unheimlich, dass man mit Kriegsgerät Profit macht? Ob nun vier Prozent oder vierzig?«

»Das ist aber nicht unser Thema …«, sagte ich, gewillt, unser Gespräch zu beenden.

Sie lachte kurz auf, ohne mich anzusehen. Dann nahm sie endlich wieder ihren Rucksack auf.

»Wir drehen uns doch im Kreis«, sagte ich beschwichtigend. »Verurteilen Sie alle Arbeiter und Angestellte und deren Familien, die von der Rüstungsindustrie leben? Und ihre tollen Turnschuhe? Woher kommen die? Und ihr Rucksack, made in wasweißichwas? Ihr T-Shirt? Es gibt kein richtiges Leben im Falschen.«

»Das ist Bullshit«, sagte sie zornig.

»Können Sie es wenigstens auf Deutsch sagen?«, fragte ich.

»Aber das hier wäre mal ein Punkt, um ›nein‹ zu sagen, ein klitzekleiner Punkt.« Zwischen Daumen und Zeigefinger zeigte sie mir, wie winzig sie sich diesen Punkt vorstellte.

»Was Krupp, Thyssen, Dresdner Bank, IG Farben und wie sie alle heißen verbrochen und an sich gerafft haben, noch das, was die Agonistas alias Mördlings in Übersee geraubt haben. Das gehört ihnen heute noch. Wir profitieren weiter davon. Das muss man zurückgeben. Das bedeutet doch, sich auf den Weg zu den Menschen zu machen, zu sühnen. Denn gesühnt ist da nichts, gar nichts! Es wäre … «

»Und ich soll das ausbaden?«, unterbrach ich sie.

»Macht es Sie nicht wütend, was Dorette widerfährt? Und was Philipp? Und diese vermeintliche Ahnungslosigkeit der Bürger, die glauben, das Erzählte sei ›das Wirkliche und Wahrhaftige *in natura*‹? Natürlich ist er ein Teufel, weil er sich als Teufel inszeniert, das ist seine Strategie, seine Wirkungsstrategie, das ist effektvoller, das bannt das Publikum. Sonst hätte er sagen müssen, der schwarze Arzt da auf dem Schiff von Haiti – hoch lebe Haiti, der erste unabhängige schwarze Staat des Westens! – hat ihn gut behandelt, er hat ihn kuriert, sie haben ihn nicht gehängt oder geköpft, sie haben ihn frei gelassen. Wäre Agonista heute Schriftsteller oder Künstler ... «

»Kürzen wir es doch ab«, sagte ich. »Sie stellen meine Integrität in Frage, so ist es doch, oder?«

»Ich stelle unser aller Integrität in Frage. Das sollten Sie aber nicht als Persilschein missverstehen.«

»Ah!«, rief ich. »*Sie* sind es, die die Persilscheine ausstellt!«

»Sie wollen mich nicht verstehen. Ich stelle mich doch genauso in Frage.«

»Das ist neu.«

»Wundern Sie sich denn nie?«

»Doch, aber womöglich nicht darüber, worüber Sie sich wundern.«

»Ich wundere mich immer über dieses Einverständnis, mit dem alle hier leben! Dieses Einverständnis mit den politischen Verhältnissen. Ein paar zu viele Neonazis neuerdings, großer Schreck, bisschen mehr Umweltschutz, aber eigentlich ist alles gut. Das ist doch pervers!«

»Ich will Ihnen nicht ausweichen, aber wir kommen hier zu keinem Ende«, sagte ich, »und allmählich muss ich wirklich los.«

Sie nickte.

»Ich verspreche Ihnen, dass ich Sie nächste Woche aufrufe.«

»Ich bringe Ihnen eine Spendenadresse mit. Außerdem fällt es allmählich schon dem Letzten auf, dass Sie diese dunkelhaarige Schönheit anhimmeln.«

»Verraten Sie mir nochmals Ihren Namen?«, fragte ich, als wäre der letzte Satz nie gefallen.

Sie stutzte.

»Ich bin, was Namen betrifft – es tut mir leid …«

»Dorothea«, sagte sie. »Wir machen Namensschilder.«
Und dann reichte sie mir zum Abschied die Hand.

(2019)

»ICH MÖCHTE IHNEN HOFFNUNGEN MACHEN...«

Franz Fühmann zum hundertsten Geburtstag

Anfang Juli 1984 wartete ich in der Sektion Altertumswissenschaften der Uni Jena darauf, zu meiner ersten mündlichen Prüfung (Grundkurs Griechenland) aufgerufen zu werden. Der Dozent, der mich schließlich hereinbat, sagte, während ich aufstand und auf ihn zuging: »Ach, wissen Sie schon? Gestern ist Fühmann gestorben!«

In diesem Augenblick brach für mich eine Welt zusammen. Ich hatte Franz Fühmann nie persönlich erlebt, war nie auf einer Lesung von ihm gewesen, ich hatte ihm nie geschrieben, ich hatte weder Fernsehbilder von ihm gesehen, noch wusste ich, wie seine Stimme klang. Ich kannte nur einige seiner Bücher. Trotzdem lebte ich in der Gewissheit, in ihm einen wohlwollenden Leser zu haben, sobald ich nur etwas Selbstgeschriebenes vorzuweisen hätte. Ich würde nicht leichtfertig sein, denn in unserem Land, so schien mir, gab es kaum jemanden, der nicht schrieb und seine Texte nicht Fühmann schicken wollte. Auch mir war er die Versicherung dafür, nicht unbeachtet zu bleiben, sollte meine Schreiberei etwas taugen.

Ich weiß nicht, woher ich damals diese Gewissheiten nahm. 1984 hatte ich von ihm gerade die im Jahr zuvor erschienenen Essays gelesen. Lag es an seinem Text über Wolfgang Hilbig? Da schenkt Fühmann seinem Verlag einen Schriftsteller. Und welcher unveröffentlichte Autor träumte nicht davon? Oder lag es an seiner Vorlesung »Das mythische Element in der Literatur« oder den E. T. A. Hoffmann-Essays? Und noch während meines Grundwehrdienstes hatte ich »Vor Feuerschlünden«, seinen großen Trakl-Essay gelesen, der den Schattenriss einer Autobiographie in sich barg. Dessen Offenheit, das Vorweisen der eigenen grauenhaften Irrtümer, war bestürzend und befreiend. Nicht weniger unerhört war Fühmanns Reflexion darüber, dass er selbst nach Salzburg fahren durfte, während anderen diese Möglichkeit verwehrt wurde. Wer von denen, die fahren durften, sprach sonst darüber? Wenige Wochen vor jener ersten Prüfung hatte ich einen Vortrag halten dürfen, ein Vergleich von Christa Wolfs »Kassandra« mit Fühmanns »König Ödipus«, es ging um die verschiedenen Arten des Umgangs mit dem Mythos. Daher wusste der Dozent, dass mich dieser Autor etwas anging.

Doch 1984 gab es für den einundzwanzigjährigen Studenten kaum Bücher, die ihn nicht ergriffen, veränderten, erhoben, quälten oder zum Epigonen machten. Beinah jedes Zeugnis von Geistigkeit konnte brisant werden, jede Lektüre, jedes Gespräch fand in einem Alltag statt, den politisiert zu nennen sich erübrigte. Alles war politisch. Einen anderen Alltag kannte ich nicht.

Doch warum ausgerechnet Franz Fühmann? Der Sternenhimmel der ostdeutschen Literatur leuchtete schließlich hell.

Als Kind habe ich nicht gelesen, drängte aber darauf, vorgelesen zu bekommen. Relativ früh bekam ich »Das hölzerne Pferd – Die Sage vom Untergang Trojas und von den Irrfahrten des Odysseus. Nach Homer und anderen Quellen neu erzählt von Franz Fühmann« geschenkt. Bei Fühmann sind die Götter keine erhabenen Wesen, aber mächtig und gefährlich. »Poseidon hat in meiner Vorstellung oft Züge eines Bahnhofvorstehers«, schreibt er 1973. »Den Apollo könnt' ich mir ganz gut so denken, den Hermes und Ares zur Not, den Hephaistos, Hades, Dionysos gar nicht. Auch Zeus nicht, ihn am wenigsten: Dies Amt wäre für ihn zu groß / Den Prometheus auch nicht, der spielte herum … Aber Epimetheus wäre die ideale Besetzung.« Wenn meine Langeweile zu groß wurde, nahm ich mir das Buch heraus und blätterte zu jener Stelle – ich erkannte sie an den Illustrationen –, in der die Trojaner die Griechen fast zu besiegen scheinen. Weil es in dieser Neuerzählung soziale und ökonomische Unterschiede gibt, gewinnt eine Figur wie Thersites an Bedeutung. Er, der einzige ohne Genealogie und Adelsrang, der Mann aus dem Volk, der »immer zum Friedensschluss und zur Rückkehr in die Heimat geraten« hat, erzählt bei Fühmann von Prometheus, denn »die Götter sind grausam und böse und den Menschen feind«. Doch Fühmann weiß: »Im Mythos ist immer der ganze Mensch da, auch als Geschlechts-, auch als Naturwesen, aber nie auf diese reduziert.«

Auf Troja und Odysseus folgte beim abendlichen Vorlesen bald das Kinderbuch »Prometheus«. In ihm entdeckt Fühmann eine Figur, die Aufstieg und Fall verschiedener Zeitalter verbindet. Der Menschenfreund Prometheus wird zum Protagonisten eines Machtkampfs, der den jungen

Lesern oder Zuhörern ein Gefühl für das Gewordensein der Welt gibt, für die Abfolge von Bündnissen und Kämpfen, aus denen Hierarchien und damit Herrschaftsverhältnisse entstehen. Erwachsenen musste es schon damals (und heute erst recht aufgrund der postum erschienenen Teile) als Parabel auf das 20. Jahrhundert erscheinen. Das gilt auch für die »Nibelungen« und erst recht für »Reinecke Fuchs«, der im Grunde bereits ein Muster für alle Mafia-Serien liefert: Der Schurke ist tatsächlich ein Schurke, aber als Leser hält man ihm unfassbarerweise die Treue.

Fühmanns Neuerzählungen von Mythen und Sagen beunruhigten mich als Kind. Warum findet Hektor solch ein schmähliches Ende? Warum muss Prometheus so schrecklich leiden und gewinnt nicht gegen Zeus? Warum sind Götter eitel und egoistisch? Das waren nicht jene Figuren, die ich später im Museum fand. In einer Gegenwart, in der alles überdeutlich in Gut und Böse aufgeteilt war, stifteten Fühmanns Neuerzählungen Verunsicherung. Man wusste ja nicht einmal, wer die Guten und wer die Bösen waren. Diese Verunsicherung war für mich (und nicht nur für mich) noch wichtiger als die lustvolle Vermittlung weltliterarischer Stoffe, über die wir in der Schule (mit Ausnahme des »Reinicke Fuchs«) kaum etwas hörten.

Im Schullesebuch der 8. Klasse begegnete ich Fühmann mit »Kabelkran und blauer Peter« wieder. Ich war irritiert, vielleicht sogar etwas enttäuscht, dass »mein« Autor, der doch bisher ganz der häuslich-vertrauten Atmosphäre angehört hatte, nun »allen« gehörte und Götter und sprechende Tiere keine Rolle spielten. Ich kann mich nicht mehr an die Lesestellen erinnern. Sie werden den Vierzehnjährigen nicht vom Hocker gerissen haben.

Wer heute in Bitterfeld an dem großen, gerade einmal wieder vor dem Abriss geretteten Kulturhaus vorüberfährt, in dem einmal herausragende nationale und internationale Ensembles und Solisten auftraten, in dem die Arbeitenden und ihre Kinder sich in Ballett und Fotografie, in bildender Kunst und Schauspiel versuchen konnten, dem bleibt der Spott über den »Bitterfelder Weg« im Hals stecken, auch wenn dieser in mehrfacher Weise ein Irrweg war. Denn was tatsächlich für »Bitterfeld« tauglich gewesen wäre, wie zum Beispiel der grandiose Roman »Erziehung eines Helden« von Siegfried Pitschmann, dem zweiten Ehemann von Brigitte Reimann, der aus freien Stücken und vor dem Bitterfelder Beschluss auf den Baustellen von Hoyerswerda / Schwarze Pumpe geschuftet hatte, wurden nicht nur nicht gedruckt. Der Autor wurde durch absurde Kampagnen gedemütigt und zum Selbstmordversuch getrieben.

Fühmann hat sich dem Anspruch des »Bitterfeldes Weges« gestellt und immer wieder versucht, ihn zu erfüllen. Doch sein Widerspruch ist grundsätzlicher Art: »Was zum Beispiel empfindet ein Mensch, der weiß, dass er sein Leben lang so ziemlich dieselbe Arbeit für so ziemlich dasselbe Geld verrichten wird, als beglückend und was als bedrückend an eben dieser Arbeit; wo bringt sie ihm Reize, wo Freude, wo Leid, in welchen Bildern, auf welche Weise erscheint sie in seinem Denken und Fühlen usw. usw. Ich weiß es nicht und kann es nicht nachempfinden, und der Arbeiter spricht, obwohl er mein Freund ist, nicht darüber, weil es für ihn die allerselbstverständlichsten Dinge sind, so selbstverständlich, dass man die Frage danach gar nicht versteht, weil man die Antwort eben in Fleisch und Blut hat, nicht im Mund.«

Fühmann schummelt nicht. Es ist der Blick von einem, der die Welt der Arbeiterinnen und Arbeiter nicht aus eigener Erfahrung kennt, sich das aber als Defizit ankreidet und sich damit nicht abfinden will.

»Aufs Gymnasium kamen Arbeiter nicht; nach dem Abitur war ich zur Wehrmacht gekommen und hatte ein Maschinengewehr bedienen gelernt; in sowjetischer Kriegsgefangenschaft hatte ich in einem kleinen Waldlager Bäume gefällt und Karl Marx gelesen, nach meiner Entlassung war ich für zehn Jahre an einen Büroschreibtisch geraten«, wo er seine Zeit »mit der Gliederung von Lektionen und Referaten, mit Aktennotizen und einem Rattenkönig an Papier und Protokollen hingebracht« hat. Hier macht sich einer auf den Weg, der nur den »Abklatsch der Wirklichkeit auf Rotations- und Schreibmaschinenpapier« kennt.

Fühmann, für den »Wahrheit und Schreiben« Synonyme sind, markiert eher die Unterschiede, die ihn von den Arbeitern trennen, als dass er die Grenzen mit seiner erzählerischen Kraft verwischt. Weil er die Voraussetzungen seines Schreibens benennt, weil sein Blickwinkel nichts vortäuscht, weiß ich als Leser immer, woran ich bei ihm bin.

Deshalb ist »Kabelkran und blauer Peter« heute wohl noch interessanter als bei seiner Veröffentlichung 1961. Denn diejenigen, deren Arbeit körperliche Schufterei ist, werden heute in der Literatur, im Film und Fernsehen kaum noch sichtbar – und wenn, dann als *underdogs* in den Nachmittagsprogrammen. Diese Exkursion des Schriftstellers auf die Werft (er hat viele weitere Versuche unternommen, in Großbetrieben zu arbeiten) liest sich von heute aus auch als Beginn eines Weges, der zu seiner literarischen Schürfarbeit »Im Berg« führen wird.

Seine Erzählungen entdeckte ich nicht selbst. Anfang 1978, in den Winterferien der 9. Klasse, saß ich der Malerin Gerda Lepke in ihrem winzigen Atelier am Laubegaster Ufer in Dresden Modell. Ich hatte gerade die Hermann-Hesse-Romane und Erzählungen gelesen und rang mit mir, ob ich in den sogenannten persönlichen Gesprächen mit unserem Klassenlehrer, der uns für die Offizierslaufbahn werben oder zumindest das Zugeständnis eines dreijährigen Armeediensts abpressen wollte, nicht doch, wie mein Banknachbar, er war Mitglied im Kreuzchor, bekennen sollte, den Dienst an der Waffe aus religiösen Gründen zu verweigern. Während Gerda mit der schräg vor ihr liegenden Leinwand kämpfte – die Pinsel waren an Stöcke gebunden – und mir von dem Duft der Ölfarben und des Terpentins, dem vielen Kaffee und dem überheizten Raum schon etwas flau war, sprach sie darüber, dass sie sich gerade mit Fühmann »beschäftige«. Sie schien immer einen Autor zu haben, mit dem sie sich beschäftigte. Und darunter waren einige, die ich auch aus meinen Lesebüchern kannte, Kurt Tucholsky und Majakowski zum Beispiel, aber auch ein gewisser Robert Walser, von dem ich noch nie gehört hatte. Nun sprach sie über Fühmanns Erzählungen. Vor allem die erste, »Kameraden«, empfahl sie mir nachdrücklich (die unter dem Titel »Betrogen bis zum jüngsten Tag« verfilmt worden war). Ich kaufte mir den Band (oder bekam ich ihn geschenkt?) und muss zumindest bis zum »König Ödipus« gelangt sein. Etwas später las ich den Zyklus »Das Judenauto«, ohne mir des Glücks bewusst zu sein, ihn in der ursprünglichen Fassung kennenzulernen, die 1979 herausgekommen war, achtzehn Jahre nach ihrer ursprünglichen Publikation. Wiederum vier, fünf Jahre später, ich war schon Student, nahm ich mir die Erzählungen wegen des »Ödipus« erneut vor. Erst da fielen mir die Verletzungen auf, die Fühmann seinen Texten aus Überzeugung oder Selbstzensur zugefügt hatte. In »König Ödipus« planen Wehrmachtssoldaten während der Okkupation Griechenlands eine Aufführung der Tragödie des Sophokles. In langen Gesprächen bemühen sie sich um deren Deutung und offenbaren dabei ihren Rassenwahn wie ihre Blindheit für die eigene Situation. Die langen Sätze der Beschreibungen und wörtlichen Reden winden sich wie Schlangen um die Figuren. Immer gehetzter wird der Erzählduktus, der das Geschehen auf die Katastrophe zuführt. Die Peripetie blitzt auf den letzten zwei Seiten wie eine Erkenntnis auf, die nicht gänzlich unvorbereitet kommt, jedoch in der Eindeutigkeit, ja Konformität, mit der sie geschildert wird, die Novelle ihrer Ambivalenz beraubt und einen Hauptmann dem Publikum sagen lässt, was Sache ist: »... und nun brach die neue Zeit des Menschenrechts aus den Schlünden des Balkans und den Hainen des Maquis und den sanften Ebenen Polens und rollte donnernd her aus den Weiten Russlands, um die alte Zeit zu begraben, der anzugehören einfach schon Schuld war«.

Es zerstört nicht die Novelle, aber es bleibt ein Kratzer, den man wie auf einer Schallplatte hört. Das als Fühmanns Tribut für eine Veröffentlichung zu deuten, wäre zu billig. Allein äußeren Zwängen hätte er sich nicht gebeugt.

Die vierzehn Erzählungen von »Das Judenauto« fügen sich zu einer großen Lebenserzählung, die man heute wohl »Roman« nennen würde. Dafür, wie Fühmann die eigene Verblendung nachzeichnet, gibt es, soweit ich das sehe, kaum Vergleichbares in deutscher Sprache. Kindheit, Jugend, die Zeit im Arbeitsdienst, in der Wehrmacht und der sowjetischen Gefangenschaft werden aus der Position desjenigen erzählt, der die nationalsozialistische Gesinnung verinnerlicht hat. Dieses »ich«, sei es das Kind mit seiner Angst vor den Juden oder der Lanzer, der noch Anfang Mai 1945 auf die Wunderwaffe hofft, quält mich als Leser, weil er keinen Ausweg aus seiner Logik findet, einem Gespinst aus Antisemitismus, Nationalismus, Antikommunismus, Herrenmenschentum, Angst und Rechtfertigung von Kriegsverbrechen. Die Unerbittlichkeit vorzuführen, die dieses Denken beherrscht, es nacherlebbar zu machen, wie ein Glauben auch Lüge und Verbrechen zu integrieren vermag, ist die Leistung dieser Prosa. Die zwei letzten Erzählungen fallen heraus und bekennen sich nun, da sich das erzählende Ich dem Abgrund entkommen glaubt, zur im Entstehen begriffenen neuen Welt, deren Licht aus dem Osten kommt. Dabei bleibt Fühmanns Darstellung so anschaulich und deutlich, dass ich als Leser die alten Muster unter dem neuen Bekenntnis sehe. Nun sollen sie aber wirklich einer anderen, einer besseren Sache dienen. In den Nachbemerkungen zur Ausgabe von 1979 schreibt Fühmann: »Diese vierzehn Episoden des ›Judenauto‹ werden hier dem Leser zum ersten Mal in der ursprünglichen Gestalt des Gesamtzyklus mitgeteilt. Die bisher gedruckte Version folgte dem Redigierungsvorschlag meiner damaligen Lektoren, die jene erste Fassung für unlesbar hielten. Heute scheint es mir eher umgekehrt, aber es ist meinen Autoritäten von damals gelungen, mich zu überzeugen, und ich füge hinzu: Sie hatten's nicht schwer.« Fühmann spricht von einem literarischen Qualitätsgefälle »zwischen der ersten und der letzten Geschichte«, wobei die Vorschläge der Lektoren »auf eine Angleichung« hinausliefen, »wenn auch auf eine nach unten«.

Sein Zusatz »Sie hatten's nicht schwer« ist etwas, worauf man immer wieder bei Fühmann trifft. Er schiebt das Versagen nicht auf andere, auf die Zensur. Seine inneren Nöte und Schuldgefühle, auch seine Hilflosigkeit, gehören dazu.

»Ich widerstehe jedoch auch heute der Versuchung«, fährt Fühmann fort, »diesen Zyklus, dessen methodischer Eklektizismus mir bald wehtat, zu verstümmeln oder umzuarbeiten, also eine erste ästhetische Reflexion über den Ort meiner selbst in der neuen Gesellschaft auf den Stand einer zweiten und dritten zu bringen, anstatt eben diese zweite und dritte als bewussteres Leben und Schreiben zu leisten und die erste zu lassen, was sie gewesen ist: Stufe. Im Prozess der Selbstfindung eines Autors sind alte Arbeiten nur korrigierbar durch neue, vorausgesetzt, dass sie das überhaupt sind (…).« Nach einem Hinweis auf Brecht heißt es dann: »Das Endziel meiner literarischen Bemühungen wäre die Darstellung Eines, von dem ich erfahren könnte, dieser sei ich. Ich werde sie wohl nie in dem Grade vollbringen, in dem ich ihr Vollbringen wünsche wie fürchte: Nicht der äußere Zensor, der innere ist das Hauptproblem. Nebenbei: Die Identität dieser Instanzen (…) macht letztlich den Mangel des ›Judenautos‹ aus.«

Das Bestehen einer Zensur in der DDR öffentlich anzusprechen ist das eine, den eigenen Anteil daran zu benennen das andere. Fühmann legt den Zusammenhang beider Zensuren offen. Für ihn ist Veränderung ein gesellschaftlicher und ein persönlicher Prozess, also etwas, das sich gegenseitig beeinflusst und in Bewegung ist. Für die Selbstermächtigung und Emanzipation, die Fühmann im Laufe seines Lebens gelingt – bei allen Skrupeln, die an ihm in verschiedenste, mitunter entgegengesetzte Richtungen zerren –, brauchen Staat und Gesellschaft letztlich bis zum Herbst 1989, auch wenn sich der Spielraum zuvor stetig erweitert hat.

Wer sich Fühmanns Erzählungen widmet, nimmt auch die Veränderungen, ja Umbrüche im Werk dieses Schriftstellers wahr, der in meinen Augen wie kein anderer deutscher Autor seiner Generation die Verführungen des 20. Jahrhunderts am eigenen Leib erfahren *und* zur Sprache gebracht hat. Dazu gehört auch die Kritik am eignen Werk. Deshalb kann ich als Leser alles ernst nehmen, deshalb interessiert mich alles. Bei Fühmann will ich jeden Mosaikstein kennen, um die Wandlungen des Autors wie seiner Bücher möglichst genau verfolgen zu können. Fühmann macht durch seine kontinuierlichen und schonungslosen Selbstreflexionen das Verhältnis zwischen Autor und Werk zum Thema, diese Auseinandersetzung wird selbst werkhaft. Wer dem Leser außer seiner Schuld und Schmach auch noch dieses schambehaftete Verhältnis offenbart – es ist keinesfalls weniger schmerzhaft, das Misslingen eines Buches einzugestehen, als eine Verfehlung im Leben –, löst auch im Leser, ob diesem das bewusst ist oder nicht, eine Selbstbefragung aus, die den Autor in der Vorstellung oder in der Realität zum Ansprechpartner für die eigenen Nöte macht.

Die Erzählungen Fühmanns unterscheiden sich im Stil und der Struktur, auch wenn beispielsweise die Geschichten des »Judenauto« oder jene des Kleinods »Der Jongleur im Kino« stilistisch homogen sind. Es spannt sich aber ein

Bogen von jenen Erzählungen, die der eigenen Schuld und Verstrickung in Nationalsozialismus und Krieg gelten, über die Versuche, der DDR-Wirklichkeit mit einem ähnlich realistischen Erzählen wie über die Vergangenheit beizukommen, bis hin zu einem satirisch-phantastischen Erzählen, das den herkömmlichen Realismus sprengt. Anna Seghers konnte noch 1956 eine (allerdings erst 1990 publizierte) realistische Erzählung wie »Der gerechte Richter« schreiben (ein junger Richter weigert sich, jemanden wider besseres Wissen schuldig zu sprechen und wird deshalb selbst verurteilt). Fühmann hingegen braucht andere Mittel, um seiner Gegenwart angemessen beizukommen. Wirkt die »Bagatelle rundum positiv« noch satirisch-sarkastisch (ein Schriftsteller kritisiert in der Zeitung einen abgesetzten Brigadier und erfährt anschließend von diesem, dass alles ganz anders war, ohne dass sich der Schriftsteller daraufhin zu korrigieren vermag), scheint die Erzählung »Drei nackte Männer« nur noch phantastisch enden zu können.

Das Berückende an dieser Erzählung ist die Gelassenheit, mit der der Ich-Erzähler spricht. Sein Zorn und sein Eifer sind erkaltet zu scharfen, präzisen Beschreibungen. Allein die Schilderung, wie drei nackte Männer sich in der Sauna bewegen, macht einen Kommentar zu den realen Herrschaftsverhältnissen überflüssig. »Das alles sah völlig natürlich aus und lief ab, als sei es lang eingeübt, obwohl solche Riten gewiss nicht exerziert werden können, ja wahrscheinlich nicht einmal einer Weisung entspringen. Sie ergeben sich; (…) die Natur der Gesellschaft drückt sich darin aus.«

Der Ich-Erzähler, der einem Wir von Saunagästen angehört, erblickt am Ende der Erzählung jene drei Männer, die er in der Sauna bisher nur nackt erlebte, in einer Limousine auf einer Allee. Der Chef grüßt ihn wohlwollend, »doch da hob sich der Wagen schon vom Straßenbelag und fuhr, in eine leichte Serpentine schwenkend, in langsam stetigem Steigen direkt durch die Luft in ein lautlos von innen sich öffnendes Fenster eines fünften oder sechsten Stockes des Hochhauses am Markt, das sich lautlos und leicht wie ein Schmetterlingsflügel hinter dem Entrückten wieder schloss«.

Wann ist die neue ostdeutsche Funktionärsschicht sonst so präzise in ihren Privilegien, ihrer Machtgewissheit, ihrem Fraternisieren, ihrer Verunsicherung, ihrem Wohlleben und ihrer Selbstzufriedenheit beschrieben worden?

Fühmann gibt seiner Erzählung aber auch noch einen literarischen Bezugsrahmen, er spannt den Text zwischen zwei Einschüben auf, die für die Handlung entbehrlich scheinen. Der Erzähler ist nämlich »gerade in ästhetisch-theoretische Grübeleien um eine Apologie der Form versponnen«. Es geht um »den Unterschied zwischen lebendiger und erstarrter Form«, den er »durch einen Vergleich zweier Sonette – Texte verwandter Thematik von Gryphius und Emanuel Geibel etwa – (…) herauszuarbeiten gedachte«. Er würde den Auftritt der drei nackten Männer der lebendigen Form zuordnen, die er hätte »kaum besser studieren können als eben hier«.

Als der Erzähler die Limousine mit den drei Männern bemerkt, befindet er sich auf dem Weg »zu einer Sitzung des Verbandes der Freunde ästhetischer Forschung«. Doch seine Schrift über »Formnotwendigkeiten« fällt bei der zuständigen Kommission durch. Der Erzähler wird sogar »als Träger einer recht bedenklichen Fehleinschätzung der deutschen Barockdichtung verurteilt«, was im Text nur als Klammerbemerkung eingeschoben wird.

Fühmann muss klar gewesen sein, welche Wirkungen seine »lebendige Form« haben würde. Er, der schmählicher als Schweigen jene Kritik fand, die sich über die schmutzigen Flecken an den neuen Kleidern des Kaisers beschwerte, zeigte den Kaiser nackt. Das Abheben der drei Männer wird zur »Formnotwendigkeit«.

Mit dieser Schlusswendung schließt sich tatsächlich auch erzählerisch ein Fenster. Die Zustände, mit denen sich Fühmann in der DDR konfrontiert sieht, sind für ihn nicht mehr »realistisch« zu fassen. Was ihm eben noch mit den »Studien zur bürgerlichen Gesellschaft« gelungen war (so der Untertitel von »Der Jongleur im Kino« in der Erstausgabe von 1970), greift nicht mehr in der Gegenwart. Die Diskrepanz von offiziellem Sprachgebrauch und tatsächlichem Alltag lässt die Realität zunehmend irrealer werden. Gäbe es eine Folgerichtigkeit in der literarischen Wandlung, dann müsste ich es »folgerichtig« nennen, dass die letzte Erzählung dieses Bandes, die zugleich die erste des neuen Erzählungsbandes sein wird, bereits dem Genre der von Fühmann kreierten »Saiäns-fiktschen« angehört: »Ich schrieb sie, um eine existenzielle Lähmung zu überwinden, und fand in jener irrealen Welt und Weise die mir anders nicht gewinnbare Form, das, was mich quälte, in Wort zu fassen.« So formuliert er es 1981 im Vorwort zu »Saiäns-fiktschen«, der den Band der gesammelten Erzählungen fortsetzt. Es geht um die Freiheit des Willens, um die Freiheit des Einzelnen und um Selbstbehauptung. Der Titel der Erzählung heißt: »Ohnmacht«.

Fühmann als Erzähler bleiben die »Saiäns-fiktschen« (»Pavlos Papierbuch«), die Traumnotate – sie machen einen ganzen Band der gesammelten Werke aus! –, seine mythischen Neuerzählungen (»Marsyas«) oder Erzählungen für Kinder (»Märchen auf Bestellung«). In dem Maße aber, in dem Fühmann als »realistischer« Erzähler seiner Gegenwart verstummt, tritt der Essayist Fühmann hervor. Im Essay, dieser freien und reflektierten Prosaform, werden Vergangenheit und Gegenwart unter ein Dach geholt.

»Zweiundzwanzig Tage oder die Hälfte des Lebens«, das Reisetagebuch eines Aufenthaltes in Budapest, 1973 veröffentlicht, geriet früh in meine Hände, vielleicht kurz vor oder nach dem Abitur, auf jeden Fall noch vor Bulgakows »Der Meister und Margarita«, denn ich verstand die Anspielung auf den schwarzen Schriftzug »Voland« nicht, den Fühmann auf einem Gütertaxi entdeckt. Prompt verwandelt sich die Budapester Szenerie in eine Bulgakowsche, was einen auf den Gedanken bringt, dass Platonow und Bulgakow die wahrhaftigen Realisten der Stalinzeit waren.

Der familiäre Ton dieses Tagebuchs, die Lebendigkeit jeder Szene, die Komik und Tragik machen den Leser zum Reisegefährten. 1967 war Fühmann als Tagebuchschreiber auf den Spuren Fontanes gescheitert. Im Ruppiner Tagebuch findet sich oft die Klammerbemerkung: das darf ich nicht schreiben. Fünf Jahre später in Budapest ist Fühmann freier und bereit, auf die grundlegenden Fragen zuzusteuern, wie es die Anspielung auf Hölderlin im Titel verspricht: »Hätte ich nach Auschwitz kommen können? Gewiss: Ich hätte mich im September 1938 statt mit K. zur SA ja nur mit W. zur SS, zur Schwarzen SS zu melden brauchen; die Frage HJ, SA oder SS war für mich die Frage einer Freundschaft, sonst gar nichts. (…) Und W. *ist* nach Auschwitz gekommen.«

1972, ein Jahr vor der Veröffentlichung des Tagebuchs, war die vierteilige Fernsehserie »Die Bilder des Zeugen Schattmann« nach dem Roman von Peter Edel im DDR-Fernsehen gelaufen, gedreht zum Teil in Auschwitz, etliche Darsteller waren ehemalige Häftlinge gewesen. Das war nicht der erste Film über den Holocaust (hervorzuheben ist vor allem »Sterne« von Konrad Wolf, 1959), aber der TV-Vierteiler wirkte nachhaltiger. Und nun sagt einer der bekanntesten und anerkanntesten Autoren des Landes: Nur ein Zufall hat mich davor bewahrt, Aufseher in Auschwitz zu werden.

Sein öffentliches Bekenntnis zur de facto Mittäterschaft wird auch zu einer Selbstbefreiung. Er habe in der Gesellschaft »bis dahin immer nur als der Mann gestanden (...), der halt aus dem Nazismus kommt und eigentlich gar kein moralisches Recht hat, sie zu kritisieren«, sagt er in einem Gespräch mit Wilfried F. Schoeller: »Ich bin aus dem Buch (...) völlig anders herausgekommen, als ich hineingegangen bin. Von da an begann ich Bücher zu schreiben – nicht um mitzuteilen, was man weiß, sondern um mir selbst im Prozess des Schreibens Klarheit zu schaffen.«

Was auch immer er fortan zum Thema seiner Essays wählt, es lässt sich nicht darüber schreiben, ohne die eigene Lebenserfahrung zur Sprache zu bringen. Er kommt gar nicht umhin, die Welt, in der er lebt, zu kommentieren, präzise und sarkastisch. Das macht die Themen so brisant.

Zentral für das Verständnis und die Wirkung von Fühmanns Werk ist seine Vorlesung »Das mythische Element in der Literatur«, in erweiterter Form zum ersten Mal 1975 veröffentlicht. Bereits im Budapester Tagebuch gibt es längere Überlegungen zum Mythos. Auch der Begriff »mythisches Element« taucht bereits dort auf. Doch in dieser Vorlesung, diesem Essay baut er seine Überlegungen systematisch auf.

Bemerkenswert ist zum einen sein Sprachgestus: »Ich möchte Ihnen Hoffnung machen, wir werden den Gegenstand des Mythos entdecken, bis dahin aber muss ich Ihnen, wenn nicht eine Höllenfahrt, so doch eine kleine Wüstenpilgerschaft zumuten, nämlich durch eine Mini-Sahara der Abstraktion. Bitte halten Sie durch, ich mach es so kurz, als ich eben kann.«

Bei einer Vorlesung gehören Anreden und rhetorische Fragen dazu. Doch lässt sich kaum eine Haltung vorstellen, die weiter vom Dozieren entfernt ist als die Fühmanns. Er signalisiert wiederholt, selbst ein Lernender zu sein, er deckt die eigenen Irrungen und Wirrungen auf, und er macht es so kurz oder so gut, als er »eben kann«. Für studentische Ohren muss sich das 1974 wie das andere schlechthin angehört haben. Allein mit dem Zitat aus dem Ulysses, dem Hinweis, selbst der Archetypus-Theorie von C. G. Jung anzuhängen, oder mit seiner Verwunderung darüber, dass die Ästhetik von Lukács in der DDR so schwer zu beschaffen sei, missachtete er etliche Stoppschilder. Mehr noch hätten mich als Zuhörer seine Offenheit, sein Ernstnehmen des Publikums für ihn eingenommen. Hätte ich es nach der Vorlesung gewagt, ihn anzusprechen? Und was hätte ich gesagt? Dass er mir einen Schlüssel angeboten hat, den ich fortan höchst »aufschlussreich« für die Literatur, ja fürs Leben ausprobieren würde? Was Fühmann einem an die Hand gibt, ist gleichermaßen tauglich für den Ulysses wie für einen beliebigen Schlager, vorausgesetzt, das eine oder das andere berührt mich. Und was für Literatur und Kunst gilt, unterscheidet sich nie grundsätzlich von den Beziehungen im Alltag.

Seine Theorie des mythischen Elements rührt an die conditio humana, sie legt offen, warum wir Literatur, warum wir die Künste brauchen: »Ich habe im Ich mein Menschsein erfahren, und nun muss die Menschheit mein Ich erfahren – aber wie könnte das geschehen? Wie teile ich meine Erfahrung mit, dass sie zu der des Andern werde – und dadurch auch die des Anderen zu meinen – und wir uns, einander und aneinander vergleichend, uns selbst erkennen und damit doch wirklich erst ein Ich sind?« Franz Fühmann beschreibt das mythische Element – »jenes Ingrediens, das bestimmte Worte und Handlungskompositionen so überwältigend wirken lässt und zugleich das Was und Wie dieses Wirkens begrifflich unerklärbar macht« – als Gleichnis wie als Zauberwort, als etwas, das jenes, was ich in meinem Inneren an Glück oder Schmerz erlebt habe, überhaupt erst vergleichbar macht. Es ist letztlich eine Poetik der Beziehungen, eine Poetik, die ein Du voraussetzt, die auf das Gegenüber, auf den anderen angewiesen ist, deren Ort in der Verständigung zwischen den Menschen liegt. Der Gleichnischarakter des Mythos ermöglicht überhaupt erst den Austausch.

»Das Gleichnis ist, wissenschaftlich gesehen, eine unwahre, eine unsinnige Aussage – wie kommt es, dass ich sie dennoch als wahr, ja als einzig adäquat empfinde, sodass ich von ihr sage, sie *habe* mein Leid gemessen, und dass ich an dieser Wahrheit einen Trost, die notwendige Hilfe finden kann? Es kommt zunächst daher, dass meine subjektive Erfahrung nur im Gleichnis objektivierbar ist, und ein Gleichnis wiederum ist nur deshalb möglich, weil Inneres durch Äußeres abbildbar ist.« Denn nur so lässt sich begreifen, dass sich auch der andere freut oder dass auch der andere leidet »so wie ich. *Wie ich*: Ich bin nicht mehr allein; das Gleichnis ist der dritte Ort, wo sich meine und seine Erfahrung als gemeinsame treffen«.

In dem Essay »Schiefer und Schreiben« von 1975, wie später auch in der Anfangspassage von »Im Berg«, beschreibt Fühmann einen Bergmann, einen Häuer. Dieser »wechselte einen der provisorischen Stahlstempel aus, die längs des Strebs wie Säulen standen; er musste, da er den Stempel löste, sich mit der Schulter unter die Querplatte schieben, die zwischen dem Stempel und dem Rist liegt, und diesen Herzschlag lang war er Atlas, und es schien mir, als trage er den Berg«.

Unter Tage, wo »jedes Tun und Lassen im Wirkungsfeld des Todes stand«, wo man berührt, was nie zuvor berührt worden ist, wo »neue Küsten gewonnen« werden »hinab in die Zeit«, findet Fühmann seinen Ort. Hier stellt sich ihm die Frage nach dem Sinn der eigenen Arbeit, nach deren Nutzen für andere, dringlicher als irgendwo sonst. Im Bergwerk ist besonders evident, wie unauflöslich Natur und Gesellschaft ineinander verschlungen sind.

»Mythen (…) ereignen sich ununterbrochen, und wer sie sieht und erzählen kann, ist ein Dichter«, heißt es bereits im Budapest-Tagebuch. Fühmann sieht »im Berg« den Mythos. Deshalb ist er für ihn der Ort, um die eigene Erfahrung an »Modellen von Menschheitserfahrung« zu messen, dem eigenen Leben eine Deutung zu geben, die das Jetzt und Hier nicht ignoriert, aber auch nicht darin aufgeht.

Wenn es ein Bild für Fühmann gibt, dann ist es für mich dieser Atlas. Er trägt nicht die Welt, auch nicht den Berg, aber er trägt seinen Teil an Geschichte, an Schuld, an Verantwortung, an Erkenntnis, an Glück und Schmach. Will er schreiben, kann er sich dem nicht entziehen. Er ist kein Herakles, der sich mit einem Trick dieser Last entledigt, um in weiteren Abenteuern zu glänzen.

Von seinem Scheitern hat Fühmann selbst gesprochen. Oft wird er als ein Gescheiterter beschrieben. Ich sehe ihn anders. Für mich ging und geht von ihm immer Ermutigung aus.

Fühmann hat sich aus zwei Weltanschauungen, dem Nationalsozialismus und dem Stalinismus, denen er in Gläubigkeit angehangen hat, herausgearbeitet. Und er hat sich einem dritten Glauben verweigert. Ein drittes Mal sollte es keine Eindeutigkeit mehr für ihn geben. Statt diese vermeintliche Leerstelle erneut zu füllen, wie er es wohl über Jahre hinweg auch mit Hilfe des Alkohols versucht hat, zieht immer vernehmbarer etwas anderes in seinem Schreiben herauf. Er lässt sich von der ideologischen Engstirnigkeit, der Formelhaftigkeit des Sprachgebrauchs und den Schikanen nicht versteinern. Fühmann besteht auf Wahrhaftigkeit, auf einem Zuhören, Fragen und Antworten, auf einer Offenheit, die sich der menschlichen Unzulänglichkeit wie der eigenen Untaten und Schuld bewusst bleibt. Es ist diese Haltung, die jene, die seine Bücher lesen, zu Verbündeten und Gesprächspartnern macht. Und das ist es wohl auch, was mich immer wieder zu Fühmanns Büchern zieht, was seine Erzählungen und Essays im wahrsten Wortsinn so »anziehend« macht.

Mitunter frage ich mich, was Fühmann geschrieben hätte, wenn ihm noch fünf oder zehn oder zwanzig Jahre mehr an Lebenszeit geblieben wären. Wie hätte er auf den abermaligen Weltenwechsel reagiert? Fühmann fehlt. Denn gerade in seiner Kritik, in seinem Schmerz, ja in dem Selbstbild des Gescheiterten, steckt ein Anspruch an die Einzelnen wie an die Gesellschaft, der auch heute nicht eingelöst ist.

Sind wir seinem Anspruch näher gekommen oder haben wir uns von ihm entfernt? Oder beides? Wer die Bücher von Franz Fühmann liest, tritt unwillkürlich in ein Gespräch ein, in dem sich auch diese Frage immer wieder stellt.

(2022)

II

Vier Reden

KÖNNEN WIR UNS EINE ÖFFENTLICHE MEINUNG LEISTEN?

Antrittsrede als Mainzer Stadtschreiber im März 2011

Ich danke Ihnen für die Auszeichnung, ein Jahr lang das Amt des Mainzer Stadtschreibers bekleiden zu dürfen. Ich verstehe Ihre Einladung nach Mainz vor allem als Aufforderung, miteinander ins Gespräch zu kommen, einander kennenzulernen und – zumindest was das ZDF betrifft – gemeinsam zu arbeiten.

Bisher kenne ich Mainz kaum. Ich habe den Dom gesehen, ein paar Räume der Gutenberg-Universität, das Foyer des SWR, das 3sat-Studio, Buchhandlungen, Hotels, Restaurants, den Bahnhof.

Jenseits dieser Berührungspunkte ist Mainz für mich die Chiffre eines geistigen Raums mit unübersehbaren Wirkungen. Es ist die Stadt von Johannes Gutenberg, mit einer alten Universität, die Gutenbergs Namen trägt, die Stadt, in der die erste deutsche Republik gegründet wurde mit Georg Forster als einem der maßgebenden Köpfe, Mainz ist die Stadt von Anna Seghers, die Stadt, die eine von Alfred Döblin mitbegründete Akademie beherbergt, und nicht zuletzt die Stadt, die für das deutsche Fernsehen steht.

Über Johannes Gutenberg und die Folgen seiner Erfindungen zu sprechen, ist mir fast nicht möglich. Die letzten sechs Jahrhunderte sind ohne das gedruckte Wort unvorstellbar. Marshall McLuhans Begriffsschöpfung der Gutenberg-Galaxis setzt das einprägsam ins Bild. McLuhan erkennt dort eine Galaxis, also etwas bei aller Weite Begrenztes, wo man noch wenige Jahrzehnte zuvor geglaubt hatte, das Weltall schlechthin zu erleben. Gerade weil McLuhan die Grenzen des Buch-Kosmos sieht, kann er die Bedeutung Gutenbergs genauer fassen. »Der Buchdruck neigte dazu, die Sprache von einem Mittel der Wahrnehmung zu einer tragbaren Ware zu verändern«, schreibt McLuhan 1962 in seinem viel zitierten Buch »Die Gutenberg-Galaxis«. »Der Buchdruck ist nicht nur eine Technologie, sondern selbst ein natürliches Vorkommen oder Rohmaterial wie Baumwolle oder Holz oder das Radio; und wie jedes Rohmaterial formt es nicht nur die persönlichen Sinnesverhältnisse, sondern auch die Muster gemeinschaftlicher Wechselwirkung.«

Das Buch als verfügbare Ware verändert die Weltwahrnehmung des Einzelnen wie auch die gesellschaftlichen Verhältnisse.

Mainz legt es nahe, Gutenberg und Forster in Beziehung zueinander zu setzen.

Fragwürdig wäre es, eine Heilsgeschichte in dem Sinne zu konstruieren, dass dort, wo die erste Druckerpresse stand, auch die erste deutsche Republik entstehen musste. Doch ohne die Alphabetisierung, ohne die Verbreitung von Bildung, ohne Buch und Zeitung wäre eine öffentliche Willensbildung, die diesen Namen verdient, nicht möglich gewesen. Deshalb halte ich es für keinen Zufall, dass gerade in den Tagen, in denen sich die erste deutsche Republik bildete, Georg Forster den Begriff der »öffentlichen Meinung« ins Deutsche einführte, wie man bei seinem Biographen Klaus

Harpprecht als auch bei Jürgen Habermas nachlesen kann. Allerdings beklagt Forster gerade das Fehlen eben dieser öffentlichen Meinung: Wie »es keinen deutschen Gemeinsinn gibt, so gibt es auch keine deutsche öffentliche Meinung. Selbst diese Wörter sind uns so neu, so fremd, daß jedermann Erläuterungen und Definitionen fordert, indes kein Engländer den anderen mißversteht, wenn vom public spirit, kein Franzose den anderen, wenn von opinion publique die Rede ist.«

Nach Forster ist die »öffentliche Meinung« in den letzten Jahren des Ancien Régime entstanden.

In seinen »Parisischen Umrissen« zählt er einige Bedingungen auf, die für ihre Entwicklung wichtig waren. Vor allem ist es die Größe von Paris, die in dieser Stadt »konzentrierte Masse von Kenntnissen, Geschmack, Witz und Einbildungskraft«, des Weiteren nennt er »die Losgebundenheit von Vorurteilen in den oberen und mehr oder weniger auch in den mittleren Ständen, die durch die Freiwerdung von Amerika, und Frankreichs Anteil daran, in Umlauf gekommenen Ideen von Regierung, Verfassung und Republikanismus«. »Dies alles«, fasst Forster zusammen, »bahnte Denkfreiheit und Willensfreiheit dergestalt den Weg, daß schon eine geraume Zeit vor der Revolution eine entschiedene öffentliche Meinung durch ganz Paris und aus diesem Mittelpunkt über ganz Frankreich beinahe unumschränkt regierte.«

Im Sinne von Forsters »Denkfreiheit und Willensfreiheit« sieht wenige Jahre später Christoph Martin Wieland die »öffentliche Meinung« dort wirken, »wo Wahnbegriffe und Vorurteile, die unser unmittelbares Wohl oder Weh betreffen (…), endlich der Übermacht der Wahrheit weichen«.

Nach Wieland ist die öffentliche Meinung ein Produkt der »schärfsten Untersuchung der Sache, nach genauester Abwägung aller Gründe für und wider«.

Die öffentliche Meinung arbeitet am Selbstverständnis der Gesellschaft und zeigt sich zugleich in der gesellschaftlichen Praktik.

Doch schon Georg Forster muss binnen weniger Monate erfahren, wie ambivalent dieser Vorgang ist.

Forster, der unentwegt davor gewarnt hat, in Deutschland die Revolution zu proben, weil Deutschland nicht reif dafür sei, zögert auch dann noch, sich auf die Seite der Revolution zu stellen, als bereits französische Truppen in Mainz stehen und sich ein Mainzer »Club der Jakobiner« zusammenfindet. Forster hofft auf seine Wahl in die Preußische Akademie und auf eine Professorenstelle in Berlin. Sein Leben steht auf der Kippe. Erst als ihm die Zeit davonläuft und er aus Berlin nichts hört, tritt er am 5. November 1792 dem Club bei. Am 18. November ernennt der französische General Custine Forster zum zweiten Mann in der zivilen Administration von Mainz, de facto aber wird Forster deren führender Kopf. Da Forster in seiner ersten Rede im Club den Rhein zur natürlichen Grenze Frankreichs erklärt und Mainz damit als zu Frankreich gehörig darstellt – er selbst bezeichnet sich in Abgrenzung zu dem Begriff Untertan nun als »Bürger der französischen Republik« –, gilt er fortan nicht nur in Berlin als Verräter.

Anfang 1793 gründet er »Die neue Mainzer Zeitung« (im Untertitel steht: »Der Volksfreund«). Mit seiner Zeitung wie auch mit seinen Reden versucht er, die öffentliche Meinung im Sinne der Republik und Frankreichs zu beeinflussen.

Doch das revolutionäre Feuer sprang nicht nur angesichts der drohenden Belagerung der Stadt nicht über. Die Mainzer, so Forster, wollten nicht frei sein. Und doch hält er die Revolution für das bedeutendste Ereignis in der Geschichte der Menschheit seit Christus.

Am 21. März 1793 wird in Mainz die »brüderliche und unzertrennliche Vereinigung« mit Frankreich beschlossen. Von da an gelten für Bürger der Mainzer Republik die Menschenrechte.

Georg Forster gehört zu der dreiköpfigen Delegation, die den Mainzer Beschluss der Nationalversammlung in Paris überbringen soll. Am 25. März 1793 brechen sie auf, am 29. März sind sie bereits in Paris. Ihr Antrag wird per Akklamation angenommen. Die drei müssen allerdings in Paris ausharren, es gibt Formalien zu erledigen – und Mainz wird belagert. Forster erlebt ein anderes Paris als das, was er zu Beginn der Revolution gesehen hat. Dem Überschwang folgt der Terror, die Revolution frisst ihre Kinder. »Wer obenauf schwimmt, sitzt am Ruder, bis ihn der nächste, der für den Augenblick am stärksten ist, verdrängt. Wenn man nicht verfolgen, denunzieren und guillotinieren lassen kann, ist man nichts. Kurz, zum ersten Mal in meinem Leben helfen mir alle meine Hülfsmittel nichts, und ich stehe so verlassen da wie ein Kind, das keine Kräfte hat, sich selbst zu ernähren.« Forster erfährt hautnah, wie die öffentliche Meinung, für die er gestritten hat, zur Ideologie wird, zur Hetze und zur Ermächtigung, mit jeder und jedem kurzen Prozess zu machen. Doch er erleidet es nicht nur, er ist selbst Teil dieser Entwicklung. Pathetisch preist er vor der Nationalversammlung im Juli den Kampf der Mainzer gegen die Belagerer, preist die Revolution, und man weiß nicht mehr, ob er Mimikry betreibt, um seinen Kopf zu retten, oder ob es Zerrissenheit ist, weil er daran festhält, dass man die materiellen Voraussetzungen zum Glück aller zu schaffen habe, dass man die »Last, die eine ungerechte Regierung der arbeitenden Klasse aufgebürdet hat, von ihren müden Schultern« nehmen müsse.

Seine »Darstellung der Revolution in Mainz« bricht mitten im Satz ab. Seiner Frau vertraut er an: »Ich schreibe, was ich nicht mehr glaube.«

Diese moderne Tragödie, die Forster durchlebt, erscheint mir geradezu exemplarisch für die kommenden zwei Jahrhunderte.

Ich denke dabei auch an Anna Seghers. Volker Braun erzählte mir, wie er, nachdem seine »Unvollendete Geschichte« auf einer Tagung kritisiert worden war, von Anna Seghers, die ihn verteidigt hatte, herangewunken wurde. »Ja, weißt du denn nicht«, flüsterte sie ihm zu, »dass man dafür früher verschwinden konnte?«

Forster galt noch im 20. Jahrhundert als Verräter. Nach dem Zweiten Weltkrieg ging man beim Akademieverlag in Ostberlin daran, eine historisch-kritische Gesamtausgabe seiner Werke zu edieren. Allerdings liegt der Verdacht nahe, dass die Zensur derer, die sich zu seinen Erben erklärten, Schwierigkeiten mit Forsters Briefen aus den Revolutionsjahren hatte. Offenbar fürchtete man noch immer seinen Einfluss auf die öffentliche Meinung, so dass der für 1975 angekündigte letzte Band erst 1989 erscheinen konnte.

Die öffentliche Meinung schafft und verändert das, was wir als gesellschaftliche Selbstverständlichkeit empfinden. Jemand, der aus dem Osten kommt, kennt die Veränderungen eben dieser gesellschaftlichen Selbstverständlichkeiten in der Bundesrepublik nur teilweise aus eigener Erfahrung. Wie erstaunt und fasziniert verfolgten wir die Proteste gegen die Volkszählung von 1987. So recht verstand ich den damaligen Furor nicht, sympathisierte aber grundsätzlich mit den Protestierenden. Ich bewunderte deren Wachheit und Entschiedenheit, mit der sie sich gegen vermeintliche oder tatsächliche undemokratische Praktiken zur Wehr zu setzen versuchten.

Wo ist dieser demokratische Furor, wo ist diese politische Wachheit geblieben?

Vor einigen Wochen hörte ich während einer Autofahrt im Radio eine Diskussion, in der es um die Finanznot der Kommunen ging. Ich erfuhr, dass Mainz mit einer Milliarde Euro verschuldet sei, ja die Schuldenlast jährlich um etwa 100 Millionen Euro steige. Meine erste Reaktion war: Und trotzdem leisten sie sich einen Stadtschreiber! Soll ich meinen Scheck lieber gleich einlösen, oder sollte ich mein Geld solidarischerweise der Stadt für ein Jahr zinslos zur Verfügung stellen? Darf man einem so gebeutelten Gemeinwesen überhaupt auf der Tasche liegen? Aus Gedanken wie diesen riss mich einer der Diskussionsteilnehmer, Günter Beck, Mainzer Bürgermeister sowie Finanz- und Sportdezernent. Er war stolz darauf, städtische Schwimmbäder nicht geschlossen, sondern sie stattdessen privatisiert zu haben. Zudem verwies er darauf, dass die Stadt Mainz auf jede Theaterkarte 104 Euro draufzahle und damit eine Minderheit stark subventioniere. Diese Aussagen erregten in der Diskussion bis zu den Nachrichten – dann musste ich aussteigen und zum Zahnarzt – keinen Widerspruch. Sie kamen ja auch von einem maßgeblichen Vertreter Ihres Gemeinwesens. Seine Ansichten lassen sich unschwer als Selbstverständlichkeit, als neue Selbstverständlichkeit interpretieren.

Das heißt zum einen: Als Theaterbesucher muss man sich in Mainz schämen, zumindest in den Augen des Finanzdezernenten, derartige Subventionen in Anspruch zu nehmen. Da sollte man schon mit sich ins Gericht gehen, ob der Theaterbesuch auch wirklich notwendig ist, wenn er die Stadt derart belastet. – Welches Selbstverständnis hat man in Mainz von Kultur, wenn man dem Theaterbesucher eine solche Rechnung präsentiert? Und müssten unter diesem Gesichtspunkt denn nicht alle Theater Deutschlands schnellstens geschlossen werden? Oder anders gesagt, hätten dann überhaupt je Theater eröffnet werden können? Ist aber nicht gerade das Theater ein Ort, in dem das Gemeinwesen sich lustvoll selbst befragen kann, in dem es sich über sich selbst spielerisch verständigt? Ich weiß nicht, ob das Mainzer Theater das leistet und ob es so wahrgenommen wird, darüber und über anderes könnte man ja streiten. Aber ihm indirekt vorzuhalten, es sei ein Zuschussbetrieb für Minderheiten, könnte nach der nächsten Kommunalwahl – hält der Trend der sinkenden Wahlbeteiligung an – dann auch gegen die Stadtpolitiker gewendet werden.

Zum anderen scheint immer noch der Grundsatz zu gelten: Privateigentum sei besser als Gemeineigentum. Über die Mainzer Schwimmbäder weiß ich bisher nichts. Trotzdem glaube ich generell fragen zu dürfen, warum denn ein privater Betreiber, der in aller Regel Kredite aufnehmen muss und diese an die Benutzer weitergibt, zusätzlich aber auch noch eine Gewinnspanne einkalkulieren muss, besser für die Nutzer sein sollte als die Kommune selbst?

Obwohl unser Bruttosozialprodukt viel höher ist als vor

zehn Jahren oder gar vor zwanzig oder erst recht vor vierzig Jahren und der private Reichtum ebenfalls größer ist als je zuvor, nehmen wir die öffentliche Verschuldung hin wie ein Naturereignis, als wüssten wir nicht, dass Geld für das Gemeinwesen aus Steuern kommen muss.

Das wären Fragen, über die man ins Gespräch kommen könnte. Denn die öffentliche Meinung sollte diese neuen Selbstverständlichkeiten nicht ungeprüft hinnehmen.

Als Ermutigung für öffentliches Nachfragen könnte ein Beispiel aus Berlin dienen. Denn dort ist im Februar dieses Jahres ein kleines oder großes Wunder geschehen.

1999 hatte der schwarz-rote Senat die Berliner Wasserbetriebe zu 49,9 Prozent privatisiert. Allerdings waren die Verträge, in denen es für RWE und Veolia Gewinngarantien gab, nicht öffentlich einsehbar. Die Wasserpreise in Berlin stiegen in den letzten zehn Jahren um ca. 35 Prozent, im bundesweiten Vergleich kletterte Berlin auf den dritten Platz, Wasserwerke wurden stillgelegt, Hunderte Stellen gestrichen.

Die eigentliche Frage dabei aber war für mich: Wie kommt man überhaupt auf die Idee, Wasser zu privatisieren? Wie kann man es erlauben, dass das Menschenrecht auf sauberes Wasser dem Gewinnstreben ausgeliefert wird?

Ich muss gestehen, von dieser Teilprivatisierung erst nach Jahren überhaupt erfahren zu haben – und das eher zufällig. Denn die Frage, wem das Wasser gehört, war den Berliner Medien lange Zeit kaum eine Zeile wert.

Dass sich die Verhältnisse geändert haben, ist einer kleinen Gruppe zu verdanken, die diese neue und, wie ich finde, falsche Selbstverständlichkeit nicht hinnehmen wollten. Sie legten sich mit dem Senat und den Konzernen an und mobilisierten fast unter Ausschluss der Medien eine öffentliche Meinung. Über viele Etappen hinweg, in denen mehrfach vor Gericht der Anspruch auf ein Volksbegehren erstritten werden musste, interessanterweise gegen den erbitterten Widerstand eines rot-roten Senats, gelang es ihnen, ein Volksbegehren zu initiieren. Ich glaubte, diesen Aktivisten etwas Öffentlichkeit verschaffen zu können, indem ich Berliner Kolleginnen und Kollegen bat, die Aktionen zum Volksbegehren zu unterstützen. Immerhin kamen 22 Unterschriften von Berliner Schriftstellerinnen und Schriftstellern zusammen. Ich will ihnen das Debakel unserer Pressekonferenz nicht ausmalen. Es erschienen zwei kleine Artikel, die den Tenor hatten: Promis tauchen auf. Damit waren aber nicht die 22 Schriftsteller gemeint, sondern ein weltberühmter DJ, der sich und die ganze Initiative um Kopf und Kragen redete. Mitten in den Sermon des weltberühmten DJs hinein tauchte ein nicht näher bestimmbares zweiköpfiges Kamerateam auf, hielt auf uns drauf, drehte sich im Saal um die eigene Achse und war nach drei Minuten, in denen der weltberühmte DJ immer noch in einer Art und Weise sprach, die meine Bündnisfähigkeit mehr als nur strapazierte, schon wieder verschwunden.

Trotz der medialen Ignoranz, trotz eines lächerlichen Budgets von kaum zwanzigtausend Spenden-Euros, glückte zum ersten Mal seit dem Mauerfall in Berlin ein Volksbegehren. Alle Verträge, die nicht öffentlich sind, werden als ungültig erachtet. Und nun ist plötzlich auch der Senat Feuer und Flamme, die Wasserbetriebe zu rekommunalisieren.

Man kann diesen Vorgang als eine Sternstunde der Demokratie feiern, weil es von ganz unten her gelang, eine öffentliche Meinung zu schaffen und das Gemeinwesen zu seinem Vorteil zu verändern. Es lässt sich allerdings auch negativ lesen, als ein Versagen der Parteiendemokratie. Die Hindernisse, die die jeweils Regierenden der Bürgerinitiative errichteten, waren gewaltig. Und wer hat schon die Kraft, die Zeit und die Kenntnisse, sich dagegen zu behaupten und zur Wehr zu setzen. Das Versagen der Politik war auch lange Zeit ein Versagen der Medien. Die öffentliche Meinung als Protest gegen die Geheimverträge musste sich unter Umgehung von Zeitungen, Radio und Fernsehen herausbilden, ein Vorgang, den ich selbst gar nicht mehr für möglich gehalten hatte.

Das Fernsehen ist zur Stunde noch das wichtigste Medium der öffentlichen Meinung, jenes Medium, in dem gesellschaftliche Selbstverständlichkeiten produziert werden.

Für mich als Dresdner war das Westfernsehen nichts Alltägliches, aber etwas, zu dem ich trotzdem eine geradezu familiäre Nähe empfand. Denn im Gegensatz zu dem Fernsehen, das wir empfangen konnten, glaubte ich diesem Fernsehen. Und jenes Gebilde, das in den kurzen Pausen des ZDF erschien und das unsere Verwandten in der Nähe von Halle die ZDF-Rose nannten, war dem Kind zum fast ehrfürchtig betrachteten Erkennungszeichen des goldenen Westens geworden.

In meiner Sozialisation in der Bundesrepublik gab es eine Zäsur, die aus meiner Warte von einem Versagen der Politik und der Medien markiert wird. Ich meine den Kosovokrieg.

Das eine war der Schock darüber, wie eine deutsche Regierung den Krieg gegen Serbien begründete, zu welchen Lügen und Vergleichen die damals verantwortlichen Politiker Schröder, Fischer und Scharping griffen, der andere Schock war, wie die Medien dies in den ersten Wochen passieren ließen. Das Fernsehen, ganz gleich ob es das öffentlich-rechtliche oder das private war, wurde zum Staatsfernsehen. Zum ersten Mal lernte ich das Gefühl von gesellschaftlicher Verlorenheit kennen. Nicht nur, weil der Riss auch durch den Freundeskreis ging und ich selbst jene Politiker gewählt hatte, die jetzt Verantwortung trugen, sondern weil mir das Fernsehen so vorkam, als gäbe es nur noch Ostfernsehen.

Vielleicht ist es ein Mangel an Nachdenklichkeit, dass ich dieses Gefühl der gesellschaftlichen Verlorenheit erst so spät kennenlernte. Aber diese Verlorenheit und diese Skepsis sind seither nicht weniger geworden.

Ein Grund dafür ist, dass das Fernsehen die Schizophrenie unseres Alltags nachvollzieht.

In einem Beitrag der ZDF-Sendung »Frontal« vom 24. August letzten Jahres (2010) wurde darüber berichtet, wie durch die Immobilienkrise ungeheure Geldmengen – etwa das Dreißigfache im Jahresvergleich – in die Spekulation mit Nahrungsmitteln geflossen sind. Der Vertreter einer Hilfsorganisation sagte, dass sich als Folge die Zahl der Hungernden innerhalb eines Jahres um hundert Millionen erhöht habe. Ich kann nicht über die sachliche Qualität dieses Beitrages urteilen, habe aber auch keinen Grund, an der Gewissenhaftigkeit der Redaktion zu zweifeln, und halte die Argumentation für plausibel. Natürlich ist die genaue Zahl von Betroffenen, so schwer vorstellbar sie ist, wichtig. Aber für die Argumentation spielt es keine Rolle, ob es einige Millionen mehr oder weniger sind. Sicher ist nur, dass die Spekulationen mit Lebensmitteln keinesfalls hinnehmbar sind.

Wie sollte man einen solchen Vorgang auch nur ansatzweise öffentlich rechtfertigen?

Die Ursachen für dieses Elend liegen in unserem Alltag, in unseren Selbstverständlichkeiten. Wer findet schon etwas dabei, wenn die Deutsche Bank ihren Kunden rät, in nachwachsende Rohstoffe zu investieren. Im Anschluss an die Sendung erfährt man dann im »heute journal« noch einiges über die Kursentwicklung der Deutschen Bank. Die Kommentatoren des Börsengeschehens bewundere ich für ihre ungemeine Eloquenz, für ihre teils glossenreifen unterhaltsamen Wendungen. Zugleich finde ich diese Berichte unerträglich. Ihre Kommentare haben zur Voraussetzung, dass Wachstum gut und steigende Kurse noch besser sind. Meistens erkennt man schon am Gesichtsausdruck der Kommentatoren, ob der Dax ins Plus oder Minus gedreht hat.

Wäre es aber nicht die Aufgabe des öffentlich-rechtlichen Fernsehens, dieser Schizophrenie zu begegnen? In dieser scheinbar objektiven Betrachtung der Börse steckt eine ungeheure Ideologie und ein verheerendes Muster. Zum einen wird Menschenwerk, das historisch gewachsen und politisch gewollt ist, zu einer Art Naturereignis umgedeutet oder – überhöht, zum Fatum. Wer verliert, hat sich nicht einfach nur verspekuliert und ist falschen Prognosen aufgesessen, nein, er wird ein Opfer. Mit etwas Geschick können wir uns gegen das Naturereignis oder das Fatum schützen, vielleicht sogar Vorteile daraus ziehen, aber grundsätzlich entzieht sich sein Walten unserem Einfluss. Was übrig bleibt, ist ein quantifizierendes Denken: Allein das Maß von Plus oder Minus zählt, alles andere hat keine Bedeutung. Die Fragen nach dem Was, nach dem Wie oder gar nach dem Warum sind dabei bestenfalls zweitrangig, wenn sie überhaupt gestellt werden.

Folgt man Wielands Bestimmung von öffentlicher Meinung, die das Produkt der »schärfsten Untersuchung der Sache, nach genauester Abwägung aller Gründe für und wider« ist, so wäre der öffentlichen Meinung am besten gedient, wenn man die Börsenberichte unter verschiedenen Gesichtspunkten interpretieren würde, indem man sie nach ökonomischen, sozialen und ökologischen Kriterien bewertet. Mir als Zuschauer müsste eine Vorstellung davon vermittelt werden, was Kursgewinne oder Kursverluste bedeuten, wer Vorteile und Nachteile trägt und wie diese aussehen. Dahinter stünde die Frage: Ist das, was da geschieht, auch gut für uns, für das Gemeinwesen? Oder müssen wir die Regeln ändern, wenn weiterhin die Gewinne privatisiert und die Verluste sozialisiert werden?

Die öffentliche Meinung ist ja nur dann ernst zu nehmen, wenn sie tatsächlich Folgen hat, wenn wir uns rechtfertigen, legitimieren, unsere Selbstverständlichkeiten in Frage stellen müssen.

Was erwartet man aber von der Wirkung der eigenen Beiträge, wenn deren Einsichten selbst im eigenen Medium folgenlos bleiben? Ist diese Folgenlosigkeit nicht so, als würde man (frei nach Franz Fühmann) sagen: Des Kaisers neue Kleider sind gar schön, aber da unten am Saum und dort am Ärmel hat er hässliche Flecken.

Können wir uns überhaupt eine öffentliche Meinung im Sinne Forsters und Wielands leisten? Ein Kind, das womöglich sagt, dass der Kaiser gar keine Kleider anhat? Brauchen wir nicht die Parzellierung unserer Wahrnehmung, um die Doppelbödigkeit unseres Alltags, unserer Selbstverständlichkeiten auszuhalten?

Wir müssen ja nicht mal Aktien kaufen, um in unhaltbare Geschäfte verwickelt zu werden, es reicht schon eine Riester-Rente, bei der wir das Kleingedruckte überlesen, nämlich dass soziale und ökologische Kriterien bei der Anlage des Geldes keine Rolle spielen – so eindeutig formuliert wird das im Kleingedruckten natürlich nicht. Aus einer Sendung des Deutschlandfunks war zu erfahren, dass etliche Fonds, die eben jene Riester-Renten verwalten, nicht nur in Rüstungsfirmen investieren, sondern auch in solche, die geächtete Waffen wie Streubomben produzieren.

Unser Alltag ist unterminiert von derartigen unhaltbaren Praktiken. Und wir leben mit deren Verdrängung. Hier der kritische Bericht, da das Börsengeschehen. Hier unsere fragwürdigen Selbstverständlichkeiten, dort unsere großzügige Spende. Hier der Betrug, dort der großartige Minister. Hier die Rede des Stadtschreibers, dort der Computer, auf dem er sie schrieb, mit all den Rohstoffen aus dem Bürgerkriegs-Kongo, zusammengeschraubt von Arbeitern, die froh wären, eine 60-Stunden-Arbeitswoche zu haben.

Natürlich kann ich hier gut reden, denn meinen Scheck habe ich schon in der Tasche. Und selbst bei bester Führung kann ich mich nicht um eine zweite Amtszeit bewerben.

Ich weiß nicht, welche Anforderungen oder Erwartungen Sie an jene 45-minütige Fernsehdokumentation stellen, die ein Mainzer Stadtschreiber anfertigen darf und soll. Selbstverständlich ist es ja nicht, dass man einem Schriftsteller, den man noch dazu in der Dachwohnung über dem Gutenberg-Museum einquartiert, einen Fernsehbeitrag abverlangt. Werde ich von der Quote verschont, oder wird es sowieso ein Sendeplatz, bei dem man nicht mehr nach der Quote fragen muss?

Ein Kollegenfreund, mit dem ich über die Zäsur von 1989

diskutierte, meinte, für ihn als Westler sei es bedeutsam zu unterscheiden zwischen jenen, die mit und jenen, die ohne Privatfernsehen aufgewachsen seien. Privatfernsehen ist die Verkörperung des Quantifizierbaren. Keine Quote, keine Werbung, kein Geld. Ich habe den Eindruck, dass sich mit 1989 das Privatfernsehen als Denkmodell durchgesetzt hat, dass sich auch das öffentlich-rechtliche Fernsehen dem Quantifizieren unterworfen hat. Die Quote ist de facto die Börsennotierung einer Sendung. Wäre ein Aufbegehren gegen jenes so selbstverständlich gewordene quantifizierende Denken nicht auch ein Aufbegehren gegen die Quote? Oder anders gefragt: Was sind die Kriterien jenseits der Quote?

Bei dem Film, den wir vorhaben, soll es um falsche Selbstverständlichkeiten gehen, Selbstverständlichkeiten, die ich selbst noch bis vor anderthalb Jahren als Errungenschaft und Segen unserer Kultur und Zivilisation betrachtet habe. Es ist vielleicht kein Tabuthema, dem wir uns widmen wollen, aber ein Thema, über das man ungern spricht.

Eine der Aufgaben des Herakles war das Ausmisten des Augias-Stalles. Er bekam diese Arbeit nicht nur übertragen, weil sie als unlösbar galt, sondern auch, weil König Eurystheus und seine Gemahlin hofften, der ungeliebte Thronanwärter Herakles würde sich, statt Ruhm zu ernten, nun mit Kot und Mist bekleckern. Statt zum Helden des Volkes würde er zum Gespött der Leute werden. Bekanntlich griff Herakles aber nicht zu Mistgabel und Karren, sondern leitete die Flüsse Alpheios und Peneios durch den Stall des Augias. In gewisser Weise kann man in dieser Idee den Ursprungsmythos unserer Klospülung, unseres WCs sehen. Das WC ist uns heute so selbstverständlich geworden, dass wir es nirgendwo mehr missen möchten. Wo es fehlt, fehlt uns ein elementarer Teil unserer Kultur.

Auf einem Workshop, in dem fast ausschließlich Geisteswissenschaftler zu Wort kamen, nannte ein Professor für Abwasserwirtschaft der Technischen Universität Hamburg-Harburg unser WC einen »zivilisatorischen Irrweg«. Seine Begründung war einfach: Die Nährstoffe, die wir dringend benötigen, spülen wir unter enormem Aufwand in Kläranlagen, in denen die Rückstände getrocknet und verbrannt werden, was wiederum hohen energetischen Aufwand erfordert. Weltweit gesehen, so die Schätzung, wird allerdings nur ein Zehntel der WC-Fäkalien in Kläranlagen geleitet. Oftmals verkommen Bäche, Flüsse und ganze Meeresregionen zu Kloaken. Die Zahl der Todesfälle durch verunreinigtes Wasser geht in die Hunderttausende.

Bei den Nährstoffen ist es vor allem das Phosphat, dessen abbaubare Reserven bei konstantem Verbrauch offenbar nur noch für die nächsten 80 bis 100 Jahre reichen. Da der Bedarf steigt, muss man sich schon allein aus diesem Grund etwas überlegen.

Ich besuchte Professor Ralf Otterpohl in seinem Institut an der TU. Eine Art Quantensprung in seinen Forschungen bewirkte das Phänomen der sogenannten Terra Preta. Terra Preta ist Portugiesisch und heißt so viel wie Schwarzerde. Auf Terra Preta stößt man im Amazonasgebiet. Sie ist eine von Menschen gemachte Erde inmitten unfruchtbarer Böden. Die gesamte Vegetation des Amazonas ist hoch spezialisiert und extrem gut angepasst, um auf dem schlechten Latosolboden überleben zu können. Rodet man den Wald, um Ackerbau zu betreiben, ist das Ergebnis selbst unter Einsatz großer Mengen an Kunstdünger niederschmetternd. Hingegen sind die Erträge auf der Terra Preta weit überdurchschnittlich.

Die Antworten auf die Frage, was diese Terra Preta ist, wie sie hergestellt wurde und wie sie heute hergestellt werden kann, fallen naturgemäß verschieden aus. So viel sei gesagt, dass neben einer Art Kompostierung der Kohlenstoff eine große Rolle spielt. In Rheinland-Pfalz ist bereits eine Anlage in Betrieb gegangen, die Terra Preta industriell herzustellen versucht. Eine solche Unternehmung wirft natürlich sofort die Frage von Patentrechten auf. Verschiedene Forschergruppen arbeiten daran, das Geheimnis dieser Terra Preta, die durch Dünger weder verbessert werden kann noch durch starken Regen ausgelaugt wird, zu entschlüsseln. Das Ziel ist eine einfache, frei zugängliche Technologie, die es allen ermöglicht, ohne nennenswerten finanziellen bzw. technischen Aufwand eine entscheidende Verbesserung der Böden zu erzielen. Wenn es darüber hinaus gelänge, die Fäkalienentsorgung in diesen Prozess einzubinden – und es spricht viel für diesen Ansatz –, könnten zwei der weltweit besonders bedrängenden Probleme in Verbindung miteinander gelöst werden: schlechte Böden und fehlende Fäkalienentsorgung.

Nach Ralf Otterpohl muss diese Technologie jedoch zuerst in Hamburg, Berlin oder Mainz funktionieren, bevor sie propagiert und exportiert werden kann.

Die Terra Preta ist die Hinterlassenschaft einer Zivilisation, für deren Untergang die europäischen Eroberer mit ihren Schwertern, ihrem Joch, vor allem aber durch die von ihnen eingeschleppten Krankheiten verantwortlich waren. Heute wissen die Nachkommen der präkolumbianischen Indios, die schon lange nicht mehr in ihren alten Siedlungsgebieten leben, nichts oder kaum noch etwas über die von ihren Vorfahren hergestellte Erde.

Da es im Amazonasgebiet aufgrund des Klimas fast keine Steine gibt – das Fehlen von Steinen und damit von Mineralien ist neben dem starken Regen eine Ursache für die schlechte Bodenqualität –, gibt es auch keine erhalten gebliebenen Bauwerke wie bei anderen Kulturen Mittel- und Südamerikas. Deshalb hielt man die Berichte der Eroberer, die von Siedlungen mit Tausenden von Bewohnern sprachen, von Straßen und Feldern, für Aufschneiderei oder Fieberphantasien. Die noch relativ junge Amazonas-Archäologie gräbt in unseren Tagen aus der Terra Preta eine bis heute nicht oder kaum bekannte Kultur aus. In erbittert geführten Debatten streiten die Wissenschaftler verschiedenster Provenienz – unter ihnen Archäologen, Historiker, Ethnologen, Botaniker, Bodenkundler – darüber, ob es nur kleinere Nomadengruppen waren, die einen »Urwald« durchstreiften, oder ob im Amazonasgebiet mehrere Millionen Indios lebten und der sogenannte Urwald eine Kulturlandschaft ist, in der man selbst in kaum zugänglichen Gebieten auf durch Züchtung veredelte Pflanzen wie auf Tongefäße, Schmuck und Skulpturen trifft. Das, was wir »Urwald« nennen, erweist sich als eine europäisch-romantische Fiktion.

Die politischen, sozialen, ökonomischen und juristischen Implikationen der Terra-Preta-Forschungen sind so disparat wie weitreichend. Plötzlich eröffnen sich Zusammenhänge zwischen einem überdimensionierten neuen Klärwerk in Ostdeutschland, das Kommunen und Haushalte bis heute Schulden aufbürdet und der Datierung einer Tülle in Form eines Jaguarkopfes. Die Versuchsreihen in einem Universitätslabor in Hamburg oder einem Garten bei Eberswalde treten in Beziehung zu den Berichten der Konquistadoren. Sauberes Wasser und fruchtbarer Boden, sei es in Brasilien, in Deutschland oder auf den Philippinen, hat etwas zu tun mit Patentrecht und der Unabhängigkeit der Landwirte von Konzernen, die ihnen Saatgut, Dünger und Pestizide verkaufen wollen. Terra Preta könnte die Städteplanung ändern und zugleich eine neue Kunstgeschichte etablieren.

Wir hoffen, einen Faden zu finden, der uns durch dieses Beziehungsgeflecht führen wird. Noch lässt sich nicht sagen, wohin wir mit dieser Recherche geraten werden und ob es die richtige Spur gewesen sein wird, der wir gefolgt sind. Vielleicht aber gelingt es uns, die eine oder andere Selbstverständlichkeit als fragwürdig zu betrachten.[1] Für die Möglichkeit, an so privilegierter Stelle an der öffentlichen Meinungsbildung mitwirken zu dürfen, danke ich Ihnen herzlich.

---

1 Rettung aus dem Urwald? – Die Wiederentdeckung der Terra Preta, 2011. Ein Film von Ingo Schulze und Christine Traber.

WIE LANG HÄLT SIE DURCH?

Dankrede zur Verleihung des Augsburger Bertolt-Brecht-Preises am 8. Februar 2013

Sehr verehrter Herr Brecht,
da es eigentlich gleichgültig ist, an welchem Tag man sich für Empfangenes bedankt, kann es ganz gut zwei Tage vor Ihrem Geburtstag sein, vor einem Ihrer Geburtstage. Dennoch – und dessen bin ich mir wohl bewusst – bleibt es eine Vermessenheit, Ihnen zu schreiben. Mir fehlte bislang sowohl die Courage dafür wie auch der Anlass dazu, wenn mich nicht eine andere, noch größere Vermessenheit dazu nötigte. Sie wissen, worauf ich anspiele. Ich muss Ihnen nicht weiter darlegen, in welchen Schatten man dabei gerät, selbst wenn noch so viele Scheinwerfer auf einen gerichtet sind. Die mir dafür allerdings gebotene Geldsumme steuerfrei direkt aufs Konto – was soll ich sagen? Wenn jemand dafür Verständnis hat, dann sicher Sie. Und wenn schon vermessen, dann richtig!

Gestatten Sie mir also, dass ich zu Ehren Ihres bevorstehenden Geburtstages, den Gepflogenheiten treu bleibend, von mir rede.

Mir wurde es nicht leicht gemacht, Sie lesen zu wollen. Denn in dem Land, aus dem ich komme und das es nicht mehr gibt, kannte Sie jeder, zumindest vom Hören und Sagen. Straßen, Kindergärten, Schulen und Bibliotheken trugen Ihren Namen, Ihre Gedichte, die im Lesebuch standen, wurden von Jungen Pionieren zum Schuljahresanfang und am Kindertag rezitiert. Sie, so hieß es, seien ein Freund der Kinder und ein Freund unserer jungen Republik. Da verwundert es Sie ganz sicher nicht, dass ich als Schüler der neunten Klasse keine Lust hatte, freiwillig an einer Feierstunde zu Ehren Ihres 80. Geburtstags teilzunehmen. Und das ging nicht nur mir so. Unser Klassenlehrer hatte Schwierigkeiten, das von uns zu stellende Kontingent zur Feier zusammenzubekommen. Da er keine Argumente hatte, drohte er: »Hat denn jemand etwas gegen den Dichter und (Pause – und dann sehr betont:) Kommunisten (Pause) Bert Brecht?« Ich weiß nicht mehr wie, aber ich schaffte es, mich Ihrer Feierstunde zu entziehen.

Wahrscheinlich würde ich mich nicht mehr daran erinnern, wenn ich nicht ein paar Tage später in derselben Schule vor einer Vitrine stehen geblieben wäre, in der eine Fotografie von Ihnen zu sehen war, jene mit der Zigarre in der Hand, den Daumen unter oder an der Unterlippe, lächelnd. Lächelten Sie wirklich, oder wäre es besser, von einer freundlich distanzierten Aufmerksamkeit zu sprechen? Unter der Fotografie lag aufgeschlagen ein Buch mit Gedichten von Ihnen, relativ kurze Gedichte, nicht so lang wie Ihre »Fragen eines lesenden Arbeiters« oder das von den Teppichwebern von Kujan Bulak, das wir auswendig zu lernen hatten. Wahrscheinlich las ich auch nur, weil die Gedichte so kurz waren. Das eine trug den Titel »Die Lösung«. Es gibt nicht so viele Augenblicke, in denen sich die Redewendung »Ich traute meinen Augen nicht« im Wortsinn bewahrheitet.

Ich starrte auf die Zeilen und traute meinen Augen nicht. Da war vom »Aufstand« die Rede (und nicht von »Konterrevolution«), es gab auch keinen Zweifel, dass es um jenen 17. Juni 1953 ging, über den ich kaum etwas wusste, nur, dass es besser war, nicht daran zu rühren, jedenfalls nicht in der Schule. Die Zeilen: »daß das Volk / Das Vertrauen der Regierung verscherzt habe«, war ja genau das, was wir täglich zu hören bekamen: Wer das Abitur machen wolle, genieße eine besondere Förderung durch die Arbeiter und Bauern und müsse deshalb auch zu besonderen Gegenleistungen bereit sein – dazu wäre ich ja bereit gewesen, aber das hieß: Offizier zu werden oder mindestens drei Jahre zur Armee zu gehen. Und das wollte ich nicht. Dann aber die Schlussverse! Ich glaubte, die Schule müsste einstürzen: »Wäre es da / Nicht doch einfacher, die Regierung / Löste das Volk auf und / Wählte ein anderes?« Es gab keinen Zweifel, Sie meinten tatsächlich diese Regierung, die Regierung der Deutschen Demokratischen Republik. Was gab es darüber hinaus noch zu sagen? Ein besserer Vorschlag existierte nicht!

Aber selbst wenn Sie das Gedicht tatsächlich geschrieben haben sollten, wie konnte es dann passieren, dass es in der DDR veröffentlicht und damit quasi offiziell anerkannt worden war? Und wie kam dieses Buch in die Vitrine neben dem Lehrerzimmer, aufgeschlagen an dieser Stelle?! Wer hatte das vorgeschlagen, gewagt, und wer hatte das zugelassen und genehmigt?

Am nächsten Tag lag das Buch immer noch da, und am übernächsten auch, bis zu den Winterferien. Ich schrieb mir das Gedicht ab und war glücklich, als hätte ich das Goldene Vlies geraubt. Und *das*, sagte ich, hat ein Kommunist geschrieben!

Im Herbst 1989, als die Regierung ihr Volk einfach nicht auflösen wollte, löste das Volk, unter dem ausdrücklichen Hinweis, dass es das Volk sei, die Regierung auf. Wie Sie sehen, es hat ein paar Jahrzehnte gedauert, aber Ihr Vorschlag war gehört und verstanden worden.

Ich erzähle Ihnen diese alte Kamelle nicht ungern, aber auch nicht ganz freiwillig. Heute ist es doch besser, man signalisiert möglichst schnell, dass man schon von früher Jugend an ein kritisches Verhältnis zu jenem Land hatte, das es nicht mehr gibt, und das man deshalb auch immer mit dem Epitheton »ehemalig« versehen muss, als könnte es sonst zu Verwechslungen kommen. Andererseits besteht kein Grund, sich Illusionen zu machen. Auch Geschichten wie diese bewahren einen nicht davor, als einer bezeichnet zu werden, der am liebsten dorthin zurück wolle. Wenn Sie grundsätzliche Kritik am Heute üben, müssen Sie nur bis drei zählen, und schon schlägt ein Pawlow'scher Hund ganz in der Nähe an und verbellt sie: Der will zurück in das ehemalige Land, das es nicht mehr gibt! Verzeihen Sie diese Abschweifung.

Das Volk, das sich über die Maßen schnell vor der eigenen Courage zu gruseln begann, nannte sich aus lauter Unsicherheit dann doch lieber etwas unbestimmt nur noch *ein* Volk und übergab den Beamten des anderen *ein* Volk die eben erst errungene Macht. Dazu gab es auch gar keine Alternative, sagten die Beamten. Denn wer es in vierzig Jahren nicht gelernt hat, richtige Autos und Straßen zu bauen, sollte doch bitte nicht glauben, jetzt plötzlich selbständig regieren zu können. *Ein* Volk bejahte das mehrheitlich.

Das hatte zumindest den Vorteil, dass ich als Ostdeutscher nun dem Geltungsbereich Ihres Werkes beitrat, oder sagen wir, dem Geltungsbereich des Großteils Ihres Werkes.

Wir lernten also endlich in fortentwickelter Form jene Welt aus eigener Anschauung kennen, die den Bezugspunkt für die meisten Ihrer Arbeiten abgab. Erst jetzt wurden Sie für unsereinen richtig interessant, ja geradezu aktuell. Hätte man meinen können.

Und damit wären wir bei der Literatur. Und schon stimmt das Gesagte nicht mehr so ohne weiteres.

»Es ist ja ein Kennzeichen dieser finsteren Zeit, dass es in der Tat eine Anstrengung erfordert, von Literatur zu reden. Beinahe nur noch die Schreibenden selber wissen vom Schreiben, und sie wissen wenig voneinander und von der wirklichen Bedeutung des Geschriebenen, sei es von andern geschrieben oder von ihnen selbst. Ich begnüge mich also in dieser Zeit damit, festzustellen, was das eigene Schreiben durch das eines andern oder einiger anderer und durch die eigene Erfahrung gewinnen kann.«

Als mein erstes Buch erschien, war ich schon fast dreiunddreißig Jahre, in einem Alter also, in dem Sie längst zu den Berühmtheiten zählten und über Emigration nachdenken mussten. Natürlich können Sie sagen: Hätten Sie mehr von mir gelesen, hätten Sie mich gründlicher gelesen, wären Sie schneller zur Sache gekommen. Ja, womöglich. Als Schüler, Student und Dramaturg suchte ich vergeblich nach meiner eigenen unverwechselbaren Stimme, die sich nicht einstellen wollte. Als dann die fälschlicherweise mit dem Wort »Wende« bezeichneten Ereignisse mich zum journalistischen Schreiben brachten und ich bald darauf nolens volens die Revolutionsdividende als Anzeigenblattverleger einstreichen wollte, verlor sich die Suche nach einer unverwechselbaren Stimme in dem Maße, in dem mich der ökonomische Überlebenskampf beanspruchte. So wie ich damals all jene verachtete, die sich – im Gegensatz zu mir – sicher sein konnten, am Monatsende ihr Gehalt auf dem Konto zu finden, verachtete ich die Literatur. Sie erschien mir läppisch, ignorierte sie doch meine Nöte als Geschäftsmann. Dies am Desinteresse an der literarischen Gestaltung ökonomischer und politischer Prozesse dingfest machen zu wollen, wäre zu wenig. Als Leser kam ich mir zunehmend vor wie ein Seemann, den man vom Ptolemäischen Weltbild überzeugen wollte. Ich rächte mich an der Literatur und führte für mich eine Art Lackmustest ein: Je leichter sich etwas parodieren ließ, desto größer die Wahrscheinlichkeit, dass es nichts taugte. Oft war es gerade die ausgestellte Ironie oder Selbstironie der Autoren, die ich unangebracht, feige und verschmockt fand. Etwas auf Parodieresistenz zu prüfen war der Versuch, herauszufinden, inwieweit ein Text der Vergegenwärtigung standhält, der zeitlichen und räumlichen Vergegenwärtigung unserer Welt. Das Urteil darüber – das war ich gern bereit zuzugeben – hing vor allem von den eigenen Erfahrungen ab. Und meine waren nun mal die des autodidaktischen Geschäftsmannes auf der untersten Ebene.

Ein Buch, das allem standhielt, war Alfred Döblins »Wadzeks Kampf mit der Dampfturbine«. Es war mir zufällig antiquarisch in die Hände gefallen, sogar als Erstausgabe. Ich weiß, sehr verehrter Herr Brecht, Sie schätzen es auch. Davon ein andermal. Hier wusste einer, wie mir zumute war. Da kämpfte einer um seine ökonomische Existenz und die seiner Familie. Da gab es keine Mitbewerber, sondern nur Konkurrenten, die mir an die Gurgel wollten, so wie ich ihnen an die Gurgel wollte. Über den Sieg würden nicht unsere Muskeln entscheiden, sondern das Geld, das wir in der Lage wären aufzutreiben, und die Wahl, welche Technik, welche Maschinen wir damit erwerben würden – um dem anderen den Garaus zu machen.

Eine weitere Sensation waren die Bücher des sowjetisch-russischen Autors Vladimir Sorokin. Seine Erzählungen, Romane und Stücke wurden mit einiger Verzögerung Katalysatoren und Geburtshelfer meines Schreibens.

Sorokins Texte parierten nicht nur meine Parodieangriffe souverän, sie schlugen meine bisherigen Leseerfahrungen k. o. Hier erlebte ich, wie verschiedene Erzählstile als Mittel verwendet werden. Die Konfrontation verschiedener Stile relativiert nicht nur die jeweils verkündeten, in ihrem Anspruch absoluten Wahrheiten; sie legt auch die Verwandtschaft ihrer Mythen offen. Sorokin lockt die Leser mit einem Stil à la Turgenjew oder dem des sozialistischen Realismus an, um ihnen dann den Boden unter den Füßen zu entziehen. Keinem anderen Autor ist es so eindringlich gelungen, die materielle Realität und Allgegenwart der offiziellen Sprache sichtbar zu machen. In seinem Roman »Marinas dreißigste Liebe«, in dem er im Stile Balzacs ein Kurtisanenleben im Moskau der spätsowjetischen Zeit schildert und wie nebenbei ein Panorama der damaligen Bohème und Dissidenz liefert, verschwindet die Protagonistin, nachdem sie sich in die Arme ihrer dreißigsten Liebe, in die Arme eines Parteisekretärs geworfen hat, als Figur in der offiziellen Sprache. Sie löst sich leibhaftig und buchstäblich in widerliche TASS-Meldungen auf. Sorokin zu parodieren gelänge nur um den Preis, selbst eine ziemlich gute Geschichte mit jenen Brechungen zu schreiben – womit die Parodie ad absurdum geführt wäre.

Als ich Ende 1992 als Geschäftsmann nach Sankt Petersburg ging, um dort ein Anzeigenblatt zu gründen, explodierten die Lebensverhältnisse unter dem Zugriff eines Kapitalismus, der auf einer alles durchdringenden Korruption, Prostitution und vor allem auf dem Recht des Stärkeren beruhte. Die Vergangenheit wurde in die Gegenwart gesaugt. Plötzlich war nicht nur alles gleichzeitig präsent, sondern auch gleichwertig: Die Zarenherrschaft der Zeit Puschkins und der Dostojewskis, das Laboratorium der Moderne zu Beginn des 20. Jahrhunderts, das Petrograd der Oktoberrevolution, das stalinistische Leningrad und dessen deutsche Blockade, die Zeit von Chrustschow und Breschnew, die Zeit Gorbatschows und das alles verschlingende Jetzt. Ging man über den Newski, drängten sich die Anhänger des Zaren neben denen Lenins oder Stalins, und auch jene der Oligarchen waren dabei, selbstverständlich die Nationalisten und auch einige Demokraten. Und niemand konnte sagen, wer das Rennen machen würde. Nichts war überlebt, nichts modern. Kehrte ein Zar zurück? Oder putschten die Stalinisten erneut? War die Orthodoxie nicht so diskreditiert, dass sie verboten werden müsste? Wurde jetzt alles Privatbesitz?

Ich kann Ihnen nicht sagen, warum ich zu diesem Zeitpunkt zu schreiben begann. Ein Grund war, um mich selbst zurechtzufinden. Aber wahrscheinlich schrieb ich, weil es mir jetzt plötzlich möglich war. Nie wäre ich auf den Gedanken gekommen, über diesen in jeder Beziehung disparaten Ort mit einer Stimme zu sprechen. Ich zog heran, was ich fand, nutzte die verschiedenen Stile, die sich mir anboten. Statt danach zu streben, die Sonne sein zu wollen, wurde ich zum Sputnik. Nicht ein Autor sollte dieses Buch schreiben, sondern dreiunddreißig Autoren. Heute noch mehr als damals kann ich mir das eigene Schreiben nicht ungebrochen, nicht ohne das bewusste Vorweisen der eigenen Relativität, der mitgelieferten Distanz, denken.

In den Besprechungen des Buches wurde immer wieder kritisch angemerkt, der junge Autor habe noch nicht seinen Stil gefunden. Ich jubelte. Nie soll er ihn finden!

Und damit wären wir wieder bei Alfred Döblin. »Von Döblin«, so schreiben Sie zu dessen 65. Geburtstag, »habe ich mehr als von jemand anderm über das Wesen des Epischen erfahren.«

In Döblin – wenn schon vermessen, dann richtig – treffen wir uns. Denn über das hinaus, was Sie ihm zugute halten, ist es vor allem sein Umgang mit dem Stil. In Döblins Romanen wie in seinen theoretischen Schriften fand ich die Bestätigungen und Erklärungen für mein eigenes Schreiben. In dem Aufsatz »Epilog« von 1948 heißt es: »Zudem hatte jedes Buch seinen Stil, der nicht von außen über die Sache geworfen wurde. Ich hatte keinen ›eigenen‹ Stil, den ich ein für allemal fertig als meinen (›Der Stil ist der Mensch‹) mit mir herumtrug, sondern ich ließ den Stil aus dem Stoff kommen.« Döblin ließ sich nicht auf den »Berlin Alexanderplatz« festlegen, sondern entwickelte den Stil jedes Buches immer neu, so dass sich ein Buch am anderen relativiert, ja episiert würde ich sagen. Und ist das nicht auch Ihre Auffassung von Stil? »DAS EINZIGE, WAS HERR KEUNER ÜBER DEN STIL SAGTE, ist: ›Er sollte zitierbar sein. Ein Zitat ist unpersönlich. Was sind die besten Söhne? Jene, welche den Vater vergessen machen!‹«

Und da wir schon beim Keuner sind: Was hat der »Keuner« stilistisch mit den »Flüchtlingsgesprächen« und diese mit den »Geschäften des Herrn Julius Cäsar« zu tun?

Und entstehen nicht auch Ihre Stücke und Ihre Gedichte jedes Mal von Grund auf neu?

Bei Ihnen wie bei Döblin – es ließen sich noch andere Autoren finden, aber bei jedem liegt der Fall ja doch etwas anders – würde ich Episierung als den ständigen Wechsel von Nähe und Distanz beschreiben, von hineingezogen und wieder herausgestoßen werden, so dass man einerseits gebannt ist und wissen will, wie es weiter geht, aber der Nachvollzug kritisch geschieht, sozusagen in einem ausgeschlafenen Zustand.

Am sichersten erkennt man eine gelungene Episierung, eine gelungene Verfremdung daran, dass man gebannt ist, aber nicht erpresst wird, betroffen, ohne hilflos zu sein, nachvollziehen und verstehen kann, ohne die eigenen Erfahrungen verleugnen oder als minderwertig klassifizieren zu müssen. Ja eigentlich daran, dass man ermutigt wird, nun selbst zu erzählen, dass die eigene Erinnerung zu sprechen beginnt und Erlebnisse wach werden, die sich jetzt, nach der Lektüre, in einem anderen Licht darstellen.

Ich schreibe Ihnen darüber so ausführlich, weil es mich zu einer Überlegung, zu einer Frage führt: Die Machart eines Romans oder eines Stückes oder eines Gedichts hat ihre Entsprechung in der Haltung des Autors zur Welt. Verfolgt man diesen Gedanken weiter, ließe sich die These wagen: Sehe ich als Leser schon allein durch die Art und Weise, wie einer sein Buch und seine Bücher schreibt, auf die Welt als eine gemachte oder eine gegebene? Das bedeutet ja mehr als literarische Technik, auch wenn ich weiß, dass Sie selbst – und ich finde das wohltuend – technisch beurteilt werden wollten und selbst technisch urteilten. Um nicht missverständlich zu sein, darf ich an die Keuner-Geschichte »Form und Stoff« erinnern, in der Keuner berichtet, wie ihn ein Gärtner beauftragte, einen Lorbeerbaum zur Kugel zu schneiden. Das gelingt Keuner lange nicht. Schließlich aber schafft er es. Der Gärtner jedoch kommentiert enttäuscht: »Gut, das ist die Kugel, aber wo ist der Lorbeer?« Nachdem nun klar ist, dass sich Kugel und Lorbeer nicht voneinander trennen lassen, wage ich die Frage: Gibt es nicht eine Analogie zwischen der Offenlegung und Nicht-Offenlegung der Machart von Texten, kurz gesagt der Verfremdung/Nichtverfremdung, der Episierung/Nichtepisierung von Literatur und den offengelegten und vor allem nicht offengelegten, sondern verborgenen Ideologien, die in unsere Computer und Maschinen, in unsere öffentlichen Strukturen und Formate eingespeist werden?

Ich kann nicht, wie geschehen, die Börsianer reglementieren wollen, wenn ich die Algorithmen ihrer Computer unangetastet lasse. Kann man das Anschalten eines Computers verbieten? Das Vorsätzliche liegt doch in der Art und Weise, wie diese Computer programmiert werden und darin, dass man diese Programmierung akzeptiert.

Ein Pendant dazu finden Sie in der Strukturierung der Medien. Wie Information und Aufklärung allabendlich unterlaufen und in ihr Gegenteil verkehrt werden, lässt sich an der meistgesehenen Nachrichtensendung in Deutschland verfolgen. Vor die Tagesschau hat Gott die Börsennachrichten gesetzt. Der eigentliche Skandal dabei ist nicht, dass steigende Kurse als gut und fallende Kurse als schlecht dargestellt werden – man könnte ja auch fragen, »Gut für wen?, Schlecht für wen?«, ganz zu schweigen von der Frage nach den Konsequenzen –, sondern dass durch diese Platzierung der Börsennachrichten suggeriert wird, das Weltgeschehen und damit auch mein eigenes Leben findet zwischen zwei Urgewalten statt: der Börse und dem Wetter. Beides wird mit derselben Haltung besprochen: Wir müssen unser Handeln danach ausrichten! Was hier der Regenschirm oder die Sonnencreme ist, bedeutet dort der Tarifabschluss oder der Zinssatz. Der Unterschied besteht darin: Beim Wetter dämmert uns allmählich, dass wir es beeinflussen können. Dass es Aufgabe der Politik wäre, die Spielregeln für die Börsen zu ändern und deren Berechtigung zu befragen, ist dagegen tabu. Die Politik will für alle nur das Beste, und so tritt sie weiter in der Rolle der Heiligen Johanna der Schlachthöfe auf und singt ihre Lieder.

Lassen Sie mich, sehr verehrter Herr Brecht, als selbstbewusster Leser sprechen: Ich brauche eine Literatur, die nicht nur scharfsichtig in jeder Beziehung ist, sondern die durch ihre ganze Machart einen Gegenentwurf darstellt. Ich halte das, was Sie Verfremdung und Episierung nennen und was ich in verschiedenen Ausprägungen und Entfaltungen nicht nur bei Autoren wie Döblin oder Sorokin, sondern auch bei Kertész und Esterházy und etlichen anderen finde, für eine notwendige Schulung der Wahrnehmung, eine Schulung der Verantwortung. Wir müssen das Selbstverständliche und Bekannte als das Fremde und Unbekannte zeigen. Die Literatur muss auf Schritt und Tritt staunen und nichts als gegeben hinnehmen. Das wäre die Voraussetzung, um jene zu attackieren, die die Welt nach ihren Interessen und Bedürfnissen einrichten, um sie dann als gegeben und unveränderlich hinzustellen. Und es geht darum, den eigenen Anspruch auch als einen gesellschaftlichen Anspruch zu formulieren: »Wann sag ich wieder *mein* und meine alle?« (Volker Braun) Andernfalls arbeiten die Maschinen gegen uns.

Dass sich mit dem Ende des Stalinismus zugleich der Sozialismus erledigt haben soll, ist die Botschaft, die aus dem Mauerfall gemacht wurde. Auch wenn der Ostblock in seiner real existierenden Gestalt nicht zu einer attraktiven Alternative taugte, so wurde zumindest während seines Bestehens noch über Alternativen nachgedacht. Das Aufbegehren im Herbst 1989 hätte der Beginn einer solchen sein können, aber bald wurde klar: Wer über den Status quo hinauswollte, dem fehlte schnell ein Format in der Öffentlichkeit.

Sie haben einen Blick in die Zukunft tun können, als Sie ins Exil nach Hollywood gingen. Dort erfuhren Sie, was »öffentliche Einsamkeit« bedeutet. Bedeutsamer als die geheimdienstliche Beschattung war die Tatsache, dass für Ihr Theater überhaupt kein »Format« existierte, um es zu erproben. Sie wollten entlarven, aber man verstand gar nicht, was sie wollten. Denn wie prangert man an, was als selbstverständlich gilt?

Heute erklären wir Sie für historisch. Würden wir es andernfalls überhaupt wagen, ein nach Ihnen benanntes Festival zu veranstalten? Wer Sie ernst nähme, müsste doch um den Status quo nicht nur in Augsburg fürchten!

Lassen Sie es sich aber bitte zu Ihrem Geburtstag sagen: Nicht Sie, Bertolt Brecht, sind historisch geworden – unsere Gegenwart scheint es zu sein, und wir mit ihr. Denn wir verhalten uns so ruhig und still, als hätten wir das Gerede vom Ende der Geschichte tatsächlich akzeptiert.

Vor einigen Tagen korrigierte ich mit meiner achtjährigen Tochter deren Mathematikarbeit. Sie hatte eine Drei geschrieben. Für die Zusatzaufgabe, deren Lösung ihr vielleicht die Note Zwei eingebracht hätte, hatte sie null Punkte bekommen. Die Aufgabe lautete: »Marie macht eine Fahrradtour. Am Vormittag fährt sie 8 Kilometer, am Nachmittag doppelt so viel.«

Die Kinder sollten nun: a) selbständig die Frage formulieren, b) den Lösungsweg zeigen und c) das Ergebnis ausrechnen. Unter b) schrieb sie: acht plus sechzehn, unter c) vierundzwanzig, a), ihre Frage allerdings lautete: »Wie lang hält Marie durch?«

Ich versuchte ihr zu erklären, warum sie grundsätzlich die richtige Frage gestellt habe, als mich ihre zwei Jahre ältere Schwester mit dem Hinweis unterbrach, das sei doch Mathematikunterricht, und im Mathematikunterricht sei das eben falsch. Wie könne ich denn behaupten, es sei richtig?! Die Jüngere war verwirrt und eingeschüchtert. Wir hatten eine lange Diskussion. Und ich weiß nicht, ob ich dabei so überzeugend war, dass ich ihre Einschüchterung nicht nur oberflächlich vertreiben konnte. Aber wäre das überhaupt wünschenswert? Vielleicht doch lieber eingeschüchtert als null Punkte?!

Ich erzähle Ihnen diese Episode, weil wir eigentlich nur noch Mathematik betreiben. Und das für selbstverständlich und damit unideologisch gilt. Man muss auch gar nichts mehr entlarven, die Dinge werden in aller Öffentlichkeit verkündet. Schon im Jahr 2000 sprach Rolf E. Breuer in der Wochenzeitung »Die Zeit« die Kriegserklärung aus, die bis heute Gültigkeit hat: »Politik muss (…) heute mehr denn je mit Blick auf die Finanzmärkte formuliert werden. (…) Offene Finanzmärkte erinnern die Politiker allerdings etwas häufiger und bisweilen etwas deutlicher an diese Zielsetzungen, als die Wähler dies vermögen. Wenn man so will, haben die Finanzmärkte quasi als ›fünfte Gewalt‹ neben den Medien eine wichtige Wächterrolle übernommen. Wenn die Politik im 21. Jahrhundert in diesem Sinn im Schlepptau der Finanzmärkte stünde, wäre dies vielleicht so schlecht nicht.«

Und Dr. Jens Weidmann, Präsident der Deutschen Bundesbank, also ein Vertreter unseres Gemeinwesens, sagte auf einem Wirtschaftsforum im Juni 2012: »Für den Fall, dass sich ein Land nicht an die Haushaltsregeln hält, ginge nationale Souveränität automatisch in dem Ausmaß auf die europäische Ebene über, dass dadurch die Einhaltung der Ziele gewährleistet werden kann. (...) Denkbar wäre zum Beispiel das Recht, Steuererhöhungen oder proportionale Ausgabenkürzungen vornehmen – und nicht bloß verlangen – zu können. (...) In einem solchen Rahmen könnten Konsolidierungspfade durch die europäische Ebene sichergestellt werden, auch wenn sich hierfür keine Mehrheiten in den jeweiligen nationalen Parlamenten finden sollten.«

Sie zucken wahrscheinlich zusammen, lieber Herr Brecht, aber die Mehrheit stößt sich daran nicht. Solche Töne sind mehr als nur salonfähig, das ist de facto offizielles Regierungsprogramm, eben genau das, was die Kanzlerin der Deutschen, die zugleich den Titel der beliebtesten Politikerin des Landes führt, unter »marktkonformer Demokratie« versteht. Warum überhaupt noch Demokratie? Warum überhaupt noch Wahlen? Warum soll ich denn zur Wahl gehen, wenn dann, wenn es hart auf hart kommt, die gewählten Vertreter nichts mehr zu sagen haben und die Kommissare übernehmen. Wem aber sind diese Kommissare überhaupt rechenschaftspflichtig? Ganz gewiss nicht dem

Parlament in Straßburg, und auch nicht ihren Regierungen, die sie entsandt haben, denn deren Geschäft sollen sie ja jetzt übernehmen. Wem also dann? Niemandem? Oder vielleicht doch den Finanzmärkten, der fünften Gewalt? Sollte nicht mit Blick auf die Finanzmärkte Politik gemacht werden? Also, ab ins Schlepptau!

Vom Standpunkt eines Mathematiklehrers hat Herr Dr. Weidmann sicher eine gute Note verdient. Die richtige Frage aber muss doch heißen: Wie lange halten wir noch durch? Oder: Wie lange halten wir noch still? Oder: Wäre es da nicht doch einfacher, die EU-Kommission löste die Völker auf und wählte andere?

Sie lächeln nicht, sehr verehrter Herr Brecht, zu Recht. Denn wenn ich weiter variierte und etwas genauer sagte: »Wäre es da nicht doch besser, Herr Dr. Weidmann löste die Parlamente auf und wählte andere«, wiederhole ich ja tatsächlich nur, was er, ein Vertreter unseres Gemeinwesens, bereits gesagt und gefordert hat. Deshalb sollte es besser heißen: Was ist ein Einbruch in eine Bank gegen die Logik einer Bank?

Sehr verehrter Herr Brecht, es ist höchste Zeit, dass ich zum Schluss komme. Lassen Sie sich sagen: Sie fehlen uns. Aber das liegt nicht an Ihnen, sondern an uns. Sie haben Ihren Teil getan, und mehr als das. Es kommt aber darauf an, Sie und uns selbst wieder ernst zu nehmen und Ihre Texte zu nutzen. Welche Texte sollten geeigneter sein für unser Hier und Jetzt? Unter diesem Aspekt ist ein Festival Ihnen zu Ehren nicht die schlechteste Idee.

Im Rückgriff auf mein wahrscheinlich erstes mit Bewusstsein gelesenes Gedicht von Ihnen, wollte ich leicht abgewandelt enden: »So nützten sie sich, indem sie ihn ehrten, und /

Ehrten ihn, indem sie sich nützten, und hatten ihn / Also verstanden.« Mit »ihn« sind in meinem Fall Sie gemeint, aber da an diesem Abend vor allem ich den Nutzen habe und das angesichts der Augsburger Euros gar zu simpel verstanden werden könnte, schließe ich meinen Brief mit den Worten: »Ich halte Ihre Werke für eine Fundgrube des Genusses und der Belehrung und hoffe, dass meine eigenen Arbeiten Funde daraus enthalten. Ich glaube, ich kann mich in keiner würdigeren Form als der des Exploiteurs bei Ihnen einstellen.

Mit den allerherzlichsten Grüßen aus unserer, Ihnen wohl gar nicht so fremden Zeit,
Ihr Ihnen sehr ergebener
Ingo Schulze

FÜNFZIG DURCH ZWEI.
25 JAHRE DAVOR UND
25 JAHRE DANACH.

Rede vor der Linken
am 5. September 2014 in Erfurt

Ich glaubte, mit der DDR nicht viel am Hut zu haben. Weder in der Familie noch im Freundeskreis meiner Mutter, einer Ärztin, war jemand in der SED oder in einer der sogenannten Blockparteien. In einer Blockpartei zu sein, galt bei uns zu Hause allerdings als noch peinlicher als SED. Man nahm dafür klaglos in Kauf, von bestimmten Spitzenpositionen ausgeschlossen zu sein. Mein Onkel, ein Naturwissenschaftler, fuhr immer nur in die Sowjetunion zu Kongressen, in die weite westliche Welt fuhren andere mit seinen Ergebnissen.

Ich ging in die Christenlehre, selten in die Kirche, ich wurde jugendgeweiht, was wir nicht feierten, ich kam auf die EOS, ich wurde konfirmiert, was eine kleinere Feier nach sich zog. Ich spielte sogar ein paar Monate lang mit dem Gedanken, Pfarrer zu werden, und erwog ernsthaft, den Wehrdienst wegen meines Glaubens zu verweigern, tat es aber dann nicht, weil ich meinen Glauben mit siebzehn verloren hatte. Unser Staatsbürgerkundelehrer sagte: »Der real existierende Sozialismus ist der einzige Fuß, den wir bis heute in der Tür des Kapitalismus bekommen haben.« Außer ihm beschrieb niemand unsere Situation Ende der Siebziger auf ähnlich heikle Art und Weise. War denn der Sieg des Sozialismus nicht unausweichlich, also gesetzmäßig? Denn trotz aller opportunistisch abgefederten Distanz zur offiziellen DDR war ich vom Sieg des Sozialismus / Kommunismus überzeugt, denn das war, wer würde das bestreiten wollen, eine wissenschaftlich erwiesene Tatsache. Das ging mehr oder weniger uns allen so, ganz gleich, wie skeptisch wir dem Status quo gegenüberstanden.

»Die siebziger Jahre gingen an uns«, sinnierte unser Staatsbürgerkundelehrer. »Es ist aber noch nicht raus, an wen die achtziger Jahre gehen werden.«

Obwohl er das mit dem Fuß in der Tür des Kapitalismus und mit der Runde, die an uns ging, sehr oft wiederholte, gab es niemanden, der darüber sprach oder zu erkennen gab, dass ihn diese Sichtweise so oder so berührte. Das besitzanzeigende Pronomen »uns« verstand ich auch ganz anders als er. Mein Banknachbar, unser Klassenprimus, musste nach der zehnten die Schule verlassen, weil er sich mit sechzehn Jahren entschieden hatte, Bausoldat zu werden.

Bevor ich auf Kosten der Arbeiter und Bauern der DDR das Abitur machen durfte, interessierte sich die Staatssicherheit für meine Mutter und mich, weil sie fälschlicherweise glaubten, wir wollten abhauen. Was wir da zu hören bekamen, war aufschlussreich. Die Vorwürfe und Irrtümer ließen sich ziemlich genau zuordnen. Aber nach zwei Tagen war das alles wie nicht gewesen.

Meine achtzehn Monate Grundwehrdienst bei der NVA fielen in die Zeit der Solidarność-Krise. Als Soldaten hatten wir Angst, 1981 in Polen einmarschieren zu müssen. Wie ich fünfzehn Jahre später erfuhr, keine ganz unbegründete Angst. Die Frage, Wehrdienst ja oder nein, war von einer

rein theoretischen Überlegung zu einer unmittelbar prakti-
schen geworden.

Mit der Wut der Armeezeit im Bauch, stritt ich mich auf
Kirchentagen mit CDU-Abgesandten. In Jena an der Uni
wurde ich seit 1983 auch mit den ersten »illegalen« Demonstrationen konfrontiert und sah, dass sie keine Chance hatten, es sei denn, man wollte sich selbst in den Westen ka-
tapultieren. Ich bekam ein paar Schwierigkeiten, weil ich
kein Reserveoffizier werden wollte. Mit Gorbatschow wurde
auch bei uns das Leben leichter, die Offiziellen gerieten in
die Defensive, meine Exmatrikulation war gebannt, und
ich war ein Bonsai-Held. Als ich bei irgendeiner Wahl erst
eine Stunde nach Beginn im Wahllokal erschien, war das
ein Skandal. Dass ich mit zwei anderen zusammen in der
Kabine wählte, dass es insgesamt drei Neinstimmen gab,
hatte keinerlei Folgen. Die Uni war verpflichtet, uns einen
Arbeitsplatz zu stellen. Das wollten wir nicht, das war keine
schöne Vorstellung. Ich bewarb mich als Schauspiel-Dra-
maturg und konnte zwischen drei Angeboten wählen. Am
Theater in Altenburg interessierte sich 1989 niemand dafür,
ob ich wählen ging. Mir taten die verquälten Wahlhelfer leid,
die bei uns zu Hause klingelten, um zu fragen, warum wir
denn nicht zu Wahl kämen. Zum Kaffeetrinken wollten sie
aber nicht hereinkommen. Am Theater taten wir alles dafür,
damit man uns eine Inszenierung verbot, das geschah aber
nicht. Ich durfte mir als Dramaturg selbst die Giftscheine
für die Deutsche Bücherei in Leipzig schreiben und war enttäuscht, im Giftschrank kaum etwas zu finden, was ich nicht
kannte. Neonaziliteratur interessierte mich nicht. Die Sitten-
geschichte von Eduard Fuchs besaß ich als Taschenbuchaus-
gabe, ebenso Solschenyzin und Wolfgang Leonhardt. Meine

Zeitungsartikel mit den Vorankündigungen wurden teilweise um ein paar Sätze kürzer gemacht. Ich protestierte. Man diskutierte mit mir, meine Sicht sei zu pessimistisch. Im August 89 freute ich mich bei unserer Rückkehr von der bulgarischen Schwarzmeerküste über die liebenswürdige Lässigkeit der DDR-Grenzbeamten. Als im September 89 die neue Spielzeit eröffnet wurde, sah man sich um: Wer war da, wer fehlte. Wer jetzt wegging, fehlte besonders.

Ich unterschrieb für das Neue Forum. Nach Leipzig fuhr ich zum ersten Mal am 2. Oktober, weil die Demonstranten riefen: Wir bleiben hier! Mir war mulmig, ich hatte Angst, verhaftet zu werden. Dann kam der 9. Oktober. Das Naheliegende und doch Unglaubliche geschah: Wir konnten den Innenstadtring ungehindert umrunden. Das letzte Mal Angst vor staatlicher Gewalt hatte ich am 18. Oktober 1989. Wir hatten gerade eine Demonstration für die in unserer Verfassung verbrieften Rechte und Freiheiten offiziell angemeldet (das taten viele Theaterleute in diesen Tagen, die Anregung hatte Gregor Gysi auf einem Treffen von Theaterleuten am 15. Oktober gegeben – so kam es dann zur der Demonstration am 4. November), wir fürchteten uns vor Krenz, der hatte der chinesischen Praxis applaudiert. Manche hörten schon das Rasseln der Panzerketten. Nichts geschah. Nun war die Erfüllung des Traums unabweislich. Es würde eine DDR, einen Sozialismus mit menschlichem Antlitz geben. Leipzig war die Euphorie, Altenburg die Revolution in Krähwinkel ohne Schutz der Anonymität. Dass die Mauer fiel, geschah für mich eher nebenbei, es ging auch um die Mauer, aber eigentlich ging es um die ganze Welt: Visafrei bis Shanghai! Zum ersten Mal sah ich Menschen, denen ich glauben konnte, dass sie für die real existierende DDR eintraten, als unser genehmigter Demonstrationszug Mitte November auf den Markplatz in Altenburg schwenkte. Da standen Frauen, es waren fast nur Frauen, vielleicht hundert oder zweihundert, die rote und DDR-Fahnen schwenkten, viele mit Tränen in den Augen. Auf sie ging ein Gewitter an Pfiffen und Buhrufen nieder.

Am 6. Dezember besetzten wir die lokale Behörde der Staatssicherheit, ich konnte die Mitarbeiter von Kripo, Staatsanwaltschaft und Staatssicherheit nicht voneinander unterscheiden, weil sie einander duzten und jene, die auf unsere Fragen antworteten, gar nicht jene waren, an die wir die Fragen eigentlich gerichtet hatten. Wir schafften es, noch am selben Abend eine große Demonstration auf die Beine zu stellen. An diesem Tag hörte ich dann zum ersten Mal leibhaftig die Deutschland-Rufe. Ich war sprachlos. Was sollte denn das jetzt? Wer waren diese Idioten?

In den Fenstern der Kleinstadt Altenburg, in der ich lebte, erschienen rot-weiße Fähnchen, manchen sah man an, dass sie mit Buntstift gemalt waren. Die kannte ich aus Jena: Vivat Polska! Als ich bekannte, wie sehr mich diese Fahnen beeindruckten, verwiesen sie doch auf die Leistung der Polen, sah man mich an wie einen Irren. Wusste ich denn nicht, dass das die thüringischen Landesfarben waren? Noch nie was gehört vom FC Rot-Weiß Erfurt? Nichts bewegte – durch alle Parteien hindurch – die Altenburger Gemüter so sehr wie die Frage, ob man zukünftig zu Sachsen oder Thüringen gehören sollte. Mir gelang es nicht, für diese Frage Interesse aufzubringen. Plötzlich gab es neue Helden, die genau wussten, warum das eine oder das andere besser war. Ihnen hörte man zu.

Ich gründete gemeinsam mit Freunden eine Zeitung, die

wöchentlich erschien, altes Betriebszeitungsformat, halb-rheinisch, da gab es nun viele freie Kapazitäten. Mitte Februar erschien die erste Nummer. Wir wollten die Demokratisierung des Landes begleiten. Wir lachten am frühen Abend des 18. März über die ersten Hochrechnungen. Die Westler hatten wirklich keine Ahnung. Allmählich aber sickerte die Wahrheit in uns ein.

Die 2,9 Prozent für das Neue Forum im endgültigen Wahlergebnis waren Schock und Witz zugleich. Eigentlich konnten wir jetzt die Zeitung dichtmachen. Aber wir mussten ja irgendwie Geld verdienen, und gekündigt hatten wir alle schon vor zwei Monaten. Am peinlichsten war, dass es ausgerechnet die »Blockflöten« von der CDU waren, die jetzt feierten. Hatte nicht Lothar de Maizière von einem »wärmeren Sozialismus« gesprochen? Bald wusste ich nicht mehr, was ich schreiben sollte. Was sollten Wörter gegen Zahlen? Es ging doch plötzlich überall und immerzu und ausschließlich um Zahlen! Also um Geld. Geld hatte mich nie wirklich interessiert.

Es war ein irreales Gefühl, als Unternehmer Geld zu verdienen, für meine Begriffe unwahrscheinlich viel Geld. Ganz real empfand ich dagegen die Angst, mich bis an mein Lebensende zu verschulden und zwanzig Angestellte zum Arbeitsamt zu schicken. Statt für die Demokratie zu streiten, trieb ich mich hauptsächlich als oberster Anzeigenakquisiteur in neugegründeten Möbelhäusern und bei Autovertragshändlern herum. Wöchentliche Anzeigenschaltung, zwanzig Prozent Rabatt, für Sie noch mal zehn Prozent, gute Platzierung, sehr gute Platzierung. Ich musste ja versuchen, die sogenannten Mitbewerber auszustechen, die unsere Sekretärin angestellt hatten und wahrscheinlich unsere Kundendatei besaßen, denn bei uns war sie nicht mehr. Ganz gleich, ob man die anderen nun Mitbewerber oder Konkurrenten nannte, ich hasste sie alle, weil sie uns an die berufliche Existenz wollten – wie wir an ihre. Um ehrlich zu sein, ich hegte Mordgelüste.

Meine eigenen Rückschlüsse mögen übertrieben und unreif gewesen sein und somit ungeeignet, um aus ihnen allgemeinere Schlussfolgerungen abzuleiten. Jemand, der damit aufwächst, sieht das anders. Und trotzdem bleibt ein Unbehagen. Ein Jahr zuvor hatten wir lautstark demonstriert: Demokratie, jetzt oder nie! Freie Wahlen! Volksbildung ohne Wehrkunde, Fahnenappell und Margot Honecker, eine Demokratie, die auch vor der Ökonomie nicht haltmacht, tatsächliche Aneignung des Volkseigentums, Verfügungsgewalt der Arbeitenden über ihre Betriebe, ein solidarisches, umweltbewusstes Wirtschaften mit Selbstverantwortung, Abrüstung, Schiene vor Straße und, und, und. Für einige Wochen oder Monate im Jahr 1989 und Anfang 1990 hatten Anspruch und Praktik zusammengefunden. Es ging, wie gesagt, um das menschliche Antlitz. Wie aber sah mein Antlitz jetzt aus, wutverzerrt? Ängstlich? Ratlos? Was war aus meinem Anspruch geworden? Steht nicht die Praktik und Praxis einer Ökonomie, die auf persönlichen Gewinn setzt, all diesen Ansprüchen und berechtigten Forderungen entgegen? Macht nicht der tägliche Kampf eines jeden gegen jeden, um als der Bessere zu bestehen, jeglichen Anspruch auf ein wirkliches Miteinander zunichte? Das, was ich im Kleinsten erlebte, setzte sich fort auf allen Ebenen. Ist nicht der legale Spekulationswahn der Börsen nur die verlängerte Fortsetzung des schon in nuce absurden Alltags eines Kleinkapitalisten, wie ich damals einer war?

Das Merkwürdigste an der ganzen Sache aber ist, dass ich das so, wie ich es Ihnen jetzt beschreibe, damals gar nicht hätte sagen können. Schon seit etlichen Jahren erzähle ich mir immer wieder meine eigene Geschichte, aber jedes Mal gerät sie mir doch etwas anders. Für manches hatte ich damals oder auch noch vor zehn oder vor zwei Jahren gar keine Wörter und werde wohl erst in einigen Jahren sehen, welche Erfahrungen ich heute noch nicht formulieren konnte.

Beispielsweise hätte ich früher die Episode mit meinem Staatsbürgerkundelehrer nicht erwähnt – oder eher als Witz erzählt. Aber seit mir mehr und mehr bewusst wird, was es bedeutet, in einer Welt zu leben, in der nicht mal ein Fuß in der Tür des Kapitalismus klemmt, interessiert er mich.

Lange Zeit hatte ich die Frauen, die da im November 89 zu unserer Demo eine Gegendemo machten, aus der Erinnerung verloren. Wie merkwürdig und doch wie folgerichtig, dass ich erst nach dem Mauerfall Menschen wirklich glauben konnte, dass sie für die DDR einzustehen bereit waren.

Ich hatte lange der Vorstellung angehangen, aus einer Welt, die auf Worten aufgebaut war, in eine Welt geraten zu sein, die nur noch aus Zahlen bestand. Ich merkte recht bald, dass ich damit vielleicht nicht dem Ende der Geschichte das Wort redete, aber doch dem Ende der Ideologien, als seien alle Zwänge nur noch Sachzwänge. Mit dieser Erkenntnis hätte ich jederzeit Regierungssprecher werden können.

Was ich aber versucht hatte zu beschreiben, war die Erfahrung, dass mich plötzlich nichts mehr mit der Welt verbinden sollte außer dem Geld. Alles andere spielte eine dem Geld (oder dem Wachstum oder dem BIP oder dem Shareholder-Value) untergeordnete Rolle, denn alles schien durch Geld im Guten wie im Bösen verfügbar, messbar, machbar. Mir wurde plötzlich auf die Schulter geklopft: Auch du kannst es schaffen, wenn du dich anstrengst und die Ärmel hochkrempelst. Was schaffen? Den Weg nach oben, zu Geld und Anerkennung! Den Weg nach oben? Heute würde ich sagen: Ich fühlte mich zurückgestoßen ins private Glück, wo es doch um das Glück aller gehen sollte. Der Auffassung oder gar dem Anspruch, dass mein Glück mit dem Glück der anderen verbunden ist, dass dieses nicht unabhängig voneinander existiert, stand meine tagtägliche Praxis entgegen. Mein Glück war das Unglück der anderen. Und deren Glück unser Unglück. Der Kampf zwischen uns aber, war der das Glück der Möbel- und Autohäuser? Vielleicht, denn bei denen war es ja nicht anders, so wie wir auch die günstigste und beste Druckerei wählten …

Ist das nicht – letztlich – doch das Beste für alle?

Nein, keinesfalls! Dass es dies nicht unter ökologischem Aspekt ist, gibt eigentlich jeder zu. Kürzlich las ich die Meldung, dass sechzig Prozent der Umweltschäden, die die Schweizer Bürgerinnen und Bürger verursachen, außerhalb ihrer Landesgrenzen stattfinden. Diese Zahl kann nur eine Schätzung sein, die in ähnlicher Weise auf alle sogenannten entwickelten Nationen zutrifft.

Wenn wir einen Computer oder ein Handy kaufen, dann heben wir die Verpackung auf oder entsorgen das Styropor in die Gelbe und den Karton in die Blaue Tonne, und irgendwann kommt der Computer zum Werkstoffhof. Aber was es brauchte, um all die Rohstoffe für diese Dinge zu gewinnen, was es brauchte, um sie zusammenzuführen und zu montieren, das entzieht sich unserem Blick, wie auch der Weg der Dinge, nachdem der Tonnendeckel gefallen ist.

Das heißt: Ja, wir haben blühende Landschaften, weil wir

unsere alten Dreckschleudern stillgelegt und verschrottet oder verkauft haben. Wir müssen den Dreck nicht mehr selbst schlucken, unseren Dreck, das können wir uns leisten, schlucken jetzt andere. Unsere Lebenserwartung ist deshalb auch höher, und wenn man wohlhabend ist, ist sie abermals um einiges höher.

Vorgestern Abend las ich in Leipzig aus einer Erzählung von Wolfgang Hilbig vor, der 2001 den Büchner-Preis erhalten hatte. Darin heißt es unter anderem: »Es war seltsam, dass man Gefahr lief, aus der Welt zu fallen, wenn man sich für das Allereinfachste interessierte (...) und vielleicht sogar Gefahr, aus der Welt zu verschwinden. Es war, als ob immer auch die einfachsten Dinge, wenn man nur lange genug über sie nachdachte, tief hinab ins Untergründige reichten, als ob sie gar mit einer Faser ihres Wesens an das verborgene Böse gebunden waren.« In dieser Erzählung, »Alte Abdeckerei«, geht es um einen Betrieb, der Tierkadaver, mitunter aber auch noch dahinsiechende Tiere verarbeitet, um eine Grundsubstanz für Waschmittel zu gewinnen.

Was Wolfgang Hilbig in seiner Erzählung mit universaler Gültigkeit erfasst, ist auch eine Erfahrung, die jede und jeder von uns im Alltag machen kann, nämlich dessen Doppelbödigkeit. Mitunter reicht es schon, sich die Bedingungen zu vergegenwärtigen, unter denen unsere Lebensmittel hergestellt worden sind. Das lässt sich weiterführen über die Produktionsbedingungen für die Baumwolle meines Hemdes und die Bedingungen, unter denen der Stoff zusammengenäht wurde. Ganz zu schweigen von den Rohstoffen für Handy und Computer etc. etc. Das, was die schöne Welt unserer Waren im Innersten zusammenhält, ist Schufterei und sklavenähnliche Arbeit. Denn man braucht nur – mal mehr, mal weniger – etwas an der Oberfläche zu kratzen, und schon beginnt die Höllenfahrt.

Wenn ich heute einen neuen Grundwiderspruch des Kapitalismus benennen sollte, ohne den bisherigen als überwunden anzusehen, dann würde ich ihn vielleicht als das »Phänomen von 89« bezeichnen: Sich als unangefochtenen Sieger der Geschichte zu begreifen, obwohl auf der ganzen Erde unhaltbare Zustände produziert werden.

Ich kann Sie nur ermutigen, an einem aufklärerischen Ansatz festzuhalten und sich immer wieder in der Distanz zu sich selbst zu üben, in der Distanz zu dem ökonomisierten Denken wie gegenüber dem Apriori: Wir sind die Guten!

»DER AMERIKANER, DER DEN KOLUMBUS ZUERST ENTDECKTE ... « ODER WER IST WIR?

Rede zur Eröffnung des »Darmstädter Geprächs – Wer ist wir?« im September 2017

Wenn es stimmt, dass sich die Lösung eines Problems am Verschwinden der Frage zeigt, dann deutet das Auftauchen einer Frage auf ein Problem. Haben wir ein Problem mit uns? Wer ist wir? Ich muss gestehen, ich bin, wie das Korrekturprogramm meines Computers, immer wieder über diese Formulierung gestolpert. Vertraue ich meinem Sprachgefühl, so macht »Wer ist wir?« aus dem einen Wir des korrekten »Wer sind wir?« mehrere Wirs. Zudem kann ich die Frage auch unterschiedlich betonen:

»WER ist wir?« bedeutete: Das Wir hat eine Kontur und wäre bekannt, nur sein Verhalten gibt womöglich Rätsel auf und bereitet Probleme. Frage ich hingegen »Wer ist WIR?« werden sogar Zweifel laut, ob ein Wir überhaupt existiert.

Da wir uns weder Zeit noch Ort unserer Geburt aussuchen können, wird jede und jeder in mehrere Wir hineingeboren, von der Familie über die Staatsangehörigkeit und Sprachzugehörigkeit bis hin zu einer Wirtschafts- oder Militärallianz. Als Teil jener Wirs profitiert man von deren guten Seiten, leidet unter den schlechten und ist betroffen und mitverantwortlich für das Verhalten der Wirs. Andererseits sucht sich aber auch jede und jeder ihre und seine Wirs aus, indem man irgendetwas tut, beispielsweise Briefmarken sammelt oder ins Fußballstadion geht, Freundschaften schließt oder sich an einer Demonstration beteiligt und eine Revolution anzettelt.

Das Wir, in das ich 1962 in Dresden hineingeboren wurde, machte mich zu einem Kind der DDR. Taste ich nach einem ersten eigenen Wir-Gefühl jenseits der Familie, so lande ich noch vor allen Schulhof-Banden bei unseren, von den DEFA-Indianerfilmen inspirierten Spielen. Meine Heldenmuster bezogen ihre Kraft und Anschaulichkeit aus diesen Filmen, deren Hauptfigur immer ein Indianerhäuptling war, der immer von dem schönen, starken und charakterlich erstklassigen Jugoslawen Gojko Mitić gespielt wurde. Immer kämpfte er als Chingachgook oder Tecumseh oder Ulzana einen heroischen Kampf gegen gierige, hinterlistige und brutale, jedoch mit besseren Waffen ausgestatte Okkupanten. Die Schwierigkeit für unsere von den Filmen angefeuerten Spiele bestand darin, dass keiner ein Bleichgesicht sein wollte, und wenn, dann ein gutes, eines, das bereits die Fronten gewechselt hatte, so dass wir alle schnell wieder im selben Wigwam saßen. Unserem Spiel haftete allerdings eine selbst Kindern zugängliche Melancholie an. Auch wenn alle unsere Spiele siegreich verliefen, wussten wir doch: Nicht wir, die Indianer, hatten gewonnen. Dass wir selbst Bleichgesichter waren, wie auch Gojko Mitić eines war, kam zumindest mir nicht in den Sinn.

Der Staat, in dem ich aufwuchs, gab sich nicht damit zufrieden, dass ich sein Staatsbürger war. Er wollte sichergehen, dass ich es auch bliebe, und forderte außerdem ein aktives Bekenntnis zu seinem Wir, als hätte ein Kind da überhaupt eine Wahl, was aufgrund der Mauer gleich zweifacher Unsinn war. Umso mehr wundere ich mich heute, wie leicht mir damals eine Antwort auf die Frage nach meinem Wir gefallen wäre. Denn noch lange über meine Jugendjahre hinaus hing ich der Überzeugung an, dass derjenige, der es wagt und dem es gelingt, die offensichtliche Wahrheit für alle hörbar auszusprechen, die Mehrheit zwangsläufig auf seiner Seite haben würde. Diese imaginäre Mehrheit betrachtete ich als mein Wir. Mein Wir war offen und demokratisch, und die freie Entwicklung des Einzelnen die Voraussetzung für die freie Entwicklung aller. Wir konstatierten die eigenen Missstände, ohne den Kapitalismus als Alternative in Betracht zu ziehen. Und Faschismus oder Rassismus gehörten sowieso ein für alle Mal der Vergangenheit an. Unser Leben zum Besseren zu verändern, hinderte uns allein die Repression einer kleinen, aber mächtigen Minderheit, die durch die Mauer per se diskreditiert war und die jeweils nach der jüngsten Vorgabe bevormundete und förderte, bestrafte und belohnte, statt sich endlich ein neues Volk zu wählen.

Noch vor meinem 27. Geburtstag durfte ich erleben, wie zutreffend meine Wir-Vorstellung war: Mein Wir ging auf die Straße und eroberte gewaltlos Demokratie und Freiheit – »Visafrei bis Shanghai«. Eine unabhängige Justiz war nicht über Nacht zu etablieren, aber die Gewaltenteilung wurde de facto praktiziert.

Stellen Sie sich eine Gesellschaft vor, in der der Privatbesitz an Produktionsmitteln keine Rolle spielt und in der zu dem Recht auf Arbeit, auf eine Wohnung, auf einen Ausbildungsplatz, auf kostenlose medizinische Versorgung die bürgerlichen Rechte und Freiheiten hinzutreten.

In mir steckt noch die Erfahrung von einigen Monaten Demokratie, die weder vom Lobbygeld noch von Parteienhierarchien eingeschnürt wurde, die vor allem aber eine unmittelbare Mitbestimmung am Arbeitsplatz anstrebte. Es ging darum, sich das Volkseigentum tatsächlich anzueignen.

Zwischen der unblutigen Abdankung des vormundschaftlich-diktatorischen Apparates und der Einführung der D-Mark entstand für einige Monate eine Ahnung davon, was eine sozialistische Demokratie sein könnte.

Dass mein »Wir« dabei nicht so homogen war, wie es sich mir noch bis in den November 1989 hinein dargestellt hatte, drückte sich zeichenhaft in der Opposition der beiden Slogans »Wir sind das Volk« contra »Wir sind ein Volk« aus. Ich war überrascht und irritiert, dass man sich nicht politisch, sondern national definieren wollte. Das Nationale allerdings ließ sich immer schwerer vom D-Mark-Patriotismus unterscheiden.

Die Erinnerung an diese Wochen und Monate ist vor allem eine Erinnerung an eine anstrengende Zeit. Es schien, als müsste alles von allen neu gelernt, alles von allen neu erfunden werden. Mein Wir war nicht mehr imaginär, sondern konkret. Diejenigen, mit denen ich nun beinah täglich zusammensaß, entstammten allen möglichen Berufen, viele Arbeiter und Arbeiterinnen aus den großen Betrieben, Ingenieure, Krankenschwestern, Kirchenmitarbeiter, Bauern, Uni-Mitarbeiter, Busfahrer … Wie klein und homogen war meine Welt zuvor gewesen. Um Freiheit und Demokratie auch im Arbeitsalltag zu praktizieren, also den Betrieb tatsächlich in Besitz zu nehmen und die Leiter und Leiterinnen selbst zu wählen, gab es kein Vorbild. Diese Demokratisierungsversuche stießen auf alte und neue Widerstände. Doch für ein paar Monate wurde etwas erprobt und verwirklicht, was heute schon das Fassungsvermögen von Utopien sprengt.

Diese Anfänge einer sozialistischen Demokratie wurden durch die ersten freien Wahlen für zu schwierig befunden – keine Experimente! – und abgewählt. Danach glaubte ich zumindest noch an den sanften Zwang des besseren Arguments, also an die Einsicht, dass ein Betrieb nicht im Juli jene Löhne und Gehälter in D-Mark würde zahlen können, die er im Juni noch in Ostmark gezahlt hatte. Anfang des Jahres lag der Kurs bei eins zu zehn, eins zu vier wäre in etwa realistisch gewesen. Mit der Einführung der D-Mark zum Kurs von eins zu eins, für Ersparnisse über 4000 Mark dann eins zu zwei, am 1. Juli 1990 war der Beitritt zur alten BRD besiegelt, was ich als einen gravierenden Verlust an Souveränität und Selbstbestimmung erlebt habe. Zudem erzwang die D-Mark einen Existenzkampf, den sich die wenigsten Ostler zuvor hatten vorstellen wollen und können. Ein neuer Exodus begann, der den Arbeitsplätzen folgte.

Was ich für mein Wir gehalten hatte, schien keine Rolle mehr zu spielen. Die Vorstellung eines neuen Wirs war schwierig. Wo sollte es herkommen? Der im Arbeitsalltag »Wettbewerb« genannte Konkurrenzkampf führte jeden Ansatz zu einem Wir ad absurdum, es sei denn, man fasste das Wir als ein Unternehmen auf, das sich gegen das Wir eines anderen Unternehmens zu behaupten und durchzusetzen hatte. Auch das war ein Kampf um die ökonomische Existenz.

Zugleich erfüllte die D-Mark Wünsche, die zuvor fast außerhalb der Vorstellungskraft gelegen hatten. Über Nacht gehörte auch ich zum Westen, also zu jenem Teil der Menschheit, die – nach Maßgabe des jeweiligen Geldbeutels – über unvorstellbaren Reichtum verfügte. Ein Gang durch jeden Supermarkt machte das Wunder erlebbar. Im real existierenden Sozialismus suchten die Kunden immer nach Waren, im Kapitalismus suchen die Waren nach Kunden, die Produktion schien eine zu vernachlässigende Selbstverständlichkeit geworden zu sein, die ganze BRD war ein einziges »Kaufhaus des Westens«.

Ich habe versucht, meinen Frieden mit der neuen Situation zu schließen, zu der ich von überall her, vor allem von unseren östlichen Nachbarn, beglückwünscht wurde. Die Mehrheit hatte demokratisch entschieden, und das war es ja gewesen, was ich immer gewollt hatte.

Wäre ich damals zu meiner Wir-Vorstellung befragt worden, so weiß ich nicht, was ich geantwortet hätte. Ich, ein Bundesbürger Ende zwanzig, Anfang dreißig, der, nachdem er dem Unternehmertum ohne Schulden entkommen war, wider Erwarten von seinem Schreiben leben konnte, in Berlin-Neukölln wohnte, in der Welt herumreiste und sich zu der Ansicht durchgerungen hatte, dass es gar nicht hätte anders kommen können. Ich war bemüht, die soziale Marktwirtschaft, von Kapitalismus sprach man damals nicht mehr oder noch nicht wieder, als das kleinere Übel anzuerkennen, glaubte an Rot-Grün und die Gewerkschaften als Garanten sozialer Gerechtigkeit und ökologischen Denkens, hoffte auf den Euro und die EU und wünschte, dass es eines Tages allen so gut oder zumindest fast so gut gehen würde wie mir und uns. Offenbar habe ich es ohne ein großes Wir nicht lange ausgehalten.

Ich will Sie weder mit der Geschichte meiner Verblendung noch mit der meiner Desillusionierung behelligen.

Und es gab selbst während des neoliberalen Galopps in die marktkonforme Demokratie einzelne Entscheidungen, wie das Nein zum Irakkrieg, die Energiewende oder die Aufnahme von Flüchtlingen im September 2015, in denen sich mein Wir in Übereinstimmung mit dem nationalstaatlichen Wir befand.

Entscheidungen, bei denen unterschiedliche deutsche Regierungen eben nicht dem Selbstlauf des politischen und wirtschaftlichen *business as usual* gefolgt waren, weckten Hoffnungen auf eine Politik, die so handelt, wie wir selbst behandelt werden wollen, das heißt, eine Politik, die Artikel eins des Grundgesetzes global versteht.

Spätestens als die Frage nach den Ursachen der Flucht von Millionen Menschen gestellt wurde, konnte sich doch das Selbstbild unseres großen Wir nicht in dem eines modernen Samariters erschöpfen, der schon bald die Gestrandeten taxierte, wie brauchbar sie für Hof und Stall sein könnten. Doch bei der Diskussion der Fluchtursachen ging es hauptsächlich um die Schleuser und die Sicherung der EU-Außengrenzen. Die Ärzte von Lampedusa haben immer wieder darauf hingewiesen, dass es kaum Frauen und Jugendliche gibt, die Europa erreichen, ohne missbraucht worden zu sein. Wenn sie überhaupt Europa erreichen. Aber die Ursache der Flucht sind diese Kriminellen nicht. Ohne Schleuser kein Selfie mit der Kanzlerin. Solange sie die einzige Möglichkeit bleiben, nach Europa zu gelangen, klagen wir mit den Schleusern auch uns selbst an.

»Der Amerikaner, der den Kolumbus zuerst entdeckte, machte eine böse Entdeckung.« Ich wünschte, uns gelänge es mitunter wie Georg Christoph Lichtenberg, die Perspektive zu wechseln. Unsere europäischen Vorfahren, also die Bleichgesichter, haben der Welt den Sklavenhandel großen Stils und den Kolonialismus gebracht. Das liegt noch nicht lange zurück. Wären Heinrich und Thomas Mann im Lande ihrer Mutter aufgewachsen, in Brasilien, so wären sie noch als Teenager von Sklaven bedient worden. Seit dem Ende der Apartheid in Südafrika und Namibia sind noch keine dreißig Jahre vergangen. Wir wissen: Europa hat immer von der Ausplünderung anderer Kontinente, vor allem von Amerika und Afrika, gelebt und lebt bis heute davon. Es ist nicht schwer, einen Bogen vom Gold der Inkas und Azteken zum Kobalt des Kongo oder der argentinischen Sojabohne zu schlagen. Die entscheidende Frage dabei ist: Geht es uns gut, weil es den anderen schlecht geht? (Stephan Lessenich) Ich lasse das Fragezeichen stehen, obwohl ich nach allem, was ich durch Lektüre, Berichte und eigene Anschauung in Erfahrung bringen konnte, ein Ausrufezeichen setzen müsste.

Ich weiß, dass ich Ihnen damit nichts Neues verkünde, aber ich weiß auch, wie blind ich selbst lange Zeit dafür gewesen bin und wie irritierend die Erfahrung eines doppelten Bodens unseres Lebens ist, irritierend bis in die Verhinderung des eigenen Schreibens hinein, was noch das Geringste dabei ist.

Lange habe ich in dem nie gekannten Wohlstand unseres Landes, der höchst unterschiedlich verteilt ist, das entscheidende Plus für den Westen mit seiner kapitalistischen Marktwirtschaft gesehen. Als in Ostdeutschland nach der Einführung der D-Mark die Landschaften tatsächlich zu blühen begannen, weil siebzig Prozent der Wirtschaft weggebrochen waren (vergleichbar nur mit Ländern im Bürgerkrieg wie Bosnien-Herzegowina), ergoss sich zugleich eine ungeheure Warenfülle ins Land. Ich glaubte tatsächlich, das käme jetzt alles aus dem Westen. Selbst auf die berühmt-berüchtigte Banane erhoben wir Ostler nun so selbstverständlich Anspruch, als wüchse diese an Rhein und Mosel, die besonders guten in Burgund. Natürlich glaubte ich nicht, dass die Schokolade je nach Färbung der Almkühe aus den Eutern rinne oder der Kaffee von Frauen mit gestärkten weißen Schürzen hergestellt würde. Trotzdem blieb mein Blick an diesen Bildern hängen und beruhigte mich. Und warum sollten wir diese herrlichen Dinge auch nicht importieren. Handel ist doch wunderbar und hilft allen!

Was ich immer wieder aus kritisch-selbstkritischen Artikeln, Reportagen, Büchern erfuhr, habe ich als Ausnahmen abgetan und die Schuld mehr oder weniger den korrupten Regierungen und Geschäftemachern vor Ort zugeschoben. Sie waren doch schuld an dem Banden- und Bürgerkrieg, der die Volksrepublik Kongo verwüstete und damit unerträgliche Lebens- und Arbeitsverhältnisse zur Folge hatte, unter denen ein beträchtlicher Teil jener Bodenschätze produziert wird, die für die Herstellung von Smartphones und Computern notwendig sind, wie Kobalt oder Coltan. Oder Schuld daran, dass mancher Kakaobauer noch nie selbst Schokolade gekostet hat. Die Verdrängung funktionierte recht gut.

Doch wenn wir Deutschen heute rechnerisch pro Kopf mehr Soja als Kartoffeln konsumieren, weil damit Schweine made in Germany für den Export auch in afrikanische Länder gemästet werden, wo der unschlagbar gute Preis, oft noch mit EU-Agrarsubventionen versehen, die einheimischen Bauern zur Aufgabe zwingt, setzt sich eine Verheerung der Lebensgrundlagen fort, die in Argentinien oder Brasilien mit massenhaften Rodungen begann und die Bauern in die Slums der Großstädte getrieben hat. Es ließen sich sehr viele Geschichten über alle möglichen Produkte erzählen, über Baumwolle, Bauxit, Eisenerz, Sand, Fisch, Kupfer, Holz …

Das Gefälle von Reich und Arm ist im Weltmaßstab so groß wie in keiner einzigen Nationalgesellschaft. Während die einkommensstärksten Länder den größten ökologischen Fußabdruck aufweisen (der um das Dreifache über der verfügbaren Biokapazität der Erde liegt), können sie ihre Umwelt schonen und verbessern und ihre Lebenserwartung stetig erhöhen. Hingegen werden Umwelt und Mensch in jenen Ländern, die nicht über die Verhältnisse des Planeten leben, ruiniert. Dieses Paradoxon erklärt sich nur zum Teil damit, dass die reichen Staaten teure Technologie anwenden können. Die eigentliche Erklärung ist die, dass andere jetzt unseren Dreck schlucken, andere ihre Flüsse und ihre Luft ruinieren, um Rohstoffe, Nahrungsgüter und Industrieprodukte exportieren zu können. Wir profitieren von den unmenschlichen Arbeits- und Lebensbedingungen der Armen und Ärmsten.

Statt zu sagen, »Wir schaffen das!«, eine Aussage, die nach getaner Arbeit einen ruhigen Feierabend und Urlaub verspricht, wäre ein »Lasst uns endlich beginnen, die Ungerechtigkeit zu bekämpfen!« die angemessene Reaktion gewesen.

In unseren Museen wird seit etlichen Jahren danach gefragt, woher und unter welchen Bedingungen die Bilder und Exponate zu uns gelangt sind. Ohne diese Provinienzforschung, die mitunter Rückgaben erzwingt oder nahelegt, würden sich die Museen selbst ad absurdum führen, weil sie gegen ihren eigenen Auftrag, der außer Sammeln und Bewahren auch Forschung und Bildung beinhaltet, verstießen.

Gäbe es eine Provinienzforschung für unseren Konsum, käme unser *way of life* in peinlichste Erklärungsnöte, um es euphemistisch auszudrücken. Da man als Staatsbürger dieses Landes, als Angehöriger der EU, a priori Nutznießer dieser Ungleichheit ist, bleibt einem im Alltag, selbst wenn man sich bemüht, die größten Schweinereien beim Einkaufen zu vermeiden, nur die Verdrängung.

Mich hat immer fasziniert, dass Thomas Jefferson, der maßgebliche Autor der US-amerikanischen Unabhängigkeitserklärung, die bekanntlich in ihrem ersten Satz die Gleichheit aller Menschen proklamiert, seinen Nachfahren über hundert Sklaven vererbt hat. Die Orwell'sche Wendung »Alle Tiere sind gleich, aber manche sind gleicher« beschränkt sich bis zum heutigen Tag nicht auf Diktaturen.

Wenn wir anerkennen, dass die von Kolonialismus, Sklaverei und Massenmorden (bis hin zum Völkermord im damaligen Deutsch-Südwestafrika an den Herero und Nama) geprägte Geschichte wie auch unser heutiger Alltag, der von den neokolonialen Beziehungen profitiert, zu den Hauptursachen für die Flucht zählen, sind wir Mitverantwortliche.

In einem Wir kann man etwas gemeinsam verschweigen oder gemeinsam über etwas sprechen. Ein fortgesetztes Gespräch jedoch führt früher oder später zu Schlussfolgerungen, die ein Handeln erzwingen können.

Wenn wir tatsächlich wünschen, dass es anderen besser geht und sie nicht gezwungen werden, sich auf den Weg in den Norden zu machen, kann das nicht allein Sache von nicht staatlichen Organisationen sein. Sollen tatsächlich Ursachen für die Flucht bekämpft werden, ist über Kredit- und Handelsvereinbarungen zu sprechen, über den Abbau von EU-Agrarsubventionen, vor allem aber über Gesetze, die nicht den Markt zum alles entscheidenden Maßstab erheben. Weniger Ausplünderung bedeutet auch weniger Gewinn. Dieser Wunsch, diese Forderung, ist aber nicht ohne eine spürbare Einhegung des kapitalistischen Wirtschaftens oder, wenn das Recht zur Erzielung von Profit über die Menschenrechte gestellt wird, gar seine Infragestellung zu haben.

Ein Vorbote internationaler staatlicher Bemühungen war die 1977 von Willy Brandt mitinitiierte Nord-Süd-Kommission bei der UNO, die Vorschläge für eine neue Weltwirtschaftsordnung erarbeitete und sie 1980 vortrug. Zwei Jahre später folgte ein zweiter Bericht. Aufgegriffen wurden die Anregungen nicht. Seit dem letzten Jahr gibt es einen von der Bundesregierung beschlossenen »Nationalen Aktionsplan 2016–2020«, der die Leitprinzipien der Vereinten Nationen für Wirtschaft und Menschenrechte umsetzen soll, um eine nachhaltige Entwicklung sozial zu gestalten. Darin heißt es: »Ziel ist es, dass mindestens 50 % aller in Deutschland ansässigen Unternehmen mit über 500 Beschäftigten bis 2020 die in Kapitel III beschriebenen Elemente menschenrechtlicher Sorgfalt in ihre Unternehmensprozesse integriert haben.« Wenn man aus dieser Beschreibung auf den Ist-Zustand schließt, dann haben heute deutlich weniger als die Hälfte aller großen deutschen Unternehmen die Elemente menschenrechtlicher Sorgfalt in ihre Unternehmensprozesse integriert. Man braucht keine Phantasie, um sich vorzustellen, was das bedeutet. Verbindlich ist an diesem Aktionsplan nichts, von Sanktionen oder Strafen kein Wort. Es fällt auch schwer, ihn zu lesen, weil hinter dieser bürokratischen Sprache die Wirklichkeit fast vollständig verschwindet. In seinem derzeitigen Zustand ist unser »Nationaler Aktionsplan« nicht viel wert. Aber er könnte trotzdem zu dem Spalt in der Tür werden, in den sich ein Fuß schieben ließe, wenn der öffentliche und politische Druck dementsprechend stark werden. Es geht im wortwörtlichen Sinne darum, den »Nationalen Aktionsplan« mit Leben zu erfüllen. Es geht um die Frage: Leben wir so gut, weil die anderen so schlecht leben?

Wer nicht bereit ist, eine Diskussion zu führen, die den eigenen Anteil, den Anteil des deutschen Wir, des europäischen Wir am Zustand der Welt mit einbezieht, beraubt sich der wichtigsten Argumente in der Auseinandersetzung mit jenen, die mit Neid und Ressentiment, mit Nationalismus und Aggression auf Flüchtlinge reagieren. Denn im Grunde müssten wir uns fragen: Warum kommen erst jetzt so viele?

Mich macht oft die Hilflosigkeit derer fassungslos, die glauben, mit der Proklamation von Weltoffenheit und Willkommenskultur oder gar mit Beschwörungen, die dem »Standortfaktor« gelten, irgendetwas zum Besseren wenden zu können. Eine Haltung, die nur wünscht, dass die AfD-Wähler wieder verschwinden und der frühere Status quo zurückkehrt, verschlimmert die Situation nur. Denn jene Partei ist ja vor allem auch der Ausdruck eines Unbehagens, das auf dem Boden unserer Gesellschaft entstanden ist, auch wenn sie diesem Protest ein falsches Ziel gibt. So werden die Schwächsten der Schwachen zum Sündenbock erklärt für die haus- und globalgemachten Ungerechtigkeiten. Statt diese Ungerechtigkeiten zu benennen und den eigenen, also den deutschen wie den europäischen bzw. nordamerikanischen Anteil daran einzugestehen, wird es kulturell missdeutet. Der Begriff, man sollte von einem Missgriff sprechen, vom »Kampf der Kulturen« steht schon lange bereit. Dahinter versteckt sich letztlich auch die Angst um den exquisiten Status, den die deutsche Staatsbürgerschaft gewährt. Kein Wunder, dass jene, die noch nicht so lange dazuzählen, wie beispielsweise die Ostdeutschen, nun besonders auffallen. In der Angst um die eigene Exklusivität aber treffen sie sich mit einem großen Teil der Bevölkerung.

Jetzt rächt sich die Politik der letzten Jahrzehnte, die der Gesellschaft nicht viel mehr als Marktgläubigkeit anzubieten hatte, in der Privatisierung, betriebswirtschaftliche Effizienz und Wachstum die Kriterien nicht nur für die Ökonomie, sondern die gesamte Gesellschaft wurden und die eine Vereinzelung und sozial-ökonomische Polarisierung bewirkt haben, die ein Wir nur noch als Sentimentalität erträgt.

Es ist unmöglich, die Beziehungen nach außen zu ändern, wenn es nicht zugleich gelingt, auch die soziale und ökonomische Polarisierung im eigenen Land zu stoppen und das eigene Land gerechter zu machen. Diejenigen, die am meisten von der Globalisierung profitieren, können sich gegen deren negative Auswirkungen auch am besten schützen. Sie müssen keine Angst haben vor mehr Konkurrenz am Arbeitsplatz, bei der Wohnungssuche, beim Warten auf einen Arzttermin, bei der gesellschaftlichen Aufmerksamkeit oder auf dem Heiratsmarkt.

Als ich vorhin behauptete, ein Wir entstünde, indem ich etwas tue, so ging ich von der Annahme aus, dass ich, wenn ich etwas beginne, damit nicht allein bleiben muss. Ich habe jetzt schon sehr lang allein gesprochen, was auch das gutwilligste Wir strapazieren kann. Deshalb lassen Sie mich zum Schluss bekennen, dass ich einem Wir angehören will, das die Doppelbödigkeit der eigenen Existenz und Lebensweise nicht hinnimmt, auch wenn wir tagtäglich darin mit Haut und Haar verstrickt sind, ein Wir, das sich nicht mit Indianerspielen begnügt und beruhigt, ein Wir, das es leid ist, zu den bösen Entdeckungen gezählt zu werden und deshalb nicht aufhört, der eigenen Gesellschaft wie sich selbst hartnäckig Fragen zu stellen, wie zum Beispiel jene, ob wir gut leben, weil die anderen schlecht leben. Deshalb kann mein letzter Satz eigentlich nur lauten: Und was meinen Sie?

III

Sprachglossen und Betrachtungen

SPRACHGLOSSEN

Abwrackprämie

Als die Bundesregierung 2009 eine »Umweltprämie« einführte, die sogenannte »Abwrackprämie«, schenkte Herr S.
diesen Begriffen Glauben. Abwracken bedeutet, ein altes
Schiff zu verschrotten. Er erinnerte sich, dass es 1989 schon
einmal eine Abwrackprämie gegeben hatte. Die EU hatte für
das Abwracken von Binnenschiffen gezahlt. Für 2500 Euro
war Herr S. bereit, sein altes, ihm lieb gewordenes Auto verschrotten zu lassen. Er würde zudem Steuern, Haftpflicht
und TÜV einsparen und sich wieder mehr bewegen. Und
der Umwelt half er auch. Herr S. überlegte, was er mit der
Prämie machen sollte, so viel Geld hatte er noch nie geschenkt bekommen. Zuerst wollte er sich eine Bahncard
kaufen, dann schien ihm ein Fahrrad angebrachter; doch
schließlich entschied er, sich einen alten Traum zu erfüllen:
eine Wanderung auf dem 11. Längengrad, von Fehmarn bis
zur Zugspitze.

Wie enttäuscht aber war Herr S., als er erfuhr, dass er für
die Verschrottung seines Wagens bezahlen sollte. Herr S.
zweifelte an der Welt. Da stand »Umweltprämie« und »Abwrackprämie« – doch nicht: »Autokaufprämie«. Seine Nie-
dergeschlagenheit wuchs, als ihn sein Vermieter fragte, ob
er sich nicht endlich ein neues Auto kaufen wolle, die Gelegenheit sei so günstig wie nie. Herr S. errötete. Er konnte

sich diese »Abwrackprämie« einfach nicht leisten. Seine Nachbarn taxierten ihn zunehmend skeptisch, Autofahrer schüttelten den Kopf, wenn sie neben seinem Wagen an der Ampel hielten. Herr S. ertrug das nicht lange. Er bezahlte die Gebühr und ließ seinen Wagen verschrotten.

Seither ist Herr S. wütend. Jeden Morgen hofft er, dass die Wut verraucht ist. Aber sobald er das Radio oder den Fernseher anschaltet, eine Zeitung aufschlägt oder auch nur das Haus verlässt, steigt die Wut wieder in ihm auf, jeden Tag aufs Neue.

Merke: Entleerte Worte sind schlimmer als geleerte Kassen.

(2009)

Ankommen

Ich muss Abbitte leisten, denn allzu lange habe ich mich über die Frage »Sind Sie im Westen angekommen?« geärgert, ja erregt. Ich versuchte, meinen Gegenübern zu erklären, in welche Rolle sie mich, aber auch sich selbst durch diese Frage und Wortwahl bringen. Als Frager wird man unwillkürlich zum Schiedsrichter, weil stillschweigend vorausgesetzt wird, dass man selbst längst angekommen ist oder schon immer da war. An sich selbst gerichtet, würden die meisten Journalisten diese Frage für unangebracht halten und sie als Nonsens oder gar als Zumutung empfinden. Man ist ja selbst der Westen, also die Instanz, die über die Kriterien zur Beurteilung verfügt, ob der andere angekommen ist, ob er die letzten Jahre genutzt hat, um den westlichen Anforderungen gerecht zu werden, ob er die neuen Spielregeln gelernt hat und auch gutheißt, sozusagen alternativlos gutheißt, also aus voller Brust bejaht. Als Befragter werde ich zu dem, der über all dies Rechenschaft abzulegen hat, der zum Kandidaten wird, der in dem Moment, in dem er es bejaht, seine Reife unter Beweis stellt und sagt: Ja, ich habe das Alte hinter mir gelassen und das Neue als richtig akzeptiert.

Und gerade diese Rollenverteilung ist es doch, sagte ich zu meinen erschrockenen Gesprächspartnern, die wir nicht wollen. Die Interviewer waren in aller Regel betroffen und versicherten mir, dass sie es nicht im mindesten so gemeint hätten. Sie versuchten, die Frage anders zu formulieren. Es war dann von deutscher Einheit die Rede und den neuen Bundesländern. Meistens begann ich gleich wieder zu nörgeln und berichtigte sie: Es sei besser, nicht von neuen, sondern von östlichen Bundesländern zu sprechen, denn Länder wie Sachsen oder Thüringen zum Beispiel seien ja sehr alte Bundesländer. Und statt Vereinigung sollte man doch den richtigen Ausdruck wählen, nämlich Beitritt. Bei einer Vereinigung werde aus zwei verschiedenen Dingen ein Drittes. Vom Osten aber sei bekanntlich nichts geblieben – bis auf einige Ampelmännchen und den grünen Pfeil fürs Rechtsabbiegen, der aber bei den meisten Westlern immer noch nicht angekommen sei …

Merkwürdig, dass weder ich noch die Interviewer meine Widersprüche bemerkten. Nur eine junge Dame, eine Italienerin, schüttelte den Kopf. Ich müsse mich schon entscheiden, sagte sie. Wenn es eine Vereinigung gewesen wäre, hätte ich das Recht, mich darüber aufzuregen, dass jemand von »ankommen« oder den »neuen Bundesländern« spreche. Wenn es aber ein Beitritt gewesen sei, wie ich behaupte, wäre doch nichts naheliegender, als zu fragen, ob man im Westen angekommen sei. Und die östlichen Länder seien dann eben auch die neuen Länder. So oder so.

Ja, sagte ich schließlich zerknirscht, da muss ich mich wohl entscheiden. Rein logisch gesehen, habe sie vollkommen recht. Nur wie sie sehe, falle es mir schwer, mich mit dieser Logik abzufinden. »Das verstehe ich«, sagte sie. »Man kann natürlich auch fragen«, fügte sie lächelnd hinzu, »*welcher* Westen denn gemeint ist. Aber das ist dann schon eine andere Frage.«

(2010)

Arbeitgeber / Arbeitnehmer

»Wenn es keine Arbeitgeber gibt, gibt es auch nichts zu arbeiten. So einfach ist das«, sagte A.

»Das ist nicht dein Ernst?«, erwiderte B.

»Doch, wieso denn nicht?«

»Haben wir nicht schon in der Schule gelernt, dass das nicht stimmt?«, fragte B.

Das Gesicht von A., der ebenfalls aus dem Osten stammte, erstrahlte. »Na, und wohin hat das, was wir in der Schule gelernt haben, geführt?«, fragte er und gab gleich selbst die Antwort. »In den Abgrund!«

»Wie kannst du nur das Wort für die Sache nehmen?«, sagte B. und schüttelte den Kopf. »Das ist doch eine grundsätzliche Verwechslung!«

»Ohne Arbeitgeber keine Arbeit. Je besser es den Arbeitgebern geht, umso mehr Arbeit gibt es«, beharrte A.

B. griff sich an den Kopf. »Überall kannst du lesen, was

das für ein Humbug ist. Was du fälschlicherweise ›Arbeitnehmer‹ nennst, ist in Wirklichkeit jemand, der seine Arbeitskraft verkaufen muss, um leben zu können, weil er selbst keine Produktionsmittel besitzt. Das hat mit gesellschaftlicher Arbeitsteilung zu tun. Dein ›Arbeitnehmer‹ gibt seine Arbeitskraft demjenigen, der die Produktionsmittel besitzt, also jemandem, den man zu Recht Arbeitnehmer nennen sollte. Du kannst ihn aber auch Unternehmer, Ausbeuter oder Eigentümer nennen, nur bitte nicht Arbeitgeber!«

A. lächelte.

»Bis 1999«, fuhr B. fort, »nannte man sie offiziell noch ›abhängig Beschäftigte‹. Die Volkswirtschaftler sprechen vom ›Anbieter des Produktionsfaktors Arbeit‹ und vom ›Nachfrager nach dem Produktionsfaktor Arbeit‹.«

A. lächelte immer noch. »Also zunächst einmal bin ich derjenige, den alle verstehen, wenn ich von Arbeitnehmer spreche«, sagte er, »und du bist es, der mit seinem Neusprech Verwirrung stiftet. Denn die Bedeutung eines Wortes – und das wirst du wohl nicht bestreiten – bestimmt sich doch daher, wie wir es im Alltag verwenden. Nicht mal jene Parteien, die vorgeben, die Interessen der Arbeitnehmer zu vertreten, verwenden es in deinem Sinn. Selbst die haben kapiert, dass Arbeitgeber Arbeitgeber sind und Arbeitnehmer Arbeitnehmer.«

B. verdrehte die Augen. »Ich habe dir doch gerade erklärt, warum das nicht stimmt. Und statt zu argumentieren, kommst du mir damit, dass die meisten diese Worte falsch gebrauchen! Sie so zu verwenden, ist tatsächlich ein Skandal oder lächerlich oder Absicht oder ganz einfach eine Dummheit. Ein Wort hat doch eine enge Beziehung zu dem, was es ausdrückt, eine – wie nennt man das – aufschließende

Qualität. Und wenn die einen als Geber und die anderen als Nehmer bezeichnet werden, stellt das die Beziehung einfach auf den Kopf. Ich weiß nicht, wie man das anders sehen soll!?«

»Willst du behaupten, ich sei ein Demagoge?«, fragte A.

»Alle, die es in diesem Sinne verwenden, sind darauf reingefallen oder machen es sich bewusst zunutze. Du siehst ja an dir, wohin das führt.«

»Dann erkläre mir doch bitte mal, warum man dann die Arbeitgeber immer und überall anbettelt, mehr zu investieren, sich hier oder da niederzulassen und mehr Arbeitsplätze zu schaffen? Sonst müsste man doch sagen, liebe Arbeiter, arbeitet alle mehr, dann wird alles besser.«

»Mein Gott!«, rief B. »Das Geld, die Maschinen etc., das ist doch nicht vom Himmel gefallen, das ist doch auch mal erarbeitet worden. Aber ohne diejenigen, die ihre Arbeitskraft verkaufen, die ihre Arbeit geben, entsteht nichts. Auch die Ingenieure, auch die Erfinder sind doch welche, die ihre Arbeit geben. Oder sie gründen eine eigene Firma, aber dann brauchen sie andere, die ihnen helfen, die ihnen ihre Arbeitskraft zur Verfügung stellen. Hörst du nicht den Unterton in Arbeitgeber, der Herr, der ohne Not etwas gibt, obwohl er es nicht nötig hat, und der Arbeiter, der die Arbeit dankbar entgegennimmt?«

»Das ist ja nicht meine Erfindung. Die Begriffe stehen schon im Grimm'schen Wörterbuch.«

»Da ist der Arbeitgeber aber einer«, sagte B., »›der für sich arbeiten lässt, die Arbeit bestellt und zahlt‹, und der Arbeitnehmer einer, ›der die aufgetragene Arbeit annimmt‹.«

»Aber dort steht nicht, dass die Begriffe irreführend sind, wie du es behauptest.«

»Nein, leider nicht«, sagte B. »Aber nimm das Englische oder Französische, da gibt es den ›employee‹ beziehungsweise den ›employé‹. Das darf man doch nicht mit ›Arbeitnehmer‹ übersetzen!«

»Mal angenommen«, sagte A., »ich würde mich darauf einlassen. Warum verwenden es trotzdem alle in meinem Sinn? Weil sich in der Sprache das Richtige durchsetzt, der Abschied vom Klassenkampf!«

»Wer sich der offiziellen Terminologie ergibt – und das solltest du wissen –, steht von vornherein auf verlorenem Boden.«

A. schüttelte den Kopf. »Nein«, sagte er schließlich. »So einfach ist das nicht.«

»Doch, so einfach ist das«, sagte B.

»Ist es nicht«, erwiderte A.

»Ist es doch!«, beharrte B.

Und weil A. das erste Wort hatte, soll B. nun das letzte haben.

(2010)

Finanzwirtschaft / Realwirtschaft

Der Begriff »Finanzwirtschaft« erregt für sich genommen keinen Anstoß – wer wollte bestreiten, dass in einer Bank gewirtschaftet wird. Wer die Filiale einer Bank oder Sparkasse besucht, kann sich ein Bild von deren Betriebsamkeit machen. Und selbst wer Home-Banking betreibt und sein Geld an der Kasse des Supermarktes abhebt, muss spätestens dann, wenn er einen Kredit braucht, sich an eine Angestellte eines Geldinstitutes wenden.

Die Vergabe von Krediten an Privatpersonen oder Unternehmen, also die Bereitstellung von Geld für Investitionen, wird jedoch nur noch als »traditionelle Finanzwirtschaft« bezeichnet. Die »moderne Finanzwirtschaft« ist kein Diener oder Dienstleister mehr. In ihr geht es darum, die beste Anlagemöglichkeit zu finden, um eine möglichst hohe Kapitalrendite zu erzielen, das heißt, aus möglichst wenig Geld möglichst viel Geld zu machen. Betriebswirtschaftliche oder gar volkswirtschaftliche Überlegungen werden kurzfristigen finanziellen Erfolgsaussichten untergeordnet.

Dieser Sachverhalt erhielt einen sprachlichen Ausdruck in der Gegenüberstellung der Begriffe »Finanzwirtschaft« und »Realwirtschaft«.

Zum ersten Mal hörte ich mit Bewusstsein von einer »Realwirtschaft« im September 2008, als befürchtet wurde, die Krise der Finanzwirtschaft könnte zu einer Krise der Realwirtschaft werden. Im ersten Moment glaubte ich, die Entgegensetzung würde ironisch gebraucht, als sei der Kommentar eine Satire – ähnlich war es mir bereits mit anderen Begriffen gegangen, beispielsweise mit dem Wort- und Sinnungetüm »Wachstumsbeschleunigungsgesetz«. Doch es war ernst gemeint. Der Begriff »Realwirtschaft« wirft ein geradezu unheimlich zu nennendes Licht auf den Begriff »Finanzwirtschaft«. Das heißt doch: Die Finanzwirtschaft ist nicht real, sie ist keine reale Wirtschaft. Aber was ist sie denn dann, da sie doch dem realen Leben offenbar mehr Schaden zufügen kann als alles andere?

Der Begriff Realität leitet sich vom lateinischen res her, das Ding, die Sache, die Angelegenheit. »Real ist, was in re, nicht bloß in intellectu besteht«, heißt es in Rudolf Eislers Wörterbuch der philosophischen Begriffe.

Im Deutschen haben wir außer dem Begriff »Realität« für das, was ist, noch den Begriff »Wirklichkeit«. Zu dem Substantiv gibt es im Deutschen ein Verb, das transitiv, also auf ein Objekt bezogen, verwendet werden kann.

So ließe sich sagen: Wirklich ist, was wirkt. Das heißt, ein literarischer Held wie Goethes Werther ist wirklich – er beeinflusste das Handeln vieler Menschen und hat Dutzende Selbstmorde auf dem Gewissen –, aber nicht real.

Ließe sich demnach sagen, die Finanzwirtschaft in ihrer modernen, heutigen Ausprägung ist zwar wirklich, aber nicht mehr real? Das verselbständigte Streben nach Kapitalrendite hat nichts mehr mit der Realität zu tun?

Das englische Verb »to realise« haben wir als »etwas realisieren« eingebürgert. Im Englischen wie im Deutschen gibt es dieses Wort nur intransitiv. Offenbar aber brauchen wir es transitiv: Es geht darum, die Finanzwirtschaft zu realisieren, real zu machen, in die Realität zurückzuholen, tauglich zu machen für die Realität, für die realen Bedürfnisse und Interessen einer Demokratie.

(2012)

Endlager

Unter http://www.atom-endlager.de stehen nur zwei Zeilen in weißer Schrift vor einem schwarzen Hintergrund: »Atom-Endlager? / Es gibt keinen Ort dafür!« Auch wenn es zutreffender wäre, von »Atommüll« oder »radioaktiven Abfällen« zu sprechen – diese zwei Zeilen fassen im Grunde zusammen, was man über ein Endlager für Rückstände aus Kernkraftwerken und Wiederaufbereitungsanlagen wissen

muss. Wahrscheinlich ist das Wort »Endlager« auch im Zusammenhang mit der Deponierung von CO_2 und Sonder-
müll fragwürdig. Doch in dem Kontext, in dem es zur Zeit
am häufigsten gebraucht wird, drängt sich die Frage auf:
Was soll ein Wort, das etwas bezeichnet, das es gar nicht geben kann?

»Endlager« suggeriert, der atomare Abfall könne an einem bestimmten Ort für jetzt und in Ewigkeit gelagert werden und wäre damit ein für allemal unschädlich gemacht.
Aber hier geht es ja nicht um Jahrzehnte oder Jahrhunderte
der Lagerung, sondern um Jahrtausende. Das häufig verwendete Plutonium 239 hat beispielsweise eine Halbwerts-
zeit von vierundzwanzigtausend Jahren. Wie schnell sich
ein Endlager zu einem Zwischenlager wandeln kann, das in
Zukunft gar kein Lager für atomaren Abfall sein wird, zeigt
das Beispiel der Schachtanlage Asse. Hinzu kommt: Schon
jetzt übernimmt das Gemeinwesen den übergroßen Anteil
der Kosten dieser Lagerung. Allein für die Schließung der
Asse werden Kosten von zwei bis sechs Milliarden Euro erwartet. Das Wort Endlager jedoch ist wie ein Virus, das unterschwellig die Vorstellung verbreitet, der radioaktive Müll
ließe sich entsorgen, das unlösbare Problem könnte gelöst
werden, wir wären der Sorge für alle Ewigkeit enthoben. Das
Wort »Endlager« bezeichnet in diesem Kontext nichts, was
es geben kann. Deshalb sollte es als Falschwort gekennzeich-
net und sicher verwahrt werden.

(2012)

Intensität – intensiv – intensivieren

Ist »Intensität« nicht das, was ich mir wünsche? Dabei verwende ich dieses Wort kaum. Und bei Formulierungen, die sich des Adverbs »intensiv« bedienen, wird mir meistens sogar unbehaglich. Es muss nur jemand behaupten, er habe sich intensiv unterhalten, er habe intensiv geforscht oder intensiv gearbeitet, schon werde ich skeptisch. Bei Formulierungen wie: »Ich habe intensiv geschrieben« oder gar: »Wir haben uns intensiv geliebt«, schrillen regelrecht die Alarmglocken. Es ist nicht nur das Misstrauen gegenüber Verstärkungen, gegenüber einem »Intensivum«.

Das Zur-Schau-Stellen gerade jenes Zustands oder jener Handlung, die als Intensität und als intensiv beschrieben werden, berührt mich merkwürdig.

Denn Intensität scheint mir nichts zu sein, über das man einfach verfügen kann. Ich bin immer dafür gerügt worden, dass ich getrödelt habe, herumträumte und nicht konzentriert gelernt und gearbeitet habe. Aber die Lehrer sagten nicht: Sei intensiv! Sie sagten: Konzentriere dich, sei bei der Sache. Bis heute habe ich das Bedürfnis, meine Zeit besser zu nutzen, meine Geschichten, Romane und Artikel schneller zu schreiben, um mehr Zeit für Freunde und Familie, für Oper und Spaziergänge zu haben. Manchmal wünschte ich, ich könnte mich vervielfältigen: Einer, der am Schreibtisch sitzt, ein anderer, der alle E-Mails und sonstigen Anfragen beantwortet und Artikel wie diesen schreibt, ein Dritter, der die Kinder morgens in den Kindergarten bringt, den Vormittag über liest, mit seiner Frau zusammen zum Sport und ins Museum geht, den Nachmittag mit den Kindern verbringt und abends Freunde besucht oder einlädt oder ins Kino geht, ein Vierter, der Sprachen lernt, in der Welt herumreist und sich um die Übersetzungen kümmert, ein Fünfter erledigt die ganz unangenehmen Dinge wie Zahnarzt, Steuer, Autoreparaturen, Glühbirnen wechseln, die besten Anbieter bei den Versicherungen und Telefongesellschaften heraussuchen, ein Sechster ist für alles Unvorhergesehene da, geht mit den Kindern zum Arzt oder Schuhe kaufen, überhaupt erledigt er die Einkäufe und sonstigen Wege und hilft Freunden beim Umzug. Und so weiter. Da ich keinem zu viel zumuten will, erhöht sich die Anzahl meiner Abspaltungen beständig. Das Problem ist nur, dass ich mir nicht vorstellen kann, in allen gleichzeitig zu stecken. Ich sehe mich eher als einen, der mal dieser ist, mal jener und quer durch die verschiedenen Sphären hindurch nach dem Rechten sieht. Das Ergebnis ist niederschmetternd. Es kommt von allem nur mehr heraus. Ich funktionierte in gewisser Weise besser als bisher. Aber wäre das ein intensiveres Leben? Selbst wenn ich mich – so wie die meisten meiner Kolleginnen und Kollegen – endlich zusammenreißen könnte, um diesen Text über Intensität an einem Tag, ach, in zwei Stunden oder besser noch in einer Stunde einfach herunterzuschreiben, selbst wenn ich mir nicht ständig vorstellen würde, wie schön mein Leben sein könnte, wenn ich jetzt nicht gerade über Intensität nachdenken müsste, selbst wenn ich nicht zwischendurch in die E-Mails sehen würde, keine Berichte über die Champions League läse und nicht ständig nach dem Stand der Börse forschte, wäre mein Leben dann intensiver? Oder einfach nur effektiver? Was sind die Maßstäbe?

Es ist interessant zu sehen, wie sich das Wort Intensität im Deutschen entwickelt hat. Obwohl es ein Fremdwort ist, wird es nicht mehr als solches wahrgenommen. Die Umschreibungen und Erklärungen in den Wörterbüchern »verdeutschen« es jedoch auf verschiedene Weise.

»Intensität« wird erst im 18. Jh. aus dem neulateinischen intensitas gebildet und ist als philosophischer Terminus 1730 bei Wolff belegt. Im Lateinischen geht es zurück auf intensus »heftig, stark, gespannt, aufmerksam«.

Das Adjektiv »intensiv«, »stark, eindringlich, kräftig« leitet sich von dem spätlateinischen intentivus »steigernd« ab und kam über das französische intensif bzw. das altfranzösische intense – »groß, stark, heftig« in Bezug auf Gefühle und Eigenschaften – ins Deutsche.

Im »Gesamt-Wörterbuch der Deutschen Sprache« von Jakob Kaltschmidt (vierte, wohlfeile Stereotyp-Ausgabe) von 1854 ist »Intensität« noch sächlich:

»Das Intensität, die innere Stärke, innere Kraft, die Tiefe.« Dementsprechend wird auch intensiv als »innerlich, gehaltlich, in Beziehung auf inneren Wert« erklärt.

Nimmt man allein die letzten 150 Jahre, dann wandelt sich das Wort auf bemerkenswerte Weise: Seine Bezüge veräußerlichen sich, seine Wirkung verschiebt sich immer mehr vom Subjekt zum Objekt.

Der Brockhaus definiert Intensität in seiner 19. Ausgabe von 1989 als »Kraft, Stärke, Wirksamkeit (einer Handlung, eines Ablaufs)«. Es existiert auch der Plural: die Intensitäten. Denn Intensität gibt es mittlerweile in der Physik als »Energieflussdichte« und in der Wirtschaft, zum Beispiel als Arbeitsintensität oder Kapitalintensität.

Interessant an der Wikipedia-Seite ist, dass Intensität bereits der gehobenen Umgangssprache zugewiesen wird: »in gehobener Umgangssprache auch für Konzentration und Eifer bei einem Tun benutzt«. Unter allen dort angegebenen 27 möglichen Synonymen könnte allein »Tiefe« auf eine innere Eigenschaft verweisen. Es dominiert Wirksamkeit, Wirkungsstärke, Gewalt, Kraft, Nachdruck, hoher Grad, Heftigkeit, Eile, Vehemenz, Hektik, Rasanz, Wucht, Ungestüm.

Diese Tendenz wird ganz offenbar, wenn man sich dem Verb »intensivieren« zuwendet, das eine Wortschöpfung des 20. Jahrhunderts ist.

»Intensivieren« klingt bürokratisch, technokratisch. Ich denke an »automatisieren« und »Produktivität steigern«, daran, dass Politiker ihre Bemühungen »intensivieren«. Intensivieren ist ein transitives Verb, wichtig ist das Objekt, nicht das Subjekt. Niemand würde sagen: Ich intensiviere mich. Es atmet ganz den Geist des späten 20. Jahrhunderts.

Tendenziell scheint sich die Bedeutung von Intensität von einer inneren Stärke und inneren Kraft in Richtung Handlung zu verschieben und nähert sich damit der Bedeutung von Intensivierung an. Dies vorausgesetzt, wäre das Gegenteil der heutigen Auffassung von Intensität nicht Extensität – denn beide treffen sich im Gedanken der Wirkung, des Wachstums –, sondern eher die Zerstreuung, der Müßiggang, die Langeweile.

Man würde sich lächerlich machen oder wirkte zumindest komisch, wenn man sagte: Ich bin intensiv spazieren gegangen, ich habe intensiv geschlafen, ich habe mich intensiv erholt.

Will man den Begriff Intensität retten – dass er bereits der gehobenen Umgangssprache zugewiesen wird, ist ein Zeichen dafür, dass sein Gebrauch abnimmt – und ihn nicht in Intensivierung aufgehen lassen, sollte man ihn als die Bezeichnung eines Vorgangs verstehen, der sich nicht über das

Resultat definiert, das nur schwer oder gar nicht messbar ist. Zur inneren Stärke und inneren Kraft gehört ja wesentlich, dass sie sich der messbaren Leistung entziehen.

Für die Beurteilung eines Kunstwerks spielt die Zeit, in der es hergestellt worden ist, keine Rolle. Ich kann mich nicht hinsetzen und sagen: So, jetzt möchte ich eine Idee haben, möglichst eine Romanidee. Ich kann aber sagen: Ich setze mich jeden Tag an meinen Computer und versuche zu schreiben. Oft aber reihe ich dann Satz an Satz, ohne dass ich selbst weiß, wohin das führen soll. Mitunter gelingt nicht mal das. Gar nicht so selten aber fällt mir in den fünf Minuten, nachdem ich den Computer ausgeschaltet habe und nach Hause gehe, gerade das ein, was ich brauche, um aus dem Geschreibe eine Geschichte, ein Kapitel, einen Artikel zu machen. Da arbeitet etwas in mir, das ich nicht steuern kann. Doch wehe, ich spekuliere auf das Wunder …

Ich bin nie stolz auf ein Buch gewesen, weil ich nie das Gefühl hatte, es wäre mein Verdienst gewesen, dass es zustande gekommen ist. Ich kann mich dafür loben lassen, dass ich brav ausgeharrt und mich Tag für Tag an meinen Schreibtisch gesetzt habe, dafür, weder mich noch diejenigen geschont zu haben, die mit mir leben. Das Eigentliche an einem Buch aber erscheint mir als glücklicher Zufall, als Geschenk.

Intensität, so glaube ich, ist etwas, das einem zuteilwird, das sich einstellt. Ich meine das in einem ganz irdischen Sinn. Es sind die glücklichen Augenblicke, in denen man plötzlich etwas sieht und versteht, in denen etwas evident wird – ein Gedanke, der das Leben verändert oder die Idee für ein Buch.

Intensität ist für mich das, was man früher vielleicht einen Zustand der Gnade genannt hat. Doch wenn man ihn ergreifen will, hat man ihn schon verfehlt.

(2010)

Kaugummi kauen mit geschlossenem Mund. Sächsisch und Hochdeutsch

In gewisser Weise bin ich zweisprachig aufgewachsen, zu Hause hochdeutsch, auf dem Hof und in der Schule sprach ich, wie alle sprachen: sächsisch. Von Hochdeutsch zu reden, ist sicher nicht ganz richtig, denn meine Großmutter stammte aus Siebenbürgen, mein Großvater aus dem Badischen. Seit Mitte der Dreißiger lebten sie in Mitteldeutschland. Meine Mutter empfand Halle an der Saale als ihre Heimatstadt.

Mir fiel es nicht nur nicht schwer, von dem einen Deutsch zum anderen zu wechseln, ich merkte es gar nicht.

Die verschiedenen Sprachorte hatten zur Folge, dass Themen wie Fußball, Popmusik, Filme oder Mädchen eher auf Sächsisch besprochen wurden, ob ich die Hausaufgaben gemacht und Flöte geübt hatte, wurde auf Hochdeutsch gefragt. Auf Hochdeutsch wurde über die Dinge diskutiert, die außerhalb der eigenen vier Wände nicht oder nur mit Zurückhaltung Erwähnung fanden. Ich könnte auch sagen, das Politische fand auf Hochdeutsch statt, denn letztlich war fast alles politisch lesbar. Und auch die Koseworte waren keine sächsischen.

An ihnen bemerkte ich zuerst, wie unübersetzbar sie waren. Wurde ein Klassenkamerad von seiner Großmutter »mei Schneggl« genannt, ließ sich das weder mit »mein

Schneckchen« übersetzen noch mit »mein Süßerchen«, wie es meine Großmutter formuliert hätte.

Meine Mutter war ratlos, als ich ihr auf die Frage, warum ein Freund von mir jetzt kaum noch komme, antwortete: Der hat eine Kirsche. Ich merkte selbst, dass es auf Hochdeutsch falsch klang, denn eigentlich hieß es: Der had ne Girsche, also eine Freundin. Hochdeutsch fühlte sich dann oft an, als würde ich mit geschlossenem Mund Kaugummi kauen müssen. Völlig unübersetzbar ist der Ausdruck: das budscht, den man verwendete, wenn etwas gefiel, wenn etwas als sehr gut und interessant bezeichnet werden sollte. Unübersetzbar ist auch das Sächsische »nu«, das man für alles nehmen kann, als »ja« oder als Auftakt für eine Frage: Nu sahche mahl … (Nun sage mal …) Es ist das Sächsische »gelt« oder »jo mei«, auch wenn sich die Bedeutungen nicht gleichen.

Manchmal ließ sich der Unterschied zwischen Sächsisch und Hochdeutsch kaum in der Schriftsprache ausdrücken. »Bärisch« – ebenfalls ein Ausdruck für Bewunderung, klingt im korrekten Deutsch nach nichts, auf Sächsisch, ganz weich und langgezogen als bährisch, versteht man sofort, auch wenn man nicht weiß, was dieses Wort eigentlich soll.

Ganz schlimm wurde es, wenn meine Mutter versuchte, sich mit meiner sächsischen Welt gemein zu machen. »Isch geh ma bäbbeln« ließ sich nicht so einfach mit »Ich gehe Fußballspielen« übersetzen. Das meinte: »Ich gehe mal auf den Hof oder auf den Sportplatz. Vielleicht findet sich dort jemand, mit dem ich herumbolzen kann.« Ich hätte jede Umschreibung akzeptiert, aber nicht das unsächsisch ausgesprochene: Gehst du päppeln? Oder noch schlimmer, nämlich vor anderen: Geht ihr päppeln?

Andererseits wäre es mir schwergefallen, unsere Familiengespräche ins Sächsische zu übertragen. Damit meine ich nicht nur die Diskussion »kritikwürdiger Zustände«, sondern eine bestimmte Art der Unterhaltung, der Umgangsformen. Nicht dass das Hochdeutsche eher erhaben und das Sächsische eher profan wäre. Aber auf Sächsisch war und bin ich ein anderer als auf Hochdeutsch. Es ist nicht nur die Stimme, die anders klingt, es ist nicht nur eine andere Tonfärbung, ein anderes Tempo, eine andere Mimik und Gestik. Man fühlt im Dialekt anders, man ist letztlich ein anderer Mensch.

Deshalb wundere ich mich, dass wir uns offenbar damit abgefunden haben, den Dialekt nicht in unserer Schriftsprache zu verwenden. Was geben wir preis, indem wir darauf verzichten! Es sind mehr als nur Nuancen. Es sind ganze Welten, die wir durch die Hochsprache verdunkeln.

Ist dieser Zustand noch eine Folge der deutschen Stiltrennungsregel, die das Komische und Profane dem Unten zuwies und damit dem Dialekt der Straße, das Tragische und Erhabene aber allein dem Latein oder Hochdeutsch des Gebildeten zugestand? Merkwürdig, dass es der deutschen Literatur bis heute nicht gelungen ist, sich davon zu emanzipieren. In der Gegenwart löst der Begriff »Mundartdichtung« ein genauso schales Gefühl aus wie der Ausdruck »christliche Kunst«. Sie zählen heute zu den Randbereichen von Dichtung und Kunst – wenn überhaupt.

Mehrfach habe ich versucht, den sächsischen Dialekt im Dialog einer Geschichte oder eines Romans zu verwenden, weil ich glaubte, die Figur so besser charakterisieren zu können. Doch noch bevor ich das Manuskript aus der Hand gab, hatte ich von mir aus den Dialekt getilgt. So ging es nicht, obwohl ich zuerst gedacht hatte: Nur so geht es. Denn sobald ich eine Figur Sächsisch sprechen lasse, wirkt es, als gäbe ich sie dem Gelächter preis, als würde ich sie nicht ernst nehmen. Das trifft im Deutschen im Grunde auf fast alle Dialekte zu. Sie sind der Sphäre des Kabaretts zugeordnet, nicht der der Literatur. Es gibt Ausnahmen, von denen das Plattdeutsch in den Romanen von Uwe Johnson oder der Berliner Slang bei Alfred Döblin wohl die überzeugendsten sind. Auf dem Sächsischen liegt aber noch eine besondere Hypothek. Ein deutscher Diplomat, aufgewachsen in Rheinland-Pfalz, erzählte mir von seinem ersten Besuch in Ostdeutschland Anfang der neunziger Jahre. Er fuhr nach Wismar an der Ostsee. Der erste Mensch, mit dem er dort ins Gespräch kam, war ein Kellner. Der Rheinland-Pfälzer fragte überrascht, ob er, der Kellner, auch aus dem Westen sei. »Wieso denn?«, fragte jener verblüfft zurück. »Na ja«, sagte der Diplomat, »Sie sprechen gar kein Sächsisch.«

Das ist so eine Geschichte, die man eigentlich gar nicht für möglich hält, zumal bei einem halbwegs gebildeten Menschen. Für die Literatur wäre sie unbrauchbar – zu dick aufgetragen, würde meine Lektorin sagen. Aber die Übertreibung liegt ja meistens in der Realität.

Frappierend ist, in wie kurzer Zeit das Sächsische zum sprachlichen Äquivalent eines politischen Systems gemacht wurde. Eine Figur, die sächselt, wird nicht nur zum Hanswurst, sondern wirkt unterschwellig auch noch politisch DDR-konform.

Man könnte sich als Schriftsteller aus Sachsen mit dem Verweis auf die deutschsprachigen Schweizer trösten, die – so stelle ich es mir jedenfalls vor – bei jedem Wort, das sie benutzen, die Kluft zwischen dem gesprochenen und dem geschriebenen spüren. Man könnte auch sagen, dass man als einzelner Schreiber nicht dagegen ankommt, man kann nicht eine politisch kulturelle Entwicklung ungeschehen machen. Trotzdem treibt mich die Frage um: Wie müsste eine literarische Figur beschaffen sein, die sich auch im Dialekt behauptet?

(2011)

Systemrelevant

Selbst in dem sagenhaften Atlantis
Brüllten in der Nacht, wo das Meer es verschlang
Die Ersaufenden nach ihren Sklaven.
(Aus: Bertolt Brecht, Fragen eines lesenden Arbeiters)

Es klingt wie ein Märchen: Die Regierenden (fast) aller Länder hören auf Wissenschaftler und legen deshalb das eigene Land in weiten Teilen still. Die globalen Glaubenssätze von Wachstum, Privatisierung und betriebswirtschaftlicher Effizienz werden, mit Ausnahme der Börsen, suspendiert. Das Primat der Politik wird plötzlich real.

In der Hochzeit der Coronakrise wurde systemrelevant als »lebensnotwendig« übersetzt. Jetzt verschiebt sich die Frage eher in Richtung, was ist für unseren gewohnten *way of life* relevant, man könnte auch fragen, was ist wachstumsrelevant? In der Forderung nach staatlichem Handeln kollidieren zwei Interpretationen von systemrelevant.

Corona ist es gelungen, die Ökonomie für einen Moment vom Kopf auf die Füße zu stellen. Statt: »Was können wir verkaufen?«, hieß es: »Was brauchen wir?« Oft sind es gerade diejenigen Bereiche, deren Geringschätzung sich in erbärmlicher Entlohnung ausdrückt oder die kaputt gespart, als unrentabel diskriminiert und für die Öffentlichkeit unsichtbar gemacht worden sind, die jetzt endlich als das wahrgenommen werden, was sie schon immer waren: lebensnotwendig. Deshalb könnte ein Gradmesser für die Systemrelevanz der Künste sein, inwieweit es ihnen gelingt, die Unsichtbaren immer wieder sichtbar zu machen, also die alte Frage, wer das siebentorige Theben erbaute, immer wieder zu stellen, immer besser zu stellen.

(2020)

BEHELMT IN DER UNIVERSITÄT

© Jürgen Homuth, 1988

Gegenüber denjenigen, die tagtäglich unter Einsatz ihrer Körperkräfte zu schuften haben, konnte ich damals und kann ich auch heute kaum mein schlechtes Gewissen unterdrücken. Dass ich das Abitur ablegen und fünf Jahre mit 200 Mark monatlich alimentiert studieren konnte, verdankte ich natürlich nicht nur, wie behauptet, jenen, die Felder bestellten, Kohle förderten, Eisenerz schmolzen und Häuser bauten, sondern eben auch jenen Studierten, deren Arbeit nicht weniger notwendig war und ist. Doch damals wie heute war und bin ich mir bewusst, die besseren Karten gezogen zu haben. Ich bekam Zeit zum Lernen, zum Lesen, zum Ausprobieren, ich bin privilegiert. Bei meiner Arbeit spielt das Wetter keine Rolle, und Muskelkater hole ich mir bestenfalls beim Wandern. Zudem war ich mir früher sicher, dass jeder Arbeiter einen Verdacht gegen uns Studierte hegte: Wir waren die Jasager, sonst hätten wir gar nicht studieren dürfen. Die Arbeiter erschienen mir immer freier und würdevoller als Studenten. Unter uns Studenten konnte kein Wehrdienstverweigerer sein, keiner, der nicht zur Wahl ging. Unter Arbeitshelmen – so meine Überzeugung – ging man aufrechter.

Heute fällt es gemeinhin schon gar nicht mehr auf, dass Fotos von Arbeitern und Bauern in der Zeitung oder in der Kunst rar geworden sind oder fehlen. Denn dass die Hand-Arbeit getan wird, gilt als selbstverständlich. Insofern ist allein schon das Motiv dieser Fotografie bemerkenswert. Nicht weniger auffällig ist das Spielerisch-Heitere, das von den beiden Bauarbeitern und der zum Kollegen geadelten Skulptur ausgeht – ist es zu gewagt, darin heute auch eine Freiheit von Existenzangst zu erkennen?

Die Gelassenheit, ja Lässigkeit der beiden Arbeiter steht in einem Gegensatz zu der schon fast aberwitzigen Symmetrie und Parallelität des Bildes – selbst die Pyramide der Helme ist ins Zentrum des Bildes gerückt. Die Athena auf dem Relief darüber spendet in einem Akt fotografischer Epiphanie ihren Weisheitssegen vor allem den Helmfiguren – denn die Bauarbeiter sind es, die an der Erhaltung des der Göttin anempfohlenen Universitätsgebäudes arbeiten. Solch eine Wendung hätte mir schon als Student vollkommen eingeleuchtet, schließlich trägt auch die Göttin einen Helm.

(2017)

267

UNRUHIGE BALANCE

© Jürgen Homuth, 1990

Sowjetische Soldaten sah man in der DDR nur als Marsch-
kolonne, als Fahrer von Militär-Lkws oder im Dunkel von
Mannschaftswagen, vielleicht noch als Lotsen für einen
Konvoi oder als Wachhabende am Kasernentor. Was sich
in der NVA »Ausgang« oder »Urlaub« nannte, war für die
sowjetischen Wehrpflichtigen, die früher für drei, später
für zwei Jahre im Ausland stationiert waren, praktisch nicht
vorgesehen.

Selten erblickte man eine Gruppe, so wie auf dem Bild,
ein Offizier (zu erkennen an der Schirmmütze) und fünf

Soldaten, einer davon mit Schulterstücken. Was machten sie in den Stunden außerhalb der Kasernenmauern? Ich kann mich nicht erinnern, jemals einen sowjetischen Soldaten in einem Restaurant gesehen zu haben. Einmal erlebte ich, wie ein Sergeant hastig aus einem Lkw sprang und in unseren Konsum eilte, als wäre er auf der Flucht. Während der Zeit meines Grundwehrdienstes besuchten wir aus irgendeinem Anlass eine Kaserne unserer »Waffenbrüder«. Zurück auf unsere Zehnmannstube zu kommen, erschien mir wie die Rückkehr in ein Hotel.

Dieses Foto fängt die unruhige Balance des Umbruchs von 1990 ein. In diesem einen Jahr änderte sich im Osten alles. In der Gestalt von Gorbatschow ermöglichte die Sowjetunion zuerst die gewaltlose Revolution, dann verzichtete sie auf ihre Kriegsbeute (gegen eine lächerliche Milliardensumme) und gab den Weg zum überstürzten Beitritt frei. Statt in einem »Bruderland« stehen die Uniformierten plötzlich auf dem Boden des Gegners, womöglich des Feindes.

Die Fotografie sollte in der Zeit um den 3. Oktober entstanden sein. Die D-Mark ist bereits Normalität – dafür spricht die Einkaufstasche der Passantin, die Kleidung des Mädchens, Autos »aus dem Westen« säumen schon die Straße. Von Wahlkampfveranstaltungen zeugen abgestellte Transparente an einem Laternenmast.

Die Fernstraße 6, die auch Dresden mit Leipzig verband, ist kaum befahren. Was also hindert die Soldaten zu gehen? Oder warten sie an einer Haltestelle, gleich dem Mädchen?

Die junge Frau ist nicht nur »aufgehübscht«, wie man es entlang der Fernstraße 6 sagen würde (frisiert, kurzer Rock, Kette und Armreifen, schwarze Strümpfe, Pumps, für die der vernarbte Fußweg etliche Fallen bereithält). Die Aktentasche legt Selbständigkeit nahe. Die Plastetasche, in der ein Karton steckt, ist eine D-Mark-Trophäe. Von den sechs Uniformierten sehen nur zwei auf die Frau, der Offizier, dessen Gesicht verdeckt ist, und der Soldat im Vordergrund. Ist es ein taxierender Männerblick? Womöglich. Mehr aber noch gilt er einem unbekannten Wesen, das hinter einer Glaswand in einer fremden Welt existiert, zu der sie keinen Zugang haben. Nicht mal heimlich könnte einer von ihnen in ein Geschäft gehen und etwas kaufen oder sich eine Bratwurst am Imbiss leisten. Woher sollten sie die D-Mark haben? Sie, die die Hauptlast bei der Befreiung dieses Landes vom Nationalsozialismus trugen und die größten Opfer beklagen, sind nun die Allerletzten. Sie wissen noch nicht, dass sich ihr eigenes Land ein Jahr später auflösen wird, sie ahnen nur, dass auch ihre Zukunft ungewiss sein wird. Eine Verlorenheit geht von ihnen aus, während alle anderen ihre Wege zu kennen scheinen. Nur der skeptische Blick des Mädchens, anfangs hielt ich sie für einen Jungen, die vielleicht erlebt hat, wie die Lehrer plötzlich anders redeten und anders schwiegen und die Lehrbücher und Lehrpläne verschwanden, sieht skeptisch auf den Fotografen. Sie steht im Mittelpunkt des Bildes.

(2020)

KLASSENREISE ALS OST-WEST-REISE?

Meine Herkunft aus der DDR mit den sozialen Kriterien zu beschreiben, die für die BRD gültig waren oder sind, ist kaum möglich. Ein oberflächlicher Blick könnte zu dem Schluss kommen, dass in der DDR das soziale Gefüge der BRD auf den Kopf gestellt war. Dieser »Kopfstand« ließe sich in dem Witz zusammenfassen: Treffen sich ein Arbeiter und ein Arzt. Sagt der Arbeiter zum Arzt: Ätsch, meine Kinder dürfen studieren und deine nicht. Sagt der Arzt: Dafür dürfen meine Enkel studieren und deine nicht, ätsch!

Insofern erfuhr ich als Jugendlicher soziale Herkunft als Benachteiligung – wobei ich heute immer versucht bin, Benachteiligung in Anführungszeichen zu setzen. Zum einen wurde ich letztlich doch nicht benachteiligt, zum anderen war ich tatsächlich sozial auch privilegiert. Meine Herkunft wurde für mich nur deshalb früh ein Thema, weil ich gern das Abitur machen und dann studieren wollte. Dabei war mein Nachteil ein mehrfacher: Ich war 1. ein sogenanntes Intelligenzkind, das 2. die Christenlehre besuchte, dessen Eltern 3. nicht in der Partei oder einer Blockpartei waren, der Vater seit 1977 auch noch im Westen, das 4. nur anderthalb Jahre zur Armee gehen wollte (und eben nicht drei Jahre oder gar eine Laufbahn als Offizier anstrebte) und 5. selbst nicht den Wunsch hegte, in die SED oder eine andere Partei einzutreten, eine Frage, die allerdings erst in der zwölften Klasse eine Rolle spielte.

Trotzdem konnte ich Abitur machen (an der EOS Kreuz-schule, die auch den Kreuzchor beherbergte, wurde mir sogar ein Banknachbar zuteil, der Wehrdienstverweigerer war), ich überstand die 18 Monate Grundwehrdienst ohne Blessuren (obwohl dieser in die Zeit der Polenkrise fiel und wir nicht ganz zu Unrecht fürchteten, im Dezember 1981 einzumarschieren), ich bekam einen wunderbaren Studi-enplatz (wir waren alle zwei Jahre nur 5 Studenten der Alt-philologie im gesamten Land) und suchte mir dann eine Arbeit, die mir zusagte (Schauspieldramaturg) und die mir sehr viel Freiheit und Zeit ließ. Hätte ich mir nicht selbst eine Arbeitsstelle gesucht, wäre die Uni verpflichtet gewe-sen, mir eine zu vermitteln.

Das ist ein Lebenslauf, der für die späte DDR durchaus glückhaft, aber auch nicht ungewöhnlich ist, nimmt man die Orchideenfächer Altgriechisch und Latein davon aus. Die Maßstäbe der Gegenwart sind nicht oder nur sehr be-dingt tauglich, um das Herkommen von jemandem zu be-schreiben, der 1962 im Osten geboren worden ist.

Wohnung

Unsere Wohnung war eine von sechs Wohnungen in unserem Treppenhaus, mit ca. 100 Quadratmetern ver-gleichsweise sehr groß. Diese Häuser stammten aus den Fünfzigern, errichtet für die sogenannten Spezialisten, In-genieure, die 1946 für sechs Jahre samt ihrer Familie in die Sowjetunion verfrachtet worden waren. Auf unserem Dachboden standen noch einige der großen Kisten und Koffer mit kyrillischen Buchstaben. Bei schlechtem Wetter waren meine Klassenkameraden immer bei uns, weil wir Platz hatten und weil ich sie nach Hause bringen durfte, im Gegensatz zu anderen, deren Eltern das verboten oder nur einen oder zwei Besucher erlaubten. Die Wohnung aber war nicht in erster Linie eine Frage des Geldes, sondern des »Zugangs«, also der »Wohnraumbeschaffung«.

In Altenburg, als Dramaturg, wohnte ich zur Untermiete mit einer 88-jährigen Schlesierin zusammen, Plumpsklo auf halber Treppe, ein Waschbecken, ein Ausguss. Ich zog dann zu einer Freundin ins Neubaugebiet. Dort war die soziale Zugehörigkeit der Bewohner gemischt: Viele Familien von Bergleuten aus dem Uran-Abbau (die Wismut-Kumpel), viele Arbeiter, Angestellte, aber auch Ingenieure, eine Zahnärztin und ein paar Theaterleute.

Alleinerziehende Mutter

Mein Privileg war meine Mutter, nicht nur, aber hauptsächlich. Noch vor meiner Geburt hatte sie sich von meinem Vater getrennt. Ich habe nie einen Vater vermisst. Die Väter meiner Klassenkameraden waren keine Vater-Werbung, denn zwischen Vätern und »Kloppe« gab es häufig einen direkten Zusammenhang.

Dass auf meine Mutter als »alleinerziehend« und geschieden herabgesehen worden wäre und damit auch auf mich, war ein Gedanke, der gar nicht existiert hat und der erst durch die Frage danach in der Zeit nach 1989 in mein Bewusstsein trat.

Der Vater meiner Mutter war in den Zwanzigern aus Süddeutschland nach Rumänien ausgewandert, weil er in

Deutschland zu oft hungern und frieren musste. Da er ein Technikum besucht hatte, arbeitete er als Statiker im Bau von Kleinflugzeugen, 1935 ist er mit meiner Großmutter, einem Waisenkind aus Hermannstadt/Sibiu, das immerhin eine Blumenhandlung leiten durfte, nach Deutschland zurückgekehrt. In Dessau und Halle arbeitete er in der Rüstungsindustrie, was ihm die Einberufung ersparte. Meine Großeltern erhielten Mitte der Fünfziger im Norden von Dresden, wo man am ersten düsengetriebenen Passagierflugzeug der Welt arbeitete, eine große Wohnung, man musste den Technikern etwas bieten, wenn sie im Osten bleiben sollten. Meine Mutter war eine sehr gute Frauenärztin (weshalb wir natürlich im Osten auch »Beziehungen« hatten, vom Fleischer bis zur Autowerkstatt). Sie wurde erste Oberärztin im Bezirkskrankenhaus, was gut klang, aber im Grunde spielte es nicht wirklich eine Rolle. Da sie in keiner Partei war und das auch nicht plante (wie auch mein Onkel, ein Chemiker, der erst nach 1989 zu Kongressen in den Westen reisen durfte), war das die höchste erreichbare Stelle. Der finanzielle Unterschied zu anderen Ärzten war gering und letztlich auch der zu den Facharbeitern, zumal wenn diese in Schichten arbeiteten.

Ein Wort wie »Karriere« existierte nicht oder war negativ besetzt. Als ich vor ca. zwanzig Jahren zum ersten Mal das Wort »karrierebewusst« hörte, hielt ich es für eine Denunziation.

Geld

Ich merkte nicht, dass ich nicht über Geld nachdenken musste. Ich bekam kein Taschengeld, weil ich, wenn ich etwas brauchte, danach fragte und es, wenn auch oft mit Wartezeit, meistens bekam. Ich weiß nicht mehr genau, wie wir das regelten, als ich Teenager wurde. Eigentlich mangelte es nie am Geld, wenn ich mir Bücher oder Schallplatten kaufen wollte. Für Ausflüge mit Freunden oder Klassenkameraden bekam ich immer das nötige Geld, meistens sogar etwas mehr als erwartet, allerdings mit der Maßgabe, den oder die mal einzuladen, weil die oder der doch sicherlich wenig hätte. Das brachte mich später in unangenehme Situationen, weil man beinah von mir erwartete, dass ich das eine oder andere für die Gemeinschaft übernehmen würde. Noch heute muss ich mich ermahnen, dass ich kein schlechtes Gewissen zu haben brauche, wenn ich im Restaurant nicht die gesamte Rechnung übernehme.

Urlaub

Was die Urlaube betrifft, war es ambivalent. Die Vorstellung, es könnte eine Familie geben, die nicht einmal im Jahr in Urlaub fuhr, hätte ich für unglaubwürdig gehalten. Wir fuhren oft an die Ostsee in private Quartiere, später dann mit dem Zelt in die Hohe Tatra. Unser Stammzeltplatz besaß allerdings keine Waschräume, man wusch sich am Bach. Die beiden Plumpsklos verbargen sich im Wald. Dann wiederum gab es etwa alle zwei Jahre die Flüge nach Bukarest zu unseren Verwandten, die uns beherbergten.

Anfang der Achtziger war es damit vorbei, weil die Versorgungslage selbst in Bukarest katastrophal war. Im Winter hatten wir oft für eine Woche oder zehn Tage ein Quartier in Oberwiesenthal bei einer Familie, deren Vater schwerer Alkoholiker war. Unser Zimmer hatte sogar ein Waschbecken, das »Trockenklo«, das das Treppenhaus verpestete, befand sich eine halbe Treppe höher. Merkwürdigerweise habe ich ausgerechnet dieses Winterquartier als Privileg empfunden. Skiurlaub war doch noch etwas Besonderes.

Westgeld

Das einzige Kleidungsstück, das ich mir selbst kaufte, war die »jährliche« Levis im Intershop. Wegen unserer Westverwandtschaft gab es dafür Geld. Es wäre interessant zu wissen, wie meine Klassenkameraden das damals sahen. Ich empfand die »echte« Jeans als Vorzug. Andererseits kann ich mich nicht erinnern, dass wir uns ernsthaft über Kleidung unterhalten hätten. Nur ein Junge aus meiner Klasse, der auch noch lange mit einem Sprachfehler zu kämpfen hatte, musste die abgelegten und umgenähten Hosen und Hemden seines Vaters tragen, was ihm von einigen aus der Klasse Hänseleien eintrug.

Epilog

Es ist kaum möglich, bei mir einfach von einer »Klassenreise« zu sprechen, wie es Gleichaltrige, die im Westen
aufgewachsen sind, mit einer gewissen Selbstverständlichkeit und Berechtigung tun können. Die Lebensreise
derjenigen, die im Osten geboren wurden, verlief wider-
sprüchlicher. Es gab im Osten soziale Unterschiede. Aber
diese waren im Vergleich zu denen im Westen deutlich geringer, vor allem aber wurden sie durch die ideologischen
Vorgaben in den Hintergrund gedrängt. Deshalb erlebte
ich die Ideologie als bestimmendes Element. Von heute
aus sehe ich die damalige Situation des Nicht-Arbeiter-
kindes, das ich war, als sozial privilegiert und zugleich als
benachteiligt an. Das ist eine merkwürdige Ambivalenz,
die sich später im Westen schnell vereindeutigt hat hin
zum Privileg, obwohl ich als Ostler dann wiederum zur
weniger begünstigten Seite gehörte, weil mir die westliche Erfahrung fehlte, vor allem das, was man heute Netz-
werke nennt.

Durch die Ost-West-Reise einer ganzen Bevölkerung
(selbst wer zu Hause blieb, war von einem Tag auf den
anderen im Westen) traten die Eigentumsverhältnisse in
ihre als überwunden geglaubten Rechte wieder ein.

Insofern wurde die Ost-West-Reise auch zu einer Klassenreise, die schwer auf einen Nenner zu bringen ist. Den
vielen errungenen Freiheiten und dem gehobenen Lebens-
standard stehen in aller Regel eine Abwertung (materiell
wie im Ansehen) derjenigen Berufe gegenüber, die sich als
Arbeiter und Dienstleister im weitesten Sinne verstehen.
Das ist zusätzlich beeinflusst von einem West-Ost-Gefälle,

das ein materielles wie ein symbolisches ist. Nie wäre mir in den Sinn gekommen, dass Eltern größten Wert darauf legen könnten, ihren Kindern das Sächsisch abzugewöhnen, um sie nicht sofort als Ostler kenntlich werden zu lassen und damit ihre Karrierechancen zu vermindern.

Mitunter wird es als »indiskret« wahrgenommen oder einfach nur als befremdlich (»über so etwas spricht man doch nicht«), wenn ich öffentlich erwähne, dass ich eine Eigentumswohnung bewohne, die nicht ich mir erarbeitet habe. Doch mein Leben, noch dazu in Berlin, wäre ein vollkommen anderes ohne dieses Eigentum. Und auch wenn ich mir dieses Vorteils bewusst bin, weiß ich doch, dass er blinde Flecken in meinem Denken und Fühlen produziert, weil mir bestimmte Erfahrungen erspart bleiben. Und zugleich weiß ich, dass dieser Wohnungsbesitz wiederum lächerlich wenig gegenüber jenen ist, die über Eigentum an Produktionsmitteln etc. verfügen.

Klasse hat für mich nach wie vor und in erster Linie mit Eigentum zu tun, sehr oft oder gar in aller Regel mit vererbtem Eigentum. Die Unterschiede vererben sich im wortwörtlichen Sinne und polarisieren unsere Gesellschaft auf jeder sozialen Ebene. Erst etliche Jahre nach dem Ende der DDR konnte ich das utopische soziale Potenzial erkennen, das durch den Bruch mit dem Privateigentum an Produktionsmitteln bewirkt worden war. Dieser Bruch mit einer – für westliche Altersgenossen – Selbstverständlichkeit wurde durch ideologische Vorgaben pervertiert. Bei aller Kritikwürdigkeit der ideologisch überformten Verhältnisse besteht zu Hochmut gegenüber der DDR, die eine neue soziale Gerechtigkeit schaffen wollte und tatsächlich auch schuf, ganz gewiss kein Anlass. Im Gegenteil. Soziale Gerechtigkeit besteht heute weiterhin als ein uneingelöster Auftrag, der oft genug nicht mal als solcher begriffen wird.

(2023)

ENDLICH WIEDER VERBOTE!

Wortmeldung eines ehemaligen Zensors, ermutigt von Martin Mosebach

Leider habe ich erst gestern den Essay »Vom Wert des Verbietens« von Martin Mosebach gelesen – mit Staunen und großer innerer Bewegtheit. Gern hätte ich schon früher meiner Zustimmung Ausdruck verliehen. Denn Martin Mosebach vermag offen und kühn wie kein anderer im deutschen Feuilleton einen Bogen von der Religion über die politische Verfasstheit unseres Staates bis hin zur Ästhetik zu schlagen.

Schon vor einigen Wochen hatte mir Martin Mosebachs Deutung der unleugbaren Tatsache, dass der östliche Teil Deutschlands im Vergleich zum westlichen Teil praktisch nicht innovativ tätig wird, die Augen geöffnet. Gegen alle gängigen Erklärungsmuster verhalf Martin Mosebach dem Tatbestand zur Evidenz, dass nicht nur der verordnete DDR-Atheismus das Land ruiniert hat, sondern dass das Übel letztlich mit Luther als geistigem Brandstifter begann. Ohne Luther kein Bauernkrieg und erst recht kein Dreißigjähriger Krieg. Ich habe den Gedanken weitergesponnen und bin zu dem Schluss gekommen, dass die Übersetzung der Bibel ins Deutsche keine gute Idee gewesen ist. Die Kirchensprache ist nun mal Latein. Und wir hätten besser daran getan, das zu akzeptieren und Latein und zumindest das simple Griechisch des Neuen Testaments zu lernen (und die Gebildeten unter uns noch das gar nicht so schwierige Hebräisch), statt aus Bequemlichkeit zu Übersetzungen zu greifen. Aber das nur nebenbei.

In unserer Gesellschaft, in der Beliebigkeit und Hedonismus Tag für Tag mit Freiheit und Unabhängigkeit verwechselt werden, ist der Ruf nach verbindlichen Richtlinien, die auch durch juristische Konsequenzen robust abgesichert werden, mutig und notwendig und für die Literatur ein Segen. Zumindest sehe ich keinen anderen Weg, wie unserer müden Gegenwartsliteratur wieder auf die Beine geholfen werden kann.

Deshalb sollten gerade Schriftsteller die Forderung nach einem Blasphemiegesetz nicht leichtfertig abtun. Es gehört zu den unangenehmen, aber durch Erfahrungen gesicherten Wahrheiten, dass Kunst nur dann ihren Namen verdient, wenn ihr ein entsprechend starker Leidensdruck zugrunde liegt. Ohne Leiden keine Kunst und keine Literatur. Das weiß jedes Kind. Nur handelt niemand danach. Wer wollte heute noch bestreiten, dass die Autonomie von Kunst und Literatur der Literatur und Kunst nicht gutgetan haben, dass die Autonomie die Literatur in eine Ödnis des *anything goes* getrieben hat, wo sie nun still vor sich hin grast und wiederkäut, was seit Jahrhunderten Gemeingut ist. Gerade die Literatur braucht – gar nicht horribile dictu – Verbote und Grenzen.

Martin Mosebach ist der erste namhafte Intellektuelle, der öffentlich auszusprechen wagt, was bei mir schon lange innerste Überzeugung ist. »Entgegen der Forderung nach unbedingter Freiheit, die Künstler gern beanspruchen, ist in der Geschichte der Kunst die Beschränkung dieser Freiheit der Entstehung von Kunst höchst förderlich gewesen. Nicht alles aussprechen zu dürfen, von rigiden Regeln umstellt zu sein, hat auf die Phantasie der Künstler überaus anregend gewirkt und sie zu den kühnsten Lösungen inspiriert; berühmt ist die Devise ›Die Zensur verfeinert den Stil‹ oder die Maxime des wahrhaft zensurerfahrenen Karl Kraus: ›Ein Satz, den der Zensor versteht, wird zurecht verboten.‹«

Schon allein ein Satz wie »Gott ist tot« wäre bei einem Blasphemiegesetz, wie ich es mir vorstelle, ganz sicher nicht so kurz und eindimensional ausgefallen. Ein Blasphemiegesetz wäre dem Autor Ansporn und Zuchtmeister gewesen, seine Formulierungskünste in die kühlen Höhen von schillernder Ambivalenz zu treiben, von der Poesie bekanntlich lebt. Und sie hätte den Verfasser zudem vor logischem Unsinn bewahrt, wie er ihm durch die *contradictio in adiecto* von dem Substantiv »Gott« und dem Adverb »tot« unterlaufen ist.

Oder nehmen sie Lessings »Nathan der Weise«. Eine derart eindimensionale Figur wie den Patriarchen zu schaffen, der nichts weiter zu sagen hat, als: »Tut nichts! Der Jude wird verbrannt!«, und das auch noch unter dem Hinweis auf eine dem christlichen Glauben angeblich immanente Logik, ist nach heutigen Maßstäben viel zu undifferenziert. Auch hier hätte juristischer Druck den Dramatiker sicherlich zu einer wahrhaftigeren Darstellung der Welt anhalten können.

Leider ist in der Öffentlichkeit kaum bekannt, dass diejenigen, die in der Zensurbehörde der DDR der Literatur dienten, bei ihrem Einstellungsgespräch nicht nur die Parabel über den Großinquisitor aus den »Brüdern Karamasow« von Fjodor Dostojewski im Original zu lesen hatten, sie mussten auch eine fiktive Verteidigungsrede für den Großinquisitor halten, der den wiedergekehrten Jesus verbrennen will. Da half einem nicht wie sonst die übliche Parteilichkeit weiter, da musste man schon über die Dialektik von Buchstabenweisheit und real existierender Institution disputieren. Martin Mosebach bezieht sich wohl unausgesprochen auf den Satz des Großinquisitors: »Denn die menschliche Natur vermag Gotteslästerung nicht zu ertragen und straft sich schließlich selber dafür. Unruhe, Verwirrung und Unglück: da hast du das Los der gegenwärtigen Menschen nach allem, was du für deren Freiheit gelitten hast.« Ist es da nicht besser, es findet sich jemand, der straft? Wen Gott liebt, den schlägt er. Wen wir ernst nehmen, den bestrafen wir. Und was wünscht sich ein Schriftsteller mehr, als ernst genommen zu werden? Bei unseren Disputationen in der Behörde wurde am Ende jedem von uns klar, dass dem Herrn Jesus tatsächlich kein besserer Dienst hätte erwiesen werden können, als ihn ans Kreuz zu schlagen. Oder anders gefragt: Was wäre Jesus ohne Kreuz?! Erst die Kreuzigung bringt – um einen schönen Mosebach'schen Ausdruck aufzugreifen – Musik in die Geschichte.

Und so ist es auch mit der Literatur. Was können Autoren heute noch riskieren, selbst wenn sie es wollten? Wo haben sie überhaupt noch die Möglichkeit, seelische und charakterliche Größe zu beweisen? Dementsprechend sehen die Bücher unserer Gegenwartsliteratur auch aus. Ihnen fehlt, kurz gesagt, das Kreuz.

Um nicht in den Verdacht zu geraten, Martin Mosebach unkritisch gegenüberzustehen, möchte ich anmerken, dass die von ihm offenbar zustimmend zitierte Beobachtung von Karl Kraus zumindest nicht jener Wirklichkeit entspricht, die ich kennenlernen durfte. Wir Zensoren haben alles verstanden, auch unsere besten Autoren. Wir verstanden sogar meist mehr als diese selbst. Insofern fühle ich mich berechtigt zu prognostizieren, dass eine staatliche Institution, die Neuerscheinungen unter dem Gesichtspunkt eines Blasphemieparagraphen prüft, dem jeweiligen Text bedeutende Interpretationen hinzuzufügen in der Lage wäre. Aber das nur am Rande.

Entscheidend ist: Solange Blasphemie als »lässige Attitüde oder als kalkulierte Spielerei« auftreten kann, bleibt »ihr künstlerischer Ertrag« dementsprechend gering.

Martin Mosebach geht folgerichtig einen Schritt weiter, wenn er schreibt: »In diesem Zusammenhang will ich nicht verhehlen, dass ich unfähig bin, mich zu empören, wenn in ihrem Glauben beleidigte Muslime blasphemischen Künstlern – wenn wir sie einmal so nennen wollen – einen gewaltigen Schrecken einjagen.«

Bravo! Künstler brauchen solch gewaltige Schrecken. Hat die Fatwa Rushdie etwa geschadet? Dass eine verschwindende Minderheit es übertrieben und ein paar seiner Übersetzer abgemurkst hat, ändert ja nichts an der Tatsache, dass »gewaltige Schrecken« – wir sprachen früher immer gern von »Denkzetteln« – der Literatur auf die Sprünge helfen.

Allerdings muss der Künstler auch den Willen haben und über eine bestimmte charakterliche Größe verfügen, um das Kreuz dann auch tatsächlich auf sich zu nehmen. Martin Mosebach schreibt ganz richtig: »Es gehört zum Stolz und zur Ehre eines Künstlers, dass er den Zusammenstoß mit der Rechtsordnung, wenn er sich aus seiner Kunst notwendig ergibt, nicht bejammert und nicht nach dem Kadi ruft.« Das habe ich früher auch immer von den Schriftstellern im Osten verlangt. Aber auch wenn die besten von ihnen dort weder gejammert noch nach dem Kadi gerufen haben, so hatten sie immer noch als Ausflucht den Westen. Das ist zum Glück vorbei. Martin Mosebach formuliert wohltuend zurückhaltend: »Der Künstler, der in sich den Ruf fühlt, eine gesellschaftliche Konvention, den Glauben derjenigen, für die Gott anwesend ist oder auch ein Gesetz für seine Kunst verletzen zu müssen, der ist – davon bin ich überzeugt – dazu verpflichtet, diesem Ruf zu folgen. Die daraus entstehenden Unkosten wird er generös begleichen, auch wenn sie seine Existenz gefährden.« Kann man es besser sagen? Wenn dem heutigen westlichen Schriftsteller etwas fehlt, dann ist es die Möglichkeit, durch sein Schreiben die eigene Existenz wie die seiner Familie zu ruinieren. Das allein wird natürlich nicht jene Literatur hervorbringen, die wir uns wünschen. Aber sie verbessert schlagartig die Voraussetzungen dafür. Insofern wäre ein Blasphemiegesetz, das seinen Namen verdient, ein guter Anfang. Ich bin dabei.

(2012)

ANMERKUNGEN ZU MARTIN LUTHERS THESE 90

»Diese äußerst peinlichen Einwände der Laien nur mit Gewalt zu unterdrücken und nicht durch vernünftige Gegenargumente zu beseitigen heißt, die Kirche und den Papst dem Gelächter der Feinde auszusetzen und die Christenheit unglücklich zu machen.«

Lieber, sehr verehrter Herr Dr. Luther! Ich danke Ihnen für Ihre Thesen. Vor allem aber danke ich Ihnen dafür, dass Sie sich nicht gescheut haben, diese auch öffentlich zu machen. Ich finde sie äußerst hilfreich und anregend, weil Sie damit die Verhältnisse auf den Punkt bringen. Schon allein das ist heute eine Befreiung! Ihre Aktion überzeugt mich ebenfalls durch Ihren Gestus. Sie sind nicht nur offensiv, sondern offen. Keine Ihrer Thesen lässt sich ohne den Vorsatz verstehen, in eine Diskussion eintreten zu wollen. Sie verlangen von Kirche und Papst, zu Gesprächspartnern zu werden. Das verlange auch ich von unserer Obrigkeit. Bei allem ist Ihren Stichworten anzumerken, dass Sie nicht anders können. Ich spüre beim Lesen sowohl den Schmerz, den der Status quo Ihnen bereitet, als auch die Überwindung, die es Sie kostet, ihre Zweifel allen anzuzeigen.

Ja! Und nochmals: Ja! Solch eine grundsätzliche Debatte ist nicht nur notwendig, sie ist dringlich! Sie sollten auch wissen, verehrter Herr Dr. Luther, wie viel Ermutigung darin liegt, dass Sie auf das Gespräch setzen und damit trotz aller misslicher Erfahrungen auf Ratio und Verständnis. Indem Sie den sanften Zwang des besseren Arguments der Gewalt vorziehen, leisten Sie Wegweisendes! Wie sonst sollten Restriktion und Gewalt verhindert werden? Und was taugte unser ganzes Expertenwissen, wenn schon die Fragen einer Fischverkäuferin oder eines Bauern die Argumente des höchsten Vertreters der Macht ad absurdum führen? Unsere Argumente müssen sich unter den Gelehrten genauso bewähren wie unter dem gemeinen Volk. Nur dann bewirken sie auch die notwendigen Veränderungen. Deshalb müssen wir klar und verständlich schreiben und sprechen und dies auf den Straßen kundtun, wie Sie es, verehrter Herr Dr. Luther, uns vorgemacht haben. Denn der Status quo – das sehe ich dank Ihrer Gedanken und Fragen nun deutlicher – ist nicht akzeptabel. Wir brauchen Veränderungen, damit wir uns nicht dem Gelächter unserer Feinde aussetzen und endlich wieder im Einklang mit unserer geistlichen und weltlichen Obrigkeit leben können, also beinah glücklich.

Gegeben zu Berlin, a. D. 2016

EIN SCHWEDE IN STOCKHOLM

Ich weiß nicht mehr, warum er mir auffiel. Vielleicht, weil er so typisch schwedisch aussah. Denn schwedische Männer sind auch Anfang sechzig noch groß und schlank, grau-blond, haben ein markantes Gesicht, erscheinen wortkarg und gestisch verhalten, der Blick dafür hellwach. Deshalb fällt ein typischer Schwede sogar auf einer Geburtstags-feier zum 60. Geburtstag eines schwedischen (oder schwe-disch-deutsch-österreichischen?) Schriftstellers auf. Es wa-ren vielleicht hundertfünfzig Gäste aus allen Teilen der Welt versammelt, wobei der Hang des Jubilars zur Lyrik, insbe-sondere der deutschen Lyrik, sich in der Anwesenheit ih-rer bekanntesten Vertreter offenbarte, die noch nicht die 60 erreicht hatten.

Als wir in den Hauptsaal in die erste Etage gebeten wur-den, ließen jener Schwede und ich uns beinah Rücken an Rücken an benachbarten Tischen nieder. Allerdings saß ich noch gar nicht richtig, als die beiden Toastmaster – ein Wort, das ich, wäre es mir vorher zu Ohren gekommen, der Bäckerzunft zugeordnet hätte – bereits die ersten Namen von Gratulanten aufriefen, die ihrerseits umgehend begannen, auf Schwedisch, bald darauf auf Deutsch oder Englisch ihre Glückwünsche für den Jublilar vorzutragen.

Ich muss gestehen, dass ich, selbst dann, wenn ich nichts verstand, von den rhetorischen Fähigkeiten der Gratulanten beeindruckt war. Verstand ich etwas, sah ich ehrfürchtig zu dem Jubilar hinüber, der sich wie in einem Jungbrunnen von Beitrag zu Beitrag mehr belebte und seinerseits Rührung, Lob und Witz in immer neuen Variationen versprühte. Mir hingegen machte zunehmend der Duft des Buffets im Nebenraum zu schaffen. Meine geflüsterten Fragen, ob da nicht etwas kalt werde, was nicht kalt werden sollte, wurde von meinen Tischnachbarinnen entweder nicht verstanden, oder ich wurde verbal wie gestisch ermahnt, still zu sein. Kein Wort, schon gar keinen Vers, wollten sie sich entgehen lassen. Zudem beschlich mich aufgrund der nervös-verstohlenen Blicke auf verschämt hervorgezogene Zettel rund um den Tisch der Verdacht, ich könnte der Einzige unter allen geladenen Gästen sein, der es nicht fertiggebracht hatte, einen Beitrag zu verfassen. Zudem beeindruckten mich die deutschen Lyrikerinnen und Lyriker, die in einem erstaunlichen Englisch englischsprachige Lyrik vortrugen. Auch wenn ich dem Gedanken- und Assoziationsgang der englischen Lyrik wegen mangelnder Vokabelkenntnis nicht zu folgen vermochte, lauschte ich hungrig diesem Sound, der womöglich noch größere Weisheiten in sich barg als die Hieroglyphen. Die anderen Gäste quittierten die Anspielungen und Verweise, die offenbar in beinah jedem Vers versteckt waren, mit enthusiastischem Raunen, schallendem Gelächter oder rauschendem Applaus. Verlorener denn je und mit einer gewissen Schwäche kämpfend, die Stockholmer Preise hatten mich von einem Mittagsimbiss absehen lassen, sah ich mich nach meinem Schweden um. Lauschte er mit erhobenem Kopf, oder witterte auch er den herüberziehenden Speisenduft?

Den Kopf zu drehen, tat mir nicht gut, mir schwindelte eh schon leicht. Deshalb hielt ich mich mit beiden Händen am Tisch fest, den Blick auf meinen leeren Teller gerichtet.

Doch plötzlich war mir, als richteten sich alle Blicke auf ihn, meinen Schweden. War das eben *sein* Name gewesen? Tatsächlich. Zögerlich und unsicher um sich blickend, drückte er sich von seinem Stuhl empor. Wurde man hier etwa aufgerufen, ganz gleich, ob man sich zur Gratulationskur gemeldet hatte oder nicht? Mir brach der Schweiß aus. Er habe, begann der Schwede leise und stockend auf Englisch zu erklären (oh, wie litt ich mit ihm!), doch die Toastmaster bereits vor einigen Tagen darüber informiert, dass es ihm leider nicht möglich sei, seinen angekündigten Beitrag zu leisten. Alles an ihm strebte danach, wieder in der Anonymität der Sitzenden zu verschwinden. Die Fluggesellschaft habe sich geweigert, fügte er nach kurzem, kaum erträglichen Schweigen hinzu, sein Saxophon zu transportieren, es sei einfach nicht möglich gewesen, mit Saxophon zu reisen. Sonst hätte er gern, wie verabredet, hier gespielt. Leichter Beifall belohnte seine ehrenvolle Absicht. Man bedauerte sein Missgeschick, das nun ein Missgeschick für uns alle sei, wie es der Jubilar reaktionsschnell formulierte, und schüttelte den Kopf über die Bürokratie und Herzlosigkeit der Fluggesellschaft.

Da er aber nun schon mal hier stehe, fuhr der Schwede fort – wieso sprach er plötzlich ein akzentfreies Deutsch? –, wolle er etwas anderes vortragen.

»Gesang?«, schoss es mir durch den Kopf. Schon im nächsten Augenblick vernahm ich:

»Im traurigen Monat November wars, / Die Tage wurden trüber, / Der Wind riß von den Bäumen das Laub, / Da reist ich nach Deutschland hinüber.«

Was er da zu ganzer schwedischer Größe aufgerichtet auf Deutsch rezitierte, war mir seltsam vertraut, als sehe ich ei-

nen Schulfreund wieder, den ich aus den Augen verloren
hatte.

»Und als ich an die Grenze kam, / Da fühlt ich ein stärke-
res Klopfen / In meiner Brust, ich glaube sogar / Die Augen
begunnen zu tropfen.«

Seine Rezitation griff mir ans Herz, was vielleicht auch
daran lag, dass er sich, wie er da so aus dem Stegreif sprach,
bemüht war, jedem Tisch, ja jedem Gast einen Blick zukom-
men zu lassen, als verkünde er einen Aufruf, eine Einladung
an alle, eine Ermutigung für jede und jeden im Raum.

»Und als ich die deutsche Sprache vernahm, / Da ward
mir seltsam zu Mute; / Ich meinte nicht anders, als ob das
Herz / Recht angenehm verblute.«

Ja. Ja! Genau so erging es auch mir beim Klang der deutschen Sprache. Die Gänsehaut, sie kroch mir noch unter den
Manschettenknöpfen aus Hemd und Jackett. Auch mein
Herz blutete. Und ich lauschte und lauschte. Sein Wintermärchen verlieh mir Orientierung. Plötzlich wusste ich wieder, wo oben und wo unten waren, wo links und rechts, wo
Nord und Süd.

»Ein neues Lied, ein besseres Lied, / O Freunde, will ich
Euch dichten! / Wir wollen hier auf Erden schon / Das Him-
melreich errichten.«

Ja!, rief ich dazwischen. Ja! Und als die Strophe mit den
Zuckererbsen kam, konnte ich kaum meine Tränen zurück-
halten. Wie hatte ich diese Verse vergessen können? Wieso
lebte ich ohne sie? Was war ich doch für ein armer Tropf!

Am Ende applaudierte ich laut! »Bravi!«, rief ich, »bravi!«
Er hörte es nicht, jedenfalls sah er sich nicht nach mir um.
Vielleicht hatte ich es auch zu leise gerufen. Oder wünschte
ich nur, es gerufen zu haben?

Sein Vortrag – war es der Hinweis auf die Zuckererbsen gewesen? – hatte zudem den Bann gebrochen: Umgehend wurde das Buffet für eröffnet erklärt.

Als der schwedische Saxophonist, der so akzentfrei Deutsch sprach, bald darauf mit vollem Teller an seinen Tisch zurückkehrte und ich nun endlich die Gelegenheit beim Schopfe packen wollte – denn nun war auch unser Tisch berechtigt, aufzustehen und sich zu bedienen –, war es nicht der Mut, der mich verließ. Denn was braucht es schon für Mut, jemanden auf einem Geburtstag anzusprechen? Nein! Ich schämte mich plötzlich, nicht selbst ein Gedicht rezitieren zu können, kein einziges, nicht mal ein ganz kurzes. Warum hatte es des Zufalls, des Zufalls und dieses Heine-Schweden bedurft, um mir die Welt wieder vertraut und verständlich zu machen?

Wäre es nicht viel angebrachter, dachte ich, selbst erst einmal »Ein Wintermärchen« auswendig zu lernen, bevor ich ihn ansprach? Oder andere Gedichte von Heine zu memorieren, um deren Vortrag dann, sollte er mich nochmals einladen, unserem Gastgeber zum Geschenk zu machen? Und vielleicht würde der Heine-Schwede, der in fünf Jahren sicher sein Saxophon dabei haben würde, zu spielen beginnen, während ich rezitierte ... Dieser Gedanke verlieh mir plötzlich eine überraschende Zuversicht, als hätte ich bereits Freundschaft mit dem Heine-Schweden geschlossen! Freudig erhob ich mich und stolperte, von einem ungeduldigen Tischnachbarn am Rücken getroffen, vorwärts zum Buffet.

(2020)

IV

Nicht nur Politisches

DER GOTT DES ANDEREN

Mit fünfzehn empfing ich meinen Konfirmationsspruch wie eine Botschaft Gottes. Mit sechzehn sann ich darüber nach, ob ich dazu berufen sei, Pfarrer zu werden. Bei allen Zweifeln erschien mir ein Diesseits ohne ein Leben nach dem Tod sinnlos. Wie hielten die Ungläubigen das überhaupt aus? Aber würden diese dann tatsächlich im Jenseits für ihren Unglauben bestraft werden? Andererseits machte mir die Zufälligkeit zu schaffen, mit der ich zum Christen geworden war. Verhielten sich alle so wie ich, bliebe ein jeder, was er durch Geburt und Erziehung geworden war; der richtige Glaube würde von der Mehrheit der Menschen verfehlt.

Bei meinem Versuch, diese Beliebigkeit zu überwinden und aus freien Stücken zum Christentum zu finden, verlor ich meinen Glauben. Weil ich unter diesem Verlust litt, bildete ich mir auch etwas darauf ein, nun ohne einen Gott zu leben. Ich war siebzehn und fand mich erwachsener als alle Gläubigen zusammen. Neben diesem Dünkel und einer Stimmung, die zwischen Verlorenheit und Lebenslust schwankte, empfand ich auch Erleichterung: Ich musste nichts mehr a priori verteidigen und niemanden mehr missionieren. Was ich als gut, sinnvoll und richtig erachtete, lag nun ganz bei mir.

Meine Diplomarbeit als Altphilologe (das östliche Äquivalent zur Magisterarbeit) schrieb ich über die letzte Tragödie des Euripides, »Die Bakchen«, in der es um die Einführung des Dionysoskultes in Theben geht. Weil sich König Pentheus gegen das aus seiner Sicht zügellose Treiben der Frauen wehrt und den Kult auch gegen den Rat des blinden Sehers Teiresias verbietet, wird er von den »Bakchen«, den Anhängerinnen des Dionysos, in Stücke gerissen; seine Mutter trägt im Wahn das auf einen Stock gespießte Haupt ihres Sohnes nach Theben.

Es gibt eine lange Deutungsgeschichte dieser Tragödie, deren prominenteste Vertreter Nietzsche und Wilamowitz-Moellendorff waren. Nietzsche sah in der Tragödie eine Feier des Irrationalismus, Moellendorf hingegen eine harte Kritik daran. Entscheidend war für mich, dass man es sowohl so als auch so sehen konnte. Was als »rational« und was als »irrational« gewertet wird, ist keine Frage des Sachverhalts, des Inhalts oder Vorgangs, sondern eine Frage der Perspektive. Was dem einen irrational (krank, lächerlich, absurd) erscheint, gilt dem anderen als rational (gesund, vernünftig, folgerichtig) – und umgekehrt! Als Christ hatte es für mich kaum etwas Wichtigeres gegeben als zu beten. Von einem Tag auf den anderen war das Gebet für mich zu einer Art Autosuggestion geworden und nicht mehr nachvollziehbar.

Ich muss mich immer wieder dazu durchringen, jenen Ansichten, die ich selbst als falsch, unlogisch, ja irrational ansehe, trotzdem eine eigene Logik und Rationalität zuzugestehen, auch wenn ich diese lächerlich, gefährlich oder gar unmenschlich finde. Noch die übelste Gangsterbande braucht eine eigene »rationale« Erzählung. Der Verweis auf die Realität, auf wissenschaftliche Erkenntnisse oder Glaubensbekenntnisse, um die andere Seite von der Richtigkeit der eigenen Weltsicht zu überzeugen, wird mit den gleichen Hinweisen beantwortet. Wer die Erde heute noch für eine Scheibe hält, den überzeugt nicht mal ein Flug in den Weltraum.

In den »Bakchen« wurde der Glaube beziehungsweise Unglaube politisch. Letztlich war es eine Frage der Macht, was als rational und logisch und richtig zu gelten hat. Das ist heute nicht anders, ganz gleich ob es die Frage nach Besitzverhältnissen betrifft, den Schwangerschaftsabbruch, die Impf- oder Schulpflicht, die Klimaerwärmung – stimmt der Einzelne nicht damit überein und argumentiert als Autor oder Volkstribun dagegen, kann er als Beleg für die Meinungsfreiheit eingemeindet werden oder als Spinner gelten, er kann seinen Arbeitsplatz behalten oder verlieren, ins Gefängnis wandern oder Ärgeres, er kann sich bei Wahlen, Demonstrationen oder Revolutionen dagegen stellen oder die Flucht und Emigration suchen.

In Krisenzeiten werden die alltäglichen Beziehungen komplizierter oder gar aufreibend, wenn die Politik von jedem Einzelnen eine Antwort verlangt. Ich streite ungern. Denn ohne es zu wollen, verfalle ich schnell in eine Gegen-Einseitigkeit und werde meinem Gegenüber ähnlicher, als es mir lieb ist. Wenn es mir aber gelingt, mich nicht zum Feind machen zu lassen, wenn ich meine eigenen Irritationen und Zweifel bekenne, ohne die eigene Position zu verleugnen, gerät mitunter etwas in Bewegung, lassen sich zwischen schwarz und weiß Abstufungen finden, auf anderen Gebieten sogar Gemeinsamkeiten. Es ist nicht zuletzt der Versuch, mich selbst vor Verhärtungen zu schützen. Schon allein deshalb darf ich den Gott des anderen nicht aus seinem Himmel streichen, auch wenn ich da beim besten Willen nichts Göttliches erkennen kann – aber doch immerhin mein Gegenüber.

(2022)

GEGEN DIE AUSPLÜNDERUNG
DER GESELLSCHAFT

Ich habe seit etwa drei Jahren keinen Artikel mehr geschrieben, denn ich weiß nicht mehr, was ich noch schreiben soll. Es ist alles so offensichtlich: die Abschaffung der Demokratie, die zunehmende soziale und ökonomische Polarisation in Arm und Reich, der Ruin des Sozialstaates, die Privatisierung und damit Ökonomisierung aller Lebensbereiche (der Bildung, des Gesundheitswesens, des öffentlichen Verkehrssystems usw.), die Blindheit für den Rechtsextremismus, das Geschwafel der Medien, die pausenlos reden, um über die eigentlichen Probleme nicht sprechen zu müssen, die de facto Zensur (mal als direkte Ablehnung, mal in Form von »Quote« oder »Format«) und, und, und …

Die Intellektuellen schweigen. Aus den Universitäten hört man nichts, von den sogenannten Vordenkern nichts, hier und da gibt es einzelnes kurzes Aufflackern, dann wieder Dunkel.

Ich kann nur den Gemeinplatz wiederholen: Die Gewinne werden privatisiert, die Verluste sozialisiert. Und ich wünschte, ich könnte Gegenbeispiele nennen.

Als ich die Einladung erhielt, mich am 18. Dezember 2011 in Berlin mit einem Beitrag an einer Veranstaltung zu beteiligen, die den Titel trug »Angriff auf die Demokratie« – im Untertitel war von den Auswirkungen der Eurokrise die Rede –, sagte ich nur deshalb zu, weil ich die meisten der

Redner kannte und schätzte und weil ich meiner Vereinzelung entgegenwirken wollte. Denn wenn man Tag für Tag den Wahnsinn als Selbstverständlichkeit aufgetischt bekommt, ist es nur eine Frage der Zeit, bis man sich selbst für krank und abnorm hält.

Ich versuchte, einige Gedanken zusammenzufassen, die mir wichtig erschienen:

Von einem Angriff auf die Demokratie zu sprechen, ist euphemistisch. Eine Situation, in der es einer Minderheit gestattet wird, es also legal ist, das Gemeinwohl der eigenen Bereicherung wegen schwer zu schädigen, ist schon postdemokratisch. Schuld ist das Gemeinwesen selbst, weil es sich nicht gegen seine Ausplünderung schützt, weil es nicht in der Lage ist, Vertreter zu wählen, die seine Interessen wahrnehmen.

Jeden Tag ist zu hören, die Regierungen müssten »die Märkte beruhigen« und »das Vertrauen der Märkte wiedergewinnen«. Mit Märkten sind vor allem die Börsen und Finanzmärkte gemeint, damit also jene Akteure, die im eigenen Interesse oder im Auftrag anderer spekulieren, um möglichst viel Gewinn zu machen. Sind das nicht jene, die das Gemeinwesen um unvorstellbare Milliarden erleichtert haben? Um deren Vertrauen sollen unsere obersten Volksvertreter ringen?

Wir empören uns zu Recht über Wladimir Putins Begriff der »gelenkten Demokratie«. Warum musste Angela Merkel nicht zurücktreten, als sie von »marktkonformer Demokratie« sprach?

Der Kapitalismus braucht keine Demokratie, sondern stabile Verhältnisse. Dass funktionierende demokratische Strukturen eher als Gegenkraft und Bremse des Kapitalismus wirken können und so auch wahrgenommen werden, machten die Reaktionen auf die angekündigte Volksabstimmung in Griechenland und deren baldige Rücknahme deutlich.

Spätestens mit der Finanzkrise von 2008 glaubte ich, dass unser Gemeinwesen so viel Selbsterhaltungstrieb besitzt, dass es sich wirkungsvoll schützt. Das war nicht nur ein Irrtum. Diese Hoffnung hat sich in ihr Gegenteil verkehrt.

Durch den Zusammenbruch des Ostblocks gelangten einige Ideologien zu einer Hegemonie, die so unangefochten war, dass man sie schon als Selbstverständlichkeit empfand. Ein Beispiel wäre die Privatisierung. Privatisierung wurde als etwas uneingeschränkt Positives angesehen. Alles, was nicht privatisiert wurde, was im Besitz des Gemeinwesens blieb und keinem privaten Gewinnstreben unterworfen wurde, galt als ineffektiv und kundenunfreundlich. So entstand eine öffentliche Atmosphäre, die über kurz oder lang zur Selbstentmachtung des Gemeinwesens führen musste.

Eine weitere, zu enormer Blüte gelangte Ideologie ist jene des Wachstums: »Ohne Wachstum ist alles nichts«, hatte die Kanzlerin schon vor Jahren dekretiert. Ohne über diese beiden Ideologien zu reden, kann man auch nicht über die Eurokrise reden.

Die Sprache der Politiker, die uns vertreten sollten, ist gar nicht mehr in der Lage, die Wirklichkeit zu erfassen (Ähnliches habe ich bereits in der DDR erlebt). Es ist eine Sprache der Selbstgewissheit, die sich an keinem Gegenüber mehr überprüft und relativiert. Die Politik ist zu einem Vehikel verkommen, zu einem Blasebalg, um Wachstum anzufachen. Alles Heil wird vom Wachstum erwartet, alles Handeln wird diesem Ziel untergeordnet. Der Bürger wird auf den Verbraucher reduziert. Wachstum an sich bedeutet gar nichts. Das gesellschaftliche Ideal wäre der Playboy, der in möglichst kurzer Zeit möglichst viel konsumiert.

Die einfachen Fragen »Wem nutzt das?«, »Wer verdient daran?« sind unfein geworden. Sitzen wir nicht alle im selben Boot? Haben wir nicht alle dieselben Interessen? Wer daran zweifelt, ist ein Klassenkämpfer. Die soziale und ökonomische Polarisation der Gesellschaft fand statt unter lautstarken Beschwörungen, dass wir alle die gleichen Interessen hätten. Es genügt ein Gang durch Berlin. In den besseren Vierteln sind die wenigen unsanierten Häuser in aller Regel Schulen, Kindergärten, Altersheime, Ämter, Schwimmbäder oder Krankenhäuser. In den sogenannten Problembezirken fallen die unsanierten öffentlichen Gebäude weniger auf, dort erkennt man die Armut an den Zahnlücken. Heute heißt es demagogisch: Wir haben alle über unsere Verhältnisse gelebt, jeder ist doch gierig.

Unser Gemeinwesen wurde und wird von den demokratisch gewählten Volksvertretern systematisch gegen die Wand gefahren, indem es seiner Einnahmen beraubt wird. Der Spitzensteuersatz wurde in Deutschland von der Schröder-Regierung von 53 Prozent auf 42 Prozent gesenkt, die Unternehmenssteuersätze (die Gewerbesteuer und die Körperschaftssteuer) wurden zwischen 1997 und 2009 fast halbiert, nämlich von 57,5 Prozent auf 29,4 Prozent. Niemand sollte sich darüber wundern, dass die Kassen leer sind, obwohl sich doch unser Bruttoinlandsprodukt Jahr um Jahr erhöht.

Das Geld, das man den einen gibt, fehlt den anderen. Das Geld, das den Vermögenden dadurch bleibt, ist – glaubt man den Statistiken – nicht wie gewünscht in Investitionen geflossen, sondern in lukrativere Finanzmarktgeschäfte. Andererseits werden sozialstaatliche Leistungen überall in Europa abgeschafft, um den Banken, die sich verspekuliert haben, Rettungspakete auszuhändigen. Die »legitimatorischen Ressourcen der sozialen Demokratie werden (...) in dieser stupenden Umverteilung zu Gunsten der Reichen aufgezehrt« (Elmar Altvater, 2011).

Demokratie wäre, wenn die Politik durch Steuern, Gesetze und Kontrollen in die bestehende Wirtschaftsstruktur eingriffe und die Akteure an den Märkten, vor allem an den Finanzmärkten, in Bahnen zwänge, die mit den Interessen des Gemeinwesens vereinbar sind. Es geht um die einfachen Fragen: Wem nutzt es? Wer verdient daran? Ist das gut für unser Gemeinwesen? Letztlich wäre es die Frage: Was wollen wir für eine Gesellschaft? Das wäre für mich Demokratie.

An dieser Stelle breche ich ab. Ich würde Ihnen noch gern von den anderen erzählen, von einem Professor, der sagte, er stehe wieder auf den Positionen, mit denen er als Fünfzehnjähriger die Welt gesehen hat, von einer Studie der ETH Zürich, die die Verflechtungen der Konzerne untersucht hat und auf eine Zahl von 147 kam, 147 Konzerne, die die Welt aufgeteilt haben, die fünfzig mächtigsten davon Banken und Versicherer (mit Ausnahme einer Erdölgesellschaft), ich würde noch gern erzählen, dass es darauf ankommt, sich selbst wieder ernst zu nehmen und Gleichgesinnte zu finden, weil man eine andere Sprache nicht allein sprechen kann. Und davon, dass ich wieder Lust bekam, den Mund aufzumachen.

(2012)

DU PORTUGIESE! ICH DEUTSCHER! FERTIG!

Vom Versuch, sich nicht auf den Fußballfan reduzieren zu lassen

Im März 2011 war ich zu einer Buchvorstellung nach Portugal eingeladen. Der Abend mit Lesung und Diskussion war gut besucht, das Publikum geduldig. Die Frage eines jungen Mannes jedoch ließ die freundlich interessierte und offene Atmosphäre von einem Moment auf den anderen kippen. Mit einem Mal waren wir nur noch Deutsche und Portugiesen, die einander feindselig beäugten. Die Frage war unschön – ob wir, gemeint war ich, ein Deutscher, nicht jetzt mit dem Euro und unseren Exporten das schafften, was wir damals mit unseren Panzern nicht geschafft hätten. Niemand aus dem Publikum widersprach, im Gegenteil: Es war still geworden vor lauter Erwartung, als hätte endlich jemand die entscheidende Frage gestellt. Und ich reagierte – als wäre das alles nicht schon schlimm genug – plötzlich wie erwartet, nämlich als Deutscher: Es werde ja niemand gezwungen, einen Mercedes zu kaufen, sagte ich beleidigt, und sie, die Portugiesen, sollten doch froh sein, wenn sie Kredite bekämen, die billiger wären als die marktüblichen Bankkredite. Ich hörte förmlich das Zeitungspapier zwischen meinen Lippen rascheln.

In dem Getöse, das meiner Entgegnung folgte, kam ich

endlich zur Vernunft. Da ich das Mikrophon in der Hand hielt, stammelte ich in meinem unvollkommenen Englisch, dass ich nun genau so dämlich wie sie reagiert hätte, dass wir ja allesamt in dieselbe Falle tappten, wenn wir als Portugiesen und Deutsche wie beim Fußballspiel reflexartig Partei ergriffen für die eigenen Farben. Wie könnten wir nur so dumm sein und glauben, es ginge um Deutsche und Portugiesen und nicht um oben und unten, also darum, wer in Portugal wie in Deutschland diese Situation herbeigeführt und an ihr verdient hätte und nun weiter verdiente? Würden nicht in Portugal wie in Deutschland (und nicht nur in diesen Ländern) die Gewinne privatisiert und die Verluste sozialisiert? Würden nicht in Deutschland wie in Portugal alle Lebensbereiche mehr und mehr ökonomisiert, das heißt, privatisiert und damit dem Gewinnstreben unterworfen – und das auch in Bereichen, in denen es unsinnig, ja geradezu gefährlich sei? Und sei nicht die Demokratie durch die Finanzkrise und der durch sie verschärften Schuldenkrise bereits schwer beschädigt?

Ich erwähnte auch, wie bekannt mir diese Art Vorwürfe und Reaktionen vorkämen. Genau so hätten wir in Deutschland gestritten (und streiten ja noch immer), Ost gegen West, West gegen Ost. Die aus dem Westen sagen: Wir geben euch Jahr für Jahr zig Milliarden, damit ihr eure Häuser und Straßen und Spielplätze sanieren könnt, jetzt reicht es, wir sind selbst darüber verarmt! Und die Ostler sagen: Ihr habt uns alle Arbeit genommen, fischt den Gewinn ab, denn es sind doch allein Westfirmen übrig geblieben. Unsere Produkte gibt es nur noch im Museum.

Ich kann nicht sagen, dass wir uns daraufhin in die Arme gefallen wären, aber ein Gespräch wurde wieder möglich.

Und ich bekam zu hören, was die Sparauflagen der EU für sie bedeuten. Es bleibe gerade so viel, um das Notwendigste zu bezahlen, und nicht einmal das sei immer gegeben.

Situationen wie die bei der Lesung in Porto wiederholen sich mehr oder weniger ähnlich bei anderen Lesungen im Ausland oder in den entsprechenden Interviews. So wie ich lange Zeit immer wieder zum Ostdeutschen gemacht wurde, der etwas zum Gegensatz zwischen Ost und West sagen sollte, so werde ich jetzt auf den Deutschen reduziert, der für die Politik der Bundesregierung in Haftung genommen wird und etwas zum Gegensatz zwischen Deutschen und Griechen, Deutschen und Italienern, Deutschen und Ungarn sagen soll.

Wenn ich dann von verschiedenen Interessen innerhalb eines Landes spreche, von sozialen und ökonomischen Fragen und der Polarisierung der Gesellschaft, so wird das in aller Regel als ein Ausweichen gewertet. Es ist erschreckend, mit welch untauglichen Kriterien öffentliche Diskussionen geführt werden und wie unpolitisch sie geworden sind. Versuche ich, mir diese Entpolitisierung und damit die Seligsprechung des Status quo zu erklären, komme ich immer wieder auf den Mauerfall zurück. Das glorreiche Jahr 1989 hatte neue Selbstverständlichkeiten zur Folge, derer ich mir erst langsam bewusst wurde. Fast zehn Jahre lang glaubte ich, mit der Implosion des Ostblocks wären auch die Ideologien verschwunden, zumindest in unseren Breiten. Jetzt, da ich das schreibe, erscheint es mir selbst lächerlich und unbegreiflich, wie ein Erwachsener so unbedarft sein konnte, das zu glauben. Natürlich beruht auch der Westen auf Worten, auf Absprachen und Vereinbarungen, auf dem Kampf verschiedener sozialer und ökonomischer Interessengruppen –

auf einem Gesellschaftsvertrag! Wie hatte ich mich nur so einlullen lassen können! Und wie mühsam ist es gewesen und ist es mitunter noch, sich von dieser Sachzwangideologie und ihren »alternativlosen Entscheidungen« zu emanzipieren.

Wenn sich die Nation in der Argumentation nach vorn drängt, ist etwas faul im Land. Dann werden die Widersprüche und die verschiedenen Interessen innerhalb der Gesellschaft zugekleistert – und die Sprache. Dagegen hilft nur: Citoyens aller Länder, vereinigt euch!

(2012)

DER BLINDE FLECK.

Verstehen wir uns selbst richtig?

In den letzten Wochen ist ein Wort in Umlauf gekommen, das ich bisher nicht kannte. Zuerst begegnete es mir als Singular maskulin: der Russlandversteher. Nun, da es offenbar mehrere dieser Gattung zu geben scheint, kommt häufig der Plural zur Anwendung: die Russlandversteher. Und sicherlich wird es auch hier und da eine Russlandversteherin geben.

Beim erstmaligen Hören hatte ich geglaubt, Russlandversteher würde anerkennend gebraucht, der Ausdruck bezeichne also jemanden, der Russland versteht, der um die Beweggründe der russischen Politik weiß und der all denjenigen, die der russischen Politik ratlos gegenüberstehen, diese erklären kann. Was mich überraschte und verwunderte, war der herabsetzende Sinn, in dem dieses Wort gebraucht wurde. Russlandversteher wird nicht nur kritisch, sondern abwertend, mitunter sogar als Schimpfwort verwendet.

Es ist kein gutes Zeichen, wenn das Wort »verstehen« negativ besetzt wird. Der Versuch, jemanden oder etwas zu verstehen, ist eine unabdingbare Voraussetzung, wenn man selbst agieren will. Nur wer sich bemüht, etwas zu verstehen, kann sich angemessen dazu verhalten und zwischen Zustimmung und Widerspruch abwägen. In der Art und

Weise, in der ich über jemanden spreche, sage ich ja nicht nur etwas über sie oder ihn aus, sondern nicht weniger über mich selbst.

Die Frage, ob wir Russland verstehen, beinhaltet eine noch wichtigere Frage: Verstehen wir uns selbst? Denn für die deutsche Politik, für die Politik der EU, die des »Westens« bin ich als Bürger dieses Landes und Europas zuallererst mit verantwortlich.

Ende November 2013 war wohl kaum jemandem klar, wie sich die Proteste in Kiew entwickeln würden. Es erscheint als spontane Bewegung, geradezu naturgewaltig, Demonstranten, die ihr Land lieber gen Westen als gen Osten ausgerichtet sehen wollen. Ob das allerdings entscheidend war, wage ich zu bezweifeln. Es gibt wohl wenige Außenminister der EU-Länder, die nicht auf dem Maidan aufgetaucht sind. Die Forderungen an den Präsidenten bestanden darin, das Assoziierungsabkommen mit der EU zu ratifizieren. Dazu wäre er sogar bereit gewesen, hätte die EU, vor allem Deutschland, nicht daran die Bedingung geknüpft, Julija Tymoschenko freizulassen. Nach wenigen Tagen und brutalen Polizeieinsätzen weiteten sich die Forderungen aus: Rücktritt der Regierung und des Präsidenten, Neuwahlen! Schon am 5. Dezember zeigte sich der deutsche Außenminister Westerwelle auf dem Maidan – und dies noch bevor er die offiziellen Vertreter der Regierung getroffen hatte. Die Ukraine sei in der EU willkommen, verkündete Westerwelle. Er fand auch markige Sprüche: »Wir sind in der Ukraine nicht Partei für eine Partei, sondern für die europäischen Werte.« Ist eine demokratisch gewählte Regierung kein europäischer Wert, selbst wenn Janukowitsch kein lupenreiner Demokrat ist? Verstörend war, mit welcher Selbstverständlichkeit diese Maidan-Besuche auch in den deutschen Medien behandelt wurden. Niemand fand es befremdlich, dass der ehemalige Präsidentschaftskandidat der USA, John McCain, dort erschien.

Zwei Tage zuvor, am 13. Dezember 2013, hatte Victoria Nuland, die stellvertretende Außenministerin der USA für Europa, verbreiten lassen, dass seit 1991, seit der Unabhängigkeit der Ukraine, die USA fünf Milliarden Dollar investiert hätten »in the development of democratic institutions and skills in promoting civil society and a good form of government – all that is necessary to achieve the objectives of Ukraine's European«. Diese Unterstützung soll fortgesetzt werden, um die Ukraine »europäisch« zu machen.

Als im Februar ein Telefonmitschnitt eines Gespräches zwischen Victoria Nuland und dem US-Botschafter in Kiew bekannt wurde, war es Nulands »Fuck the EU«-Ausspruch, der die Gemüter erregte. Hört man sich diesen Mitschnitt an, ist etwas ganz anderes sehr viel empörender: die Selbstverständlichkeit, mit der die neue Regierung der Ukraine aus dem Ausland geplant wird. Die US-Amerikaner wollen eben nicht wie die EU (und vor allem Deutschland) den ehemaligen Boxweltmeister Vitali Klitschko zum Ministerpräsidenten küren (Fuck the EU!), sondern sie halten Arseni Jazenjuk für besser geeignet, die US-Interessen zu vertreten.

In Deutschland weiß man wohl noch am ehesten in Stuttgart, wie hart mit Demonstranten umgegangen wird. Und die Stuttgarter riefen weder zum Sturz des baden-württembergischen Ministerpräsidenten auf, noch verfügten sie über hochrangige ausländische Ermutiger und Finanziers. Anders gefragt: Wie lange würden Demonstranten bei einer ungenehmigten Kundgebung auf dem Berliner Alexanderplatz aushalten können, die den Sturz von Merkel und ihrem Kabinett (und am besten auch gleich noch von Gauck) fordern, weil Merkel nichts gegen die NSA unternimmt und maßgebend dazu beiträgt, dass Europa durch das Freihandelsabkommen mit den USA den Weltkonzernen ausgeliefert wird? Zudem fordern die Demonstranten vom Alexanderplatz, dass Edward Snowden, der letzte westliche Selbstaufklärer, einen Ort im Westen findet, an dem er unbehelligt leben kann. Unterstützt werden die Proteste mit Millionen oder Milliarden von Rubeln und Yuan, und ab und zu tauchen der russische und chinesische Außenminister auf, verteilen Glückskekse und Pelmeni, applaudieren den Demonstranten und rufen unter der Weltzeituhr: Angela Merkel, deine Zeit ist vorbei!

Der gewählte Präsident der Ukraine war bereits zu vorgezogenen Neuwahlen im Mai bereit, zur Bildung einer Übergangsregierung und zu einer Verfassungsreform. Den Vertrag, den Janukowitsch mit der Opposition unterzeichnete, hatten die Außenminister von Deutschland und Polen vermittelt, US-Vizepräsident Biden und Putin hatten mit Janukowitsch telefoniert, sie erzielten einen Konsens. Der polnische Außenminister lobte die Vereinbarung als »guten Kompromiss für die Ukraine«. Sie öffne »den Weg zu Reform und nach Europa«. Warum galt plötzlich diese Vereinbarung nicht mehr, mit der offenbar die Vertreter der ukrainischen Opposition wie der Regierung, der EU wie Russlands leben konnten?

Stunden später enthoben der Maidan und das ukrainische Parlament den Präsidenten seines Amtes und setzten die Regierung ab. Allerdings entschieden das 238 Abgeordnete mit weniger als den erforderlichen 75 Prozent der Stimmen, wobei 212 Abgeordnete, also fast die Hälfte, nicht anwesend waren oder sein konnten. In welcher Angststimmung diese »Wahl« verlief, bezeugen nicht zuletzt die Filmbilder aus dem Parlament, wobei sich bereits dort der nun auch international bekannte Abgeordnete mit dem Pferdeschwanz prügelnd hervortut. Am nächsten Tag verkündet Tymoschenko auf dem Maidan: »Wir haben es nicht auf friedliche Weise erreicht, aber diese Jungen haben das Ende der Diktatur erreicht.« Von welcher Diktatur spricht die ehemalige Ministerpräsidentin, die 2010 abgewählt worden ist? Ihre abgewählte Partei stellt nicht nach Neuwahlen, sondern nach einem Handstreich nun wieder Parlamentspräsident und Regierungschef und etliche Minister, so wie bekanntlich auch die rechtsextreme Freiheitspartei mit dem Posten des Vize-Ministerpräsidenten, zwei weiteren Ministerposten und der Stelle des Generalstaatsanwaltes belohnt wird.

Die völkerrechtswidrige Annexion der Krim ist damit nicht zu entschuldigen oder gar gutzuheißen, aber sie ist eine Reaktion, eine falsche Reaktion auf diese Ereignisse.

Warum gab es von den EU-Außenministern keinerlei Protest gegen die Regierungsbildung in Kiew und die Aufkündigung der Vereinbarung? Auch von Angela Merkel kam nichts. Sie telefonierte gleich mit der neuen Regierung. Offenbar gilt es, eiligst Interessen zu wahren. Denn durchgesetzt hat sich Victoria Nuland, ihr Kandidat ist der neue Ministerpräsident geworden. Wäre mit Klitschko die EU und Deutschland in einer besseren Position? Sehen Revolutionen heute so aus? Oder alles nur Zufall? Fallen diese »Lösungen« dem Westen einfach so in den Schoß?

Selbst wenn es so wäre und sich Umstürze wie dieser auch

gegen den erklärten Willen des Westens vollzögen, sollten dann nicht diejenigen Staaten, die sich selbst demokratisch nennen und die eben noch einen Vertrag über demokratische Wahlen ausgehandelt haben, dieses Vorgehen kritisieren? Und selbst wenn man schwiege: Wie kann man solch eine Regierung als Verhandlungspartner anerkennen und gar mit ihr Verträge schließen, wie jetzt geschehen? Das Einzige, wozu diese illegitime Regierung berechtigt ist, sind die Vorbereitungen von Neuwahlen. Doch von Neuwahlen ist auffällig wenig die Rede.

Dem Generalstaatsanwalt kann nur nahegelegt werden, möglichst schnell herausfinden zu lassen, wer die Scharfschützen sind und wer sie befehligt hat.

Woher kommt in der deutschen Politik wie in den deutschen Medien dieses unkritische Verhältnis zu den eigenen Positionen? Wo sind Distanz und Skepsis gegenüber dem eigenen Handeln geblieben? Wo die Gleichberechtigung des Gegenübers? Woher diese Blindheit? Was passierte, wenn an die Stelle des blinden Flecks beim Blick des Westens auf sich selbst ein Verstehen träte, ein Deutschland-Verstehen, ein EU-Verstehen? Es würde die Selbstgewissheit des Westens irritieren und so die Welt um eine Gefahr ärmer machen.

(2014)

CHARKIW IN EUROPA

»Stellt euch das mal vor!«, rief eine griechische Bekannte. Ihre Augen strahlten tatsächlich vor Freude. Und dann wiederholte sie zum dritten Mal: »Sie haben ihn einen Europäer genannt!«

Sie hatte von ihrem Vater erzählt, der von seiner Firma in den Iran geschickt worden war. Dort war der griechische Ingenieur als Europäer begrüßt worden. Anfangs begriff ich nicht, was sie daran erfreute, noch dazu, warum sie dies derart enthusiastisch herausstrich. Einen Griechen als einen Europäer zu bezeichnen, war für sie als Griechin offenbar alles andere als selbstverständlich – ein niederschmetternder Befund!

Ähnliches erlebte ich Mitte Dezember 2015 in Charkiw in der Universität auf der Abschlussveranstaltung einer Tagung.

Neben mir saß der Friedensforscher Bruno Schoch, am anderen Ende Serhij Zhadan, der ukrainische Schriftsteller, und Yaroslav Hrytsak, Professor für Geschichte in Kiew. Ein Deutscher und eine Ukrainerin, Volker Weichsel und Ivanna Skiba-Jakubowa moderierten die Diskussion. Die Fragen aus dem Auditorium allerdings gingen immer wieder und beinah ausschließlich »an die Europäer«.

Nachdem wir Deutschen mehrmals mit diesem Epitheton angesprochen worden waren, sagte ich sinngemäß: »Sie sind doch ebenfalls Europäer, Sie alle hier! Und die Russen diesseits des Urals sind es ebenso!«

Die Reaktionen darauf blieben aus. Dabei war das, was ich in diesen beiden Tagen in Charkiw erlebte, tatsächlich wert, ein europäischer Versuch der Verständigung genannt zu werden, ein Gespräch über die Fronten des Kriegs (oder Bürgerkriegs) hinweg. Wir Deutschen waren dabei weniger die Akteure, eher wirkte unsere Anwesenheit als Anlass zum inner-ukrainischen Gespräch.

Ich war froh über die Möglichkeit, mir selbst ein Bild von der Stimmung in der Ukraine machen zu können, zumal ich von ukrainischen Kollegen wegen meines Artikels über den Maidan kritisiert worden war. Mir tat es leid, diejenigen, die dort ihre Gesundheit und ihr Leben riskiert hatten, nicht gewürdigt zu haben. Für sie war es anfangs der Protest gegen Polizeigewalt und ein Kampf gegen Korruption im Kleinen wie im Großen gewesen, am Ende einer ums Überleben. Mich hingegen empörte »unser« Verhalten, das Verhalten des Westens, das mir scheinheilig erschien und erscheint. Denn unter der Regierung des durch die »Orangene Revolution« ins Amt gekommenen Wiktor Juschtschenko und Julija Tymoschenko, hätten von 2005 bis Anfang 2010 der EU alle ukrainischen Türen offen gestanden, ein Assoziierungsabkommen wäre der Ukraine höchst willkommen gewesen, wenn es denn die EU gewollt hätte. Stattdessen waren sogar die Visa-Erleichterungen für die Ukraine zurückgenommen worden. Sehr bitter hatte Jurij Andruchowytsch in seiner Dankrede zum Leipziger Buchpreis zur Europäischen Verständigung im Frühjahr 2006 Günter Verheugen, damals einer der Vizepräsidenten der Europäischen Union, zitiert: »In 20 Jahren werden alle europäischen Länder Mitglied der EU sein – mit Ausnahme der Nachfolgestaaten der Sowjetunion, die heute noch nicht in der EU sind.«

Die Brisanz der Gespräche in Charkiw ergab sich durch die Einladung der Lyrikerin Elena Zaslavskaja, die in Luhansk lebt und auch öffentlich für die »Volksrepublik Luhansk« Partei ergreift. Bei einer Veranstaltung beim Lyrik-Festival im Juni 2014 in Berlin hatte ich sie als Diskussionsteilnehmerin erlebt. Sinngemäß hatte sie damals gesagt, ihr sei es gleichgültig, wer sie vor den ukrainischen Nationalisten verteidige. Dass sie im Dezember 2015 nach Charkiw eingeladen worden war, lag vor allem an Serhji Zhadan. Dank seiner Autorität sowohl als Schriftsteller wie als politischer Aktivist war dies möglich. Und ihm vertraute offenbar auch die Eingeladene. Die Proteste in den Medien gegen die Einladung von Elena Zaslavskaja ließen die Organisatoren Widerspruch befürchten, der über den Austausch von Ansichten auch hinausgehen könnte. Die Gespräche fanden bis auf die eingangs erwähnte Abschlussveranstaltung in der Universität unter Ausschluss der Öffentlichkeit in einer Galerie statt. Der Raum war nicht groß, die Stühle für die Teilnehmer standen im Kreis. Es wurde Ukrainisch, Russisch und Englisch gesprochen bzw. in diese Sprachen übersetzt.

Am Nachmittag des ersten Tages fand als vierte Diskussionsrunde ein Gespräch zwischen dem aus Luhansk stammenden Künstler Sergej Sacharow, der zur Zeit in Kiew leben muss, und Elena Zaslavskaja statt. Jetzt war ein halbes Dutzend Kameras auf die beiden gerichtet. Es ist schwer, die Entwicklung dieses Gesprächs angemessen zu beschreiben, das ruhig begann, dann aber – daran waren nicht die beiden Hauptakteure schuld – schnell schrill werden sollte. Sergej Sacharow sprach zurückhaltend. Worte seien nicht sein Metier, sagte er. Er war durch die Miliz der »Volksrepublik Donezk« wegen seiner Karikaturen für drei Wochen inhaftiert worden. Man hatte ihn in der Haft geschlagen und ihm dabei eine Rippe gebrochen. Er sprach ruhig, den Inhalt hörte ich auf Englisch in der emotionslosen Simultanübersetzung. Drei Scheinerschießungen habe man mit ihm vorgenommen ... Wie reagiert man darauf? Auch Elena Zaslavskaja wirkte betroffen und ratlos. Weil beide Diskutanten sich zum Reden erhoben hatten, standen sie einander nun im Licht der Kameras wie Duellanten gegenüber, umringt von uns Zuhörern. Ein erster Versuch von Serhij Zhadan, die Diskussion zu beruhigen – »Elena ist unser Gast, und wir können sie nicht für das Geschehene verantwortlich machen«, wirkte nicht lange nach. Das lag zum Teil auch an Gästen, die davor und danach nicht anwesend waren. Vereinfacht gesagt: Jede und jeder wollte das, was ihr oder ihm selbst oder Freunden oder Angehörigen angetan worden war, loswerden. Und endlich schien es jemanden zu geben, an den man es direkt adressieren konnte. Die Anschuldigungen wurden immer vehementer. Dann war es Senad Pećanin, der sich erhob und an die Moderatorin Ivanna Skiba-Jakubowa gewandt rief: »Stop this! Please stop it!« Es könne nicht sein, dass alle gegen eine argumentierten. Während des Krieges in Bosnien-Herzegowina, so Pećanin, sei für ihn und seine Freunde in Sarajevo das Wichtigste gewesen, die Serben in der belagerten Stadt vor Übergriffen zu schützen, gerade weil die Stadt von Serben eingeschlossen war und beschossen wurde. Wer sein Vaterland verteidige, sei durchaus ein Held. Aber heldenhafter sei es, auch diejenigen zu schützen, die von den eigenen Leuten bedroht werden.

Senad Pećanin hat es präziser und eindrucksvoller gesagt, meine Wiedergabe trifft es nur sinngemäß.

Noch einmal eskalierte die Diskussion, als eine Frau ihr Smartphone hochhielt, um die Bilder eines von den Separatisten Gefolterten zu zeigen. Ob sie, Elena Zaslavskaja, dafür die Verantwortung übernehmen könne. Ja, das könne sie, antwortete die Angesprochene, wenn die Fragerin ihrerseits die Verantwortung für ihre getöteten Freunde übernehme.

Am Ende war es wieder Senad Pećanin, der den anderthalb Stunden eine Deutung gab, die alle überraschte. Er beglückwünsche die Ukrainer dazu, etwas unternommen zu haben, was bei ihm zu Hause selbst nach zwei Jahrzehnten immer noch größte Schwierigkeiten bereite: den Versuch, miteinander zu reden. Wenn man keinen Krieg wolle, müsse man reden! Und das bedeute vor allem, dem anderen zuzuhören. Er bedankte sich bei allen, die dies hier und jetzt praktiziert hätten.

Es gab kaum jemanden in der Runde, der sich seinem Dank nicht erleichtert anschloss.

Auf welch dünnem Eis sich dieser Versuch bewegte, zeigte sich am Tag darauf in jener eingangs erwähnten öffentlichen Diskussion in der Universität. Der Saal war gut gefüllt. Serhij Zhadan hatte demonstrativ einige Mitglieder des »Rechten Sektors«, die an den wattierten Uniformen ihr Abzeichen trugen, mit Handschlag begrüßt, was mich anfangs irritiert hatte, aber, wie sich zeigen sollte, die richtige Geste gewesen war. Ich hätte mir Senad Pećanin auf dem Podium gewünscht, damit er von seinen Kriegs- und Nachkriegserfahrungen hätte sprechen können. Denn um Leben oder Tod ist es in meinem Leben zum Glück noch nie gegangen. Zudem empfand ich es nicht als selbstverständlich, dass wir Deutschen in Charkiw, das im Zweiten Weltkrieg mehrfach schwer umkämpft gewesen war, Deutsch sprechen konnten – und dies, ohne Ressentiments damit auszulösen.

Die Haltung einer Ärztin, die wir als freiwillige Unterstützerin der ukrainischen Armee kennengelernt hatten, schien auch im Hörsaal vorzuherrschen: »Wir reden mit ihnen, wenn wir gewonnen haben!«

Die verschieden variierten Ausführungen unsererseits, die letztlich alle darauf hinausliefen, mit den anderen *jetzt* zu reden, schon weil es gar keine andere Möglichkeit gibt, riefen Schweigen oder Protest hervor. Unser Appell lief aus verschiedenen Gründen ins Leere. Einer davon war, dass der Gesprächspartner, den wir voraussetzten, noch nicht einmal im Sprachgebrauch existierte. Auf der einen Seite gibt es nur russische Soldaten, Kriminelle oder Wladimir Putin, für die andere Seite besteht der Gegner nur aus Nationalisten, Faschisten oder Oligarchenknechten.

Letztlich ging es dem Publikum auch im Hörsaal darum, das, was ihnen persönlich an Leid widerfahren ist, öffentlich auszusprechen!

Elena Zaslavskaja saß mit im Hörsaal, nur eine Reihe vor einer Gruppe des »Rechten Sektors«. Sie blieb Zuhörerin.

Als nach drei Stunden die Veranstaltung vorüber war, stimmte der Saal die ukrainische Nationalhymne an. Alle erhoben sich, die meisten legten die rechte Hand aufs Herz, nicht wenige die geballte Faust. Elena Zaslavskaja blieb sitzen. Zwei Frauen auf der anderen Seite des Hörsaals ebenfalls. Peter Schwarz, der unsere Reise auf geradezu vollkommene Art und Weise organisiert hatte und uns vor Ort »betreute«, legte, als die Hymne begann, eine Hand auf die Schulter von Elena Zaslavskaja. Es war eine Geste, die sich mir einprägte. Sie bedeutete Schutz und Beruhigung wie auch: Ich stehe für dich mit auf. Vom Podium aus war gut zu sehen, dass das Nicht-Aufstehen registriert wurde. Die Hymne beendete der kollektive Ruf aus Männerkehlen: »Ruhm der Ukraine, Tod den Feinden!« Die Hand lag noch immer auf der Schulter des Gastes aus Luhansk.

Um es vorwegzunehmen: Die Veranstaltung endete ohne nennenswerte handgreifliche Auseinandersetzung – ganz im Gegensatz zur Parlamentssitzung in Kiew tags zuvor. Aber das war vor allem der Entschiedenheit, dem Mut und der Redegewandtheit der Moderatorin Ivanna Skiba-Jakubowa und Serhij Zhadans zu danken, nicht zuletzt aber auch der Anwesenheit des deutschen Generalkonsuls. Wie sich später herausstellte, gab es die Absicht, Elena Zaslavskaja festzunehmen und dem ukrainischen Geheimdienst zu übergeben. Man warf ihr vor, andere verraten zu haben. Peter Schwarz geleitete sie nach vorn, wo sich einige von uns ausländischen Gästen wie auch der Generalkonsul versammelten. Obwohl der Großteil des Publikums den Hörsaal verließ, war zu sehen, dass sich oberhalb der Sitzreihen die Anwesenheit junger Männer »verfestigte«. Den linken Gang im Hörsaal schirmte Serhij Zhadan diskutierend ab, den rechten Gang Ivanna, ebenfalls diskutierend. Einen anderen Ausgang gab es nicht. Schließlich kam Ivanna nach unten, ergriff die Hand von Elena Zaslavkaja und stieg mit ihr gemeinsam nach oben. Ich fragte, was wir tun sollten. Geh voran, sagte sie. Doch kaum waren wir dorthin gekommen, wo die jungen Männer standen (Serhij verhandelte auf der anderen Seite mit den Uniformierten), schoben sich zwei von ihnen hinter mir in den Gang. Sie stellten Elena Zaslavskaja zur Rede. Es gab einen Wortwechsel. Sie wollten von ihr wissen, zu welchem Land Luhansk gehöre. Sie antwortete ruhig, Luhansk gehöre zur Zeit nicht zur Ukraine. Einige reagierten aufgebracht darauf, andere nicht. Schließlich einigte man sich darauf, dass die Formulierung »zur Zeit« oder »momentan« das entscheidende Wort in diesem Satz sei. Die jungen Männer gaben den Weg frei. Wir stiegen weiter nach oben, der Generalkonsul folgte. In seinem Wagen fuhr Elena Zaslavskaja schließlich als Erste davon.

Vor dem riesigen Gebäude sprach Serhij Zhadan danach noch lange mit jenen jungen Männern wie mit den – eher älteren – in den Uniformen des »Rechten Sektors«. Es schneite. Serhij kam vor lauter Fragen und Gegenfragen nicht dazu, seinen Mantel zu holen oder auch nur seine Mütze aufzusetzen. Ich verstand wenig, da sie Ukrainisch sprachen. Einer fragte, ob es überhaupt sinnvoll sei, öffentlich oder überhaupt miteinander zu reden. Aber das taten sie ja gerade. Und was wäre die Alternative?

Eben noch hatte ich diese Männer als Bedrohung erfahren. Jetzt, da ich unter ihnen stand, wirkten sie traurig, ja niedergeschlagen, vor allem aber ratlos.

Ich hätte mir gewünscht, ihnen irgendetwas Tröstliches sagen zu können, von Europäer zu Europäer.

(2016)

IST ES NICHT NAHELIEGENDER ZU STAMMELN ALS ZU REFERIEREN?

Lieber Freund,

jetzt liegt Dein Anruf schon gut drei Wochen zurück und ich schulde Dir, so kommt es mir zumindest vor, noch immer eine Antwort. Deine Frage, ob wir nicht komplett falsch lagen, habe ich seither im Ohr. Auf andere Fragen habe ich leider unwillig reagiert, weil ich glaubte, Du stelltest sie mir allein, das hatte ich zu spät verstanden.

Ich weiß nicht, in welchem Gemütszustand Dich diese Zeilen erreichen. Es ist ja schwer, über etwas anderes als über den Krieg gegen die Ukraine zu sprechen. Bei mir führt das dazu, dass ich seit einiger Zeit dieselben Sätze wiederhole und andere wiederholen auch mehr oder weniger dieselben Sätze. Auch wenn wir selbst niemanden aufgenommen haben, traten vor ein paar Tagen praktischere Erörterungen an die Stelle der bekannten Sätze. Wie man Kinder in der Schule anmeldet, welche Spiele und Bücher geeignet sind, welcher kyrillische Buchstabe sich hinter einem lateinischen auf der Tastatur verbirgt. Wieder mal bin ich beschämt über mein schlechtes Russisch.

Nur weniges ist eindeutig. Ich weiß nicht, wie oft ich schon gesagt habe: Der Überfall russischer Truppen auf die Ukraine ist ein Verbrechen und durch nichts zu rechtfertigen. Oder auch: Es gibt für uns viele Möglichkeiten, den vom Krieg Betroffenen zu helfen. Diese Hilfe kann das Leid lindern. Verhindern aber kann sie es nicht. Oder doch?

Und schon ist gar nichts mehr eindeutig, diese Frage reicht womöglich schon, Dich gegen mich aufzubringen. Ich weiß nämlich gar nicht, ob ich darüber streiten kann. Soll ich Kollegen aus der Ukraine widersprechen, wenn sie eine Flugverbotszone fordern? Aber wie sollte ich diesem Wunsch zustimmen können? Ja, ich bin davon überzeugt, dass eine Eskalation, bevor sie Europa westlich der Ukraine trifft, zuerst und vor allem die Ukraine treffen würde. Und dass es nichts besser machen würde, im Gegenteil. Der Krieg würde nur weiter eskalieren.

Das habe ich ebenfalls schon oft gesagt. Aber woher nehme ich die Gewissheit? Ist das nicht eine Mutmaßung, wie auch die gegenteilige Annahme eine Mutmaßung ist? Und was, wenn ich mich irre oder wenn sich die anderen irren? Wäre der Irrtum der anderen noch schlimmer? Unselige Gedanken! Natürlich könnte ich mich damit trösten, dass meine Meinung niemanden, der Entscheidungen fällt, interessiert. Aber darum geht es ja nicht.

Ich weiß nicht, mit welchen Antworten Du jeden Morgen aufstehst. Wenn es nur darum ginge, Irrtümer einzugestehen, das wäre das Geringste. Als wir telefonierten, hatte ich schon zwei Radiointerviews hinter mir. Das erste erwischte mich gleich am 24. Februar nachmittags, und es begann mit dem Einspielen einer Äußerung von mir, eine Woche alt. In ihr hatte ich mich zuversichtlich gezeigt, dass es nicht zu einem Krieg kommen werde. Als ich mich reden hörte, hatte ich für einen Augenblick das Gefühl, den Moderator und die Zuhörer belogen zu haben. Musste ich mich jetzt entschuldigen?

Als wir telefonierten, war ich froh, dass Du das Interview nicht kanntest. Den Artikel, von dem ich sprach, schicke ich endlich mit. Ich hatte ihn Mitte Februar geschrieben, weil ich die Zumutung, den Kriegsbeginn für den folgenden Mittwoch verkündet zu bekommen, schwer aushielt. Dabei haben sich Joe Biden und seine Geheimdienste nur um acht Tage geirrt. Ich war skeptisch gegenüber den Ankündigungen, weil sich eben jene Geheimdienste so oft und so folgenschwer geirrt haben, vor allem hatte mich die Gelassenheit der Ukrainer in der Hoffnung bestärkt. Ja, und ich habe dem Putin'schen Russland so einen Krieg nicht zugetraut, nicht nur, weil er verbrecherisch ist und, ich meine es wortwörtlich, unendliches Leid in der Ukraine, in Russland und überall auf der Welt schafft, sondern weil er auch widersinnig ist und Russlands Interessen widerspricht.

Erst nach unserem Telefonat fiel mir dann jene Frage ein, die ich Dir gern gestellt hätte. Eine Frage, von der ich nicht weiß, welche Antwort ich mir eigentlich wünschen sollte: Was, wenn ich tatsächlich voller Hellsicht diesen Überfall der russischen Truppen nur für eine Frage der Zeit gehalten hätte? Hätte ich dann anders argumentiert? Diese Frage hat sich meiner Ansicht nach nicht erübrigt. Es ist letztlich die Frage, ob und wie und wann der Krieg beendet werden kann und welche Art von Mit- und Gegeneinander eine unkriegerische Balance verspricht.

Im Grunde gibt es zwei Deutungen. Die eine geht von der innenpolitischen Entwicklung Russlands aus und letztlich davon, dass Putin schon immer ein Monster war, das sich radikalisiert hat. Er und sein Apparat haben demokratische Rechte mehr und mehr eingeschränkt, in den letzten Jahren und Monaten hat die Repression ein Maß erreicht, dass man nur noch von einer Willkürherrschaft sprechen kann. Dementsprechend hätte der Westen viel früher gewarnt sein müssen und alle Nachbarn Russlands, sofern sie das wollen, in die Nato aufnehmen und somit schützen müssen. Spätestens seit der Annexion der Krim hätten alle möglichen Sanktionen in Kraft gesetzt werden sollen. Auch wenn ich dieser Haltung kritisch gegenüberstehe, ist klar, dass jedem souveränen Staat grundsätzlich das Recht zusteht, sich dem Bündnis anzuschließen oder fernzubleiben, dem es sich anschließen oder fernbleiben möchte.

Die andere Logik sieht den Ursprung des Konflikts zu Beginn der Neunzigerjahre, als nach der Auflösung des Warschauer Vertrags die Nato bestehen blieb und kontinuierlich neue Staaten auf deren Wunsch hin aufnahm, was früher oder später zum Konflikt mit einem Staat wie Russland führen musste, der diesem Bündnis nicht beitreten wollte oder durfte. Diese Logik geht von einer Mitverantwortung des Westens für das Verhalten Russlands aus. Dass man sich nicht nur von Russland, sondern auch von der Nato oder den USA bedroht fühlen kann, ist aufgrund der geführten Kriege (muss ich nicht aufzählen?) nachvollziehbar. Aber selbst wer es nicht nachvollziehbar findet, der müsste die Bedenken der anderen Seite ernst nehmen.

Das ist jetzt unvollständig und ergänzungsbedürftig, aber Du weißt, was ich meine. Und Du wirst die Haltung, der Du anhängst, automatisch ergänzen und Deine Ergänzung für den entscheidenden Punkt halten.

Es sind zwei entgegengesetzte Logiken, die einander kaum berücksichtigen, und wenn doch, dann um die andere auszuschließen und ihr die Mitschuld an diesem Krieg zu geben.

Ich bewundere alle, die eine klare Meinung und Deutung vertreten können. Und zugleich befremdet mich diese Klarheit. Denn das Hin- und Hergerissensein ist das, was ich an mir selbst und den meisten anderen erlebe, mit denen ich spreche. Geht es Dir denn anders? Ich weiß, früher hätte man mich einen Relativisten genannt. Man kann es als unverhältnismäßig abtun, über sich selbst zu sprechen, aber auch hierzulande scheint jede und jeder seine eigene Geschichte mit diesem Krieg zu haben. Letztlich starrt man allein in den Computer oder liest die Zeitung allein.

Und zu zweit oder mit mehreren fernzusehen hilft erst recht nicht. Haben wir noch vor wenigen Tagen eine gemeinsame Wellenlänge gefunden, so kann es jetzt sein, dass ich trösten muss oder mit allgemeinen Anschuldigungen attackiert werde. Aber ist es in dieser Zeit nicht eher naheliegend zu stammeln als zu referieren, zumal ich so viele andere Fragen gerade ausblenden muss? Gibt es zwei Arten von Kriegsflüchtlingen? War uns der Krieg im Jemen je eine öffentliche Debatte wert? Und so weiter.

Der russische Überfall hat ein Freund-Feind-Bild geschaffen, das Differenzierungen ad absurdum zu führen scheint, nur eindeutige Bekenntnisse zulässt und hinter jedem Verweis auf andere Kriege oder Ereignisse eine Relativierung zu sehen glaubt. Ich möchte nichts relativieren. Meine Sichtweise ist nicht die der geopolitischen Machtpolitik. Am ehesten ist meine Sichtweise wohl die des Familienvaters und Ehemanns, der in diesem Jahr 60 wird. Oder die des Sohnes oder des einstigen Wehrpflichtigen.

Kommen wir denn bei dem Versuch, Orientierungen zu finden, um eine Haltung, die gegensätzliche Positionen als berechtigt akzeptiert, überhaupt herum? Das klingt abstrakter als es ist. Letztlich ist es sogar unser tägliches Brot. Denn in der Literatur gelingt es – anders als in einem Gespräch oder einer wissenschaftlichen Abhandlung –, Widersprüche nebeneinander bestehen zu lassen. Was in einer Talkshow als unlogisch gilt, weil es nicht eindeutig ist, macht die Literatur erst zu Literatur, weil unser Leben eben widersprüchlich und uneindeutig ist. Ist die Literatur nicht die Schule für dieses verachtete oder bemitleidete Dazwischenstehen oder Hin-und-her-gerissen-Sein? Und vielleicht eine Ermutigung dazu? Bei den Veranstaltungen, die kürzlich in Leipzig stattfanden, war mehrmals von der »Dringlichkeit« bestimmter Bücher die Rede.

Vor ein paar Jahren habe ich Dir den schmalen Band von Dževad Karahasan geschenkt, der jüngst in neuer Übersetzung als »Tagebuch einer Übersiedlung« erschienen ist. Lies mal oder lies noch mal! Ich bin nicht der Meinung, dass Literatur eine unmittelbare Leiderfahrung voraussetzt (die Tatsache, dass wir sterblich sind, reicht schon aus), aber wer einen Krieg erlebt hat (das »Tagebuch« hat die ersten Monate der fast vierjährigen Belagerung Sarajevos zum Hintergrund), schreibt eine andere Literatur. In einer Passage beschreibt Karahasan, wie er und seine Frau einen langen Brief erhalten in winziger Kritzelschrift und er, bevor er die Geschichte der Lektüre dieses Briefes erzählt, anmerkt: »Nicht die Tatsache, dass du denkst, ist der Beweis für dein Sein, wie ein weiser Herr glaubte. Den Beweis, dass du wirklich bist, erbringt dir, dass ein anderer an dich denkt.«

In diesem Sinne: Auch wenn meine Ansichten Dich enttäuschen, lass von Dir hören.

(2022)

FRIEDEN SCHLIESST MAN MIT FEINDEN

Vor ein paar Tagen fiel mir beim Aufräumen ein Exemplar des Altenburger Wochenblatts von Anfang 1991 in die Hände, auf dessen erster Seite unter der Überschrift: »Kriegshetze in Altenburg?« ein kurzer Bericht zu lesen ist, der sich einer Anzeige des Neuen Forums und der Friedensinitiative Altenburg widmet. In der Anzeige wurde dazu aufgefordert, »der Friedensbewegung entgegen und hinter unseren Kanzler Helmut Kohl zu treten«. Im Weiteren ist die Adresse der Friedensinitiative angegeben mit der Aufforderung, eine Postkarte zu schicken, auf der man erklärt, mit dem militärischen Einsatz des Vaters, Bruders, Ehemanns oder Sohnes in der Golfregion einverstanden zu sein, weil man »die Wahrung unserer Interessen in diesem Konflikt … als so bedeutungsvoll« erachtet, dass »körperliche Verstümmelung, ja sogar der Tod der nächsten Verwandten als gerechtfertigt erscheinen.«

Ich erinnere mich noch gut an die Verwirrung, die dieser Krieg nach dem Ende des Kalten Krieges bei mir auslöste. Plötzlich gehörten wir zum Westen, jetzt waren wir plötzlich auch in der Nato und die USA unser unverbrüchlicher Verbündeter. Schon allein daran, dass in der Anzeige Frauen als Militärangehörige nicht vorkommen, merkt man, dass diese Aktion gut dreißig Jahre zurückliegt. Auch ist in der Anzeige ihrem sarkastischen Charakter gemäß nur von »Wahrung unserer Interessen« statt von Freiheit, wertebasierter Ordnung oder Demokratie die Rede. Offenbar glaubten die Verfasser auch, allein die Vorstellung, was Krieg tatsächlich bedeutet, würde so abschreckend wirken, dass dagegen alle Interessen null und nichtig werden.

Nicht nur, weil es unterschiedliche Kriege sind, wäre das heute wohl anders. Ich habe zumindest einen Freund und kenne einen Kollegen, die mir gegenüber oder öffentlich versichert haben, dass sie bereit wären, mit der Waffe in der Hand gegen die russischen Truppen zu kämpfen, denn die hätten nichts in der Ukraine zu suchen, worin ich ihnen zustimme.

Was aber bei allen Unterschieden der Situation an dem Text keineswegs veraltet ist, ist der Versuch, sich den Kriegsalltag und dessen Folgen zu vergegenwärtigen. Von hier aus kann das nicht besonders überzeugend sein. Ich kann nicht sagen, was ich selbst in so einer Situation tun würde, ob ich davonliefe, wenn ich könnte, oder ob ich zum wilden Kämpfer würde, oder, oder, oder?

Im Krieg werden von beiden Seiten die Zahlen der eigenen gefallenen, verwundeten oder gefangen genommenen Soldaten nicht genannt oder kleingerechnet. Stattdessen sehen wir die Landkarte mit Geländegewinnen und Geländeverlusten. Da stets nur bei der Gegenseite von großen Verlusten gesprochen wird, macht sich wider alle Vernunft die Vorstellung breit, die Landkarte sei das eine, die Toten, Verwundeten und Traumatisierten etwas anderes.

In einer dpa-Meldung vom 10. November 2022 heißt es, laut US-Generalstabschef Mark Milley habe Russland »bislang weit mehr als 100.000 getötete oder verwundete Soldaten zu beklagen. Das Gleiche gelte wahrscheinlich für die ukrainische Seite«. Selbst wenn die Zahlen geringer wären, wären sie monströs.

Nicht nur angesichts dieser Opferzahlen ist es mir unverständlich, dass die Forderung nach Verhandlungen, nach Diplomatie oft wie ein Verrat gewertet wird, als würde ich der ukrainischen Armee gerade in jenem Moment in den Arm fallen, in dem sie den Aggressor besiegt, oder als würde ich die Okkupation durch Russland damit sanktionieren.

Ich kann nicht sagen, wie stark oder schwach die ukrainische und die russische Armee tatsächlich sind, wem zuerst die Munition ausgeht. Ich weiß nicht, ob und wenn ja wann welche Seite die nächste Offensive startet. Ist es denn wirklich ausgeschlossen, dass über Verhandlungen erreicht werden kann, was auf dem Schlachtfeld nicht oder nur durch weitere, letztlich kaum vorstellbare Opfer erreicht werden könnte?

Es wird ja verhandelt: über den Austausch von Gefangenen, über Getreidelieferungen, über Atomkraftwerke. Und es scheint stillschweigende Absprachen zu geben: Gas und Erdöl strömten bisher von Russland über die Ukraine nach Deutschland, was zu verhindern sehr leicht gewesen wäre, die russische Armee konnte sich offensichtlich ohne Beschuss seitens der ukrainischen Armee über den Dnipro zurückziehen. Bisher wurde in Deutschland, ganz gleich bei welchem eskalierenden Konflikt auf der Welt, Verhandlungen und friedliche Lösungen angemahnt. Warum nicht auch im Krieg Russlands gegen die Ukraine? Frieden schließt man mit Feinden.

Immer wieder stoße ich auf Hinweise, dass bei den Verhandlungen der Ukraine und Russlands Ende März dieses

Jahres in Istanbul ein Waffenstillstand und ein Rückzug der russischen Truppen in greifbarer Nähe gewesen sein sollen. Unter anderem sprach davon am 28. November auf ntv Ex-General Harald Kujat. Verhindert habe das, laut Kujat, die Intervention von Boris Johnson. Verbreitet der Ex-General denn Fake News? Was wäre die Antwort unsrer Regierung auf eine kleine Anfrage dazu?

Eine Aufgabe von uns Künstlern und Schriftstellern sollte es sein, Fragen zu stellen. Zum Beispiel, was es bedeutet, wenn von Sieg gesprochen wird, was es bedeutet, wenn von Niederlage gesprochen wird. Sind mit den deutschen Waffenlieferungen auch Gespräche darüber verbunden, wie der Krieg zu einem Waffenstillstand kommen und eine immer weitere Eskalation verhindert werden könnte? Und wie eine spätere Friedenslösung beschaffen sein müsste?

Zu Beginn des Krieges gab es an der Fassade unserer Akademie am Pariser Platz eine Projektion: »Stop the war – Start negotiations«. Ich möchte vorschlagen, diese Projektion wieder zu aktivieren und sie um eine ins Deutsche übersetzte Version zu erweitern.

(2022)

REDE VOR DEM BRANDENBURGER TOR IN BERLIN AM 5. OKTOBER 2020

Liebe belarussische Freundinnen und Freunde,
Ich bin hierhergekommen, um, wie es auf einem Plakat dort steht, ebenfalls zu sagen: Willkommen, Frau Präsidentin!

Wir bewundern die friedlichen Demonstrantinnen und Demonstranten! Ich darf von »wir« sprechen, weil zumindest mir noch niemand begegnet ist, der Sie, die für eine demokratische Wahl mit so viel Mut und Souveränität auf die Straßen gehen, nicht bewundert und hofft, dass Sie Ihre Ziele mit gewaltlosen Mitteln erreichen werden.

Gerade in Ostdeutschland wissen viele, was es bedeutet, ungenehmigt und begleitet von Einschüchterung und Androhung von Gewalt auf die Straße zu gehen. Sie haben es, so viel lässt sich schon sagen, ungleich schwerer als wir vor 31 Jahren. Sie werden einen langen Atem brauchen. Und wir möchten Ihnen und euch, auch wenn die Proteste in Belarus sonntags nicht mehr unter den Top News sein sollten, auch einen langen Atem der Solidarität versprechen.

Sie haben bereits Ihr Land und sich selbst verändert. Diese Selbstermächtigung so vieler Menschen in Belarus ist eine Realität, die weiterwirken wird. Aber auch wenn Sie schreckliche Erfahrungen haben machen müssen, ich ahne, dass Sie letztlich mit niemandem auf der Welt tauschen wollen, auch wenn das mitunter verlockend sein mag.

Wir bewundern Sie aber auch dafür, wie Sie demonstrieren, weil Sie sich nicht zum Feind machen lassen, weil Sie sich gegen Einmischungen ganz gleich von welcher Seite verwahren und Ihre Gegner, die weder vor Folter noch Mord zurückschrecken, immer noch als Landsleute behandeln, mit denen man auch in einer besseren Zukunft zusammenleben muss.

Ihr Kampf für demokratische Rechte und Freiheiten ist aber auch für uns in Deutschland eine Ermutigung, unter ganz anderen Bedingungen für Frieden und Freiheit, für Demokratie und soziale Gerechtigkeit zu Hause und in der Welt wie für ökologisches Wirtschaften einzutreten. Denn das eine hängt untrennbar mit dem anderen zusammen.

Sie wissen, dass nicht immer diejenigen, die die Kastanien aus dem Feuer holen, sie auch essen werden. Sie wissen, welchen Verlauf Revolutionen nehmen können. Ich wünsche Ihnen, dass sie sich eine Gesellschaft und ein Land schaffen, um das Sie die Menschen auf der ganzen Welt beneiden werden.

WO BLEIBT DER GEGENENTWURF?

Ein Plädoyer für »Aufstehen«

An der Streiterei zwischen Merkel und Seehofer zu Beginn des Sommers 2018 war vieles beschämend. Bedrängend aber war, dass von anderer Seite – vereinfacht gesagt: von den Parteien, die man im weiteren Sinne noch als »links« bezeichnen könnte – keine substanzielle Gegenposition vorgebracht wurde. Es war nicht schwer, Merkel und insbesondere Seehofer Spiegelfechterei vorzuwerfen. Aber den Unions-Kontrahenten ein anderes Denken entgegenzusetzen, die Debatte vor einen anderen Horizont zu stellen, unterblieb. Wahrscheinlich tue ich damit der einen oder dem anderen der politischen Akteure unrecht, aber wenn es eine Gegenposition gab, ist sie nicht bis zu mir vorgedrungen und zu vielen anderen offenbar auch nicht. Und so ist es ja nicht nur in diesem Fall. Es ist ganz gleich, an welchem Punkt man ansetzt – sei es Ökologie, Rüstung und Abrüstung, nationale und internationale Verteilungsgerechtigkeit oder auch die simple Frage, warum der wissenschaftlich-technologische Fortschritt einschließlich Digitalisierung statt kürzerer Arbeitszeiten und mehr Muße nur immer mehr Konkurrenzkampf und Erschöpfung bringt –, die Positionen der Parteien zu unterscheiden, fällt immer schwerer, seit es vor allem die nationalistische Rechte ist, die nicht nur die Themen vorgibt, sondern auch die Kriterien,

nach denen diese bewertet werden. Seehofer ist das Parade-
beispiel dafür.

Mein Problem ist aber nicht Angela Merkel oder Horst
Seehofer, sondern es sind jene, die einen Gegenentwurf zu
ihnen entwickeln sollten, eine Alternative, die nicht so tut,
als wäre Deutschland ein Globus. Bereits eine auf unseren
Alltag angewandte Provenienzforschung, also eine Doku-
mentation, woher die Dinge unseres täglichen Lebens stammen, auf welche Art und Weise und unter welchen Umstän-
den sie zu uns gelangen, als auch ein Nachverfolgen unserer
Exporte und ihrer Auswirkungen würden belegen, wie unauflöslich wir mit dem Wohl und Wehe der Welt verstrickt
sind und wir daher Mitverantwortung tragen, nicht nur für
den Klimawandel.

Wenn sich schon die Auseinandersetzungen an dem Umgang mit Flüchtlingen entzünden, warum sagt dann niemand von den Nicht-Merkel-Seehofers, dass Deutschland
und Europa selbstverständlich mehr, viel mehr Flüchtlinge
aufnehmen könnten, wäre das politisch gewollt und auch
von staatlicher Seite aus besser vorbereitet und organisiert
als in der Vergangenheit. Aber eine Lösung wäre das nicht.
Es müssten zugleich die Auswirkungen ins Kalkül gezogen
werden insbesondere für diejenigen, die ohnehin gerade so
über die Runden kommen und nun noch größerem Kon-
kurrenzdruck in vielen Lebensbereichen ausgesetzt sind.
Gesagt werden müsste auch, was der Preis dafür ist, dass
heute vergleichsweise wenige Flüchtlinge Deutschland erreichen. Die Methoden, die nicht nur im Mittelmeer ange-
wandt werden und für die wir als Wählerinnen und Wähler
ebenfalls Mitverantwortung tragen, verletzen permanent die
Menschenrechte. Trotzdem werden sie in der Politik mehr

oder weniger toleriert oder gar verteidigt. Denn gäbe es sie nicht, wären wir wahrscheinlich bald wieder bei einer Million oder mehr Flüchtlingen wie vor drei Jahren. Angesichts dieser Situation müsste es doch im Bundestag einen regelrechten Überbietungswettbewerb an Vorschlägen geben, durch welche Veränderungen von Finanz- und Handelsabkommen, von Gesetzen, Zöllen, Subventionen und Verordnungen, von Gesundheits- und Bildungsprogrammen etc. wir beitragen können, um das, was wir »Bekämpfung von Fluchtursachen« nennen, tatsächlich in die Tat umzusetzen.

Ich weiß nicht, warum es diesen Wettbewerb nicht gibt. Was hat Deutschland, was hat die EU in den vergangenen Jahren an ökonomischen und politischen Vorgaben verändert? Und welche Partei hat etwas eingefordert?

Fürchtet man nationale Nachteile? Sind die Lobbyisten zu mächtig? Hat man die Ideologie des »Marktes« verinnerlicht? Schrecken Politiker vor grundsätzlichen Vorschlägen zurück, weil sie nicht marktkonform sind?

Wer heute »links« wählt, muss immer fürchten, dass seine oder ihre Stimme marginalisiert oder letztlich doch irgendeiner Koalition mit der Union zugeschlagen wird. Das Fehlen eines selbstbewussten linken Gegenentwurfs, der eine grundsätzliche Kritik formuliert und andere Lösungen anbietet, entmutigt und vereinzelt. Ja, es ist deprimierend zu erleben, wie die SPD, der doch die entscheidende Rolle in einem Linksbündnis zukäme, es schon als Erfolg wertet, wenn sie die Auswirkungen der eigenen Politik abzumildern vermag. Wer Hartz IV installiert und Hedgefonds zulässt, um nur zwei Beispiele zu nennen, hat es schwer, gegen »Heuschrecken« zu kämpfen und Gerechtigkeit zu fordern.

Der Neoliberalismus, dem nach dem Umbruch von 1989/ 90 kaum noch Widerstand entgegengesetzt wurde, hat die Gemeinwesen aber nicht nur sozial und ökonomisch demoliert. Er hat auch ein geistiges Vakuum zurückgelassen. Privatisierung, Effizienz und Wachstum um jeden Preis machen jede und jeden zu einer Art Ich-AG. Ein Denken und Fühlen, das die unmittelbaren eigenen Interessen überschreitet, wird zum Luxus und beschränkt sich auf Sonntagsreden. Jeder Mensch aber braucht eine Erzählung von seinem Leben, die über ihn selbst hinausweist und sein Leben zu dem der anderen in Beziehung setzt. Wer hier das Feld nicht den Sirenengesängen der nationalistischen Rechten überlassen will, braucht selbst einen Entwurf, der nur mit einer grundsätzlichen Kritik des Status quo beginnen kann.

Ob es richtig ist, die Hoffnung auf solch einen Entwurf an die Sammlungsbewegung »Aufstehen« zu knüpfen, kann zur Zeit niemand beantworten. Ich begreife »Aufstehen« als eine im Werden befindliche Plattform, die eine Selbstverständigung und einen Zusammenschluss jenseits von Parteigrenzen und deren Hierarchien ermöglicht und dabei den Status quo, zu dem auch die verengten politischen und öffentlichen Debatten gehören, nicht mehr hinnimmt und auf die Beantwortung grundsätzlicher Fragen drängt. Bei allen Themen läuft es in der einen oder anderen Form stets auf die Frage hinaus: Finden wir uns damit ab, dass unser Alltag, unsere Demokratie noch marktkonformer wird, die Ungleichheit national wie international wächst und den Planeten verheert? Oder beginnen wir damit, die Märkte demokratiekonform zu gestalten und an den eigentlichen Bedürfnissen der Gesellschaft, letztlich am Überleben der

Menschheit, auszurichten? Für Letzteres braucht es vor allem ein gesellschaftliches Selbstbewusstsein. »Aufstehen« könnte helfen, es zu schaffen.

(2018)

DREISSIG JAHRE DANACH

1989

Je unsicherer die Gegenwart, desto drängender wird das Bedürfnis, die Vergangenheit zu deuten, um die eigenen Ansichten und Entscheidungen zu rechtfertigen. Das dreißigjährige Jubiläum der Friedlichen Revolution vom Herbst 1989 ist solch ein Akt der Selbstvergewisserung und damit ein Kampf um die Deutungshoheit der damaligen Ereignisse. Es ist also alles andere als Schnee von gestern. Einen wesentlichen Unterschied macht es bereits, ob ich vom 30. Jahrestag des Mauerfalls spreche oder den Herbst 89 als einen Prozess der Selbstbefreiung und Selbstermächtigung begreife. Spreche ich vom Mauerfall, habe ich den Westen sofort im Boot, und der weitere Gang der Geschichte ist programmiert. Verstehe ich die Öffnung der Grenzen aber als einen Meilenstein unter anderen im Prozess der Selbstermächtigung, werden wieder jene Alternativen sichtbar, die damals auf der Tagesordnung standen und heute vergessen sind. Eine solche vergessene Alternative stellen beispielsweise die damaligen Versuche der Beschäftigten dar, sich die volkseigenen Betriebe tatsächlich anzueignen. In jedem Bereich der Gesellschaft gab es mehr oder weniger erfolgreiche Versuche, diejenigen Kolleginnen und Kollegen an die Spitze zu wählen, die man als dafür am besten geeignet befand. Dieser Prozess wurde durch den Beitritt beendet.

Wenn ich an die Zäsur von 1989/90 denke, sind mir sechs Aspekte heute besonders wichtig.

Zum einen ist es die internationale Dimension. Für die Sowjetunion und Osteuropa liegt diese auf der Hand. Betrachtet man aber Asien – insbesondere China, Indien oder Vietnam –, die arabische Welt, die afrikanischen und südamerikanischen Staaten – überall hat 89/90 auf eigene Art und Weise stattgefunden. Es war eine weltweite Zäsur, die unsere Gegenwart bestimmt.

Zweitens: Die teilweise unmerklichen Veränderungen von Selbstverständlichkeiten in jeder und jedem von uns. Dazu gehört auch das Verschwinden einer sozialistischen Alternative aus den meisten Köpfen, die Schwächung sozialer und linker Bewegungen, nicht zuletzt die Selbstaufgabe einstmals linker Parteien Westeuropas.

Drittens konnte erst nach dem Ende des Kalten Krieges und der Blockkonfrontation der Kapitalismus tatsächlich global werden.

Viertens wird nicht nur der Widerspruch zwischen privaten Besitzverhältnissen und gesellschaftlicher Produktion immer explosiver, sondern auch die Unangemessenheit einer technologischen Entwicklung, die wenige Eigentümer hat, aber alle betrifft. Google, Amazon, Facebook, Microsoft etc. wie auch die avanciertesten Technologien (Quantentechnik, Künstliche Intelligenz) werden privatwirtschaftlich betrieben und weiterentwickelt und sind damit demokratischer Kontrolle entzogen – oder die Forschungen finden in chinesischen Labors statt oder werden vom Pentagon finanziert.

Fünftens war der Osten dem Westen in einem überlegen: Er lebte nicht oder nicht im selben Maße vom Süden. Im real existierenden Sozialismus wurde die Umwelt im Vergleich zum europäischen Westen eher mehr als weniger ruiniert. Doch mussten wir den Dreck, den die Herstellung unserer Produkte verursachte, noch selbst schlucken. Als Otto Schily nach der Volkskammerwahl am 18. März 1990 mit einer Banane in der Hand vor die Kamera trat, wollte er klarmachen: Die Ostdeutschen haben sich für den entschieden, von dem sie sich den größten Wohlstand versprechen. Ganz gleich, ob man ihn dafür kritisierte oder lobte, alle taten so, als würden die Bananen an Rhein und Mosel wachsen. Dass sie zu Preisen importiert werden, die denjenigen, die auf den Plantagen arbeiten, kaum ein menschenwürdiges Dasein ermöglichen, spielte damals und spielt heute keine Rolle oder ist bestenfalls eine Fußnote wert.

Sechstens: Weil die Selbstbefreiung des Ostens als Sieg des Westens interpretiert wurde, bestärkte dies den Neoliberalismus und verhinderte bereits damals anstehende Reformen und Veränderungen. Wir haben viel Zeit verloren.

Ein Überleben der Menschheit in Würde wird nur dann gelingen, wenn die weitere Zuspitzung der Verhältnisse (soziale Ungleichheit und Migration, Ökologie, militärische Konfrontation) endlich jene Kräfte hervorbringt, die dem sanften Zwang des besseren Arguments auch den politischen Willen und die politische Macht hinzufügen können. Die Erfahrungen und Ideen, die in den wenigen Wochen und Monaten der Jahreswende 1989/90 ausprobiert und weitergedacht wurden, können dabei hilfreich sein. Ich würde sogar sagen, sie sind unverzichtbar.

(2019)

Jurek Becker wunderte sich in einer Frankfurter Vorlesung zur Poetik am 30. Mai 1989 darüber, warum es »keinen nennenswerten Bedarf an Auflehnung, Widerspruch und dergleichen« im Westen gebe und sich die Schriftsteller so wenig empörten. Er wolle seine Zuhörer nicht mit einer Liste von Empörungsvorschlägen langweilen, sagte er, doch »wie wäre es mit diesem einen: Die moderne, freiheitliche, demokratische Industriegesellschaft bringt uns um, nicht mehr und nicht weniger. Und zwar nicht allegorisch, sondern buchstäblich. Und nicht nur uns, in der näheren Umgebung, sondern alle: die Menschheit.«

Was vor 31 Jahren für Jurek Becker – und nicht nur für ihn – offensichtlich war, ist es heute mehr denn je. Unser *way of life*, das an Maximalprofit und Wachstum orientierte »weiter so« bringt die Menschheit um. Die Frontstellungen des Kalten Krieges und seiner Aufrüstungsspirale sind modifiziert zurückgekehrt, die soziale und ökonomische Polarisierung setzt sich unaufhörlich fort, national wie international. Die sogenannte Asylreform der EU höhlt das Asylrecht noch weiter aus und liefert in einem Akt der Kollaboration die Flüchtlinge Kriminellen aus oder überlässt sie bestenfalls ihrem Schicksal.

Und da sollen wir uns mit dem Jahr 1990 und dem Beitritt beschäftigen?

Ja, unbedingt! Wir müssen es sogar. Denn damals, so meine These, erlebte der stets in Frage gestellte Kapitalismus eine Bestätigung, die ihn zum vermeintlichen Sieger der Geschichte kürte und Alternativen in den Köpfen und der alltäglichen Praxis tilgte. Der Kapitalismus schien so deutlich gewonnen zu haben, dass sogar sein schlecht beleumundeter Name aus der Öffentlichkeit verschwand und diejenigen, die ihn weiterhin beim Namen nannten, als ewig Gestrige galten. Paradoxerweise folgte diese Siegerehrung auf die Selbstermächtigung der Bevölkerung in Osteuropa, einschließlich der DDR. Dort war plötzlich das Noch-nie-Versuchte, nämlich Gemeineigentum und Demokratie, nicht nur greifbar, sondern wurde ansatzweise Ende 89 und Anfang 90 praktiziert. Freiheit und Demokratie machten vor der Ökonomie nicht halt. Ob im Betrieb, der Schule, dem Institut oder der Uni – allerorts wurde versucht, diejenigen an die Spitze zu wählen, die als fähig und vertrauenswürdig galten. Die Beschäftigten sollten als Eigentümer Verfügungsgewalt über ihre Betriebe erlangen. Es würde lohnen, nochmals genauer hinzuschauen, wie dieser Prozess abgebrochen wurde. Hier sei nur ein Punkt genannt: Als die Ost-CDU Anfang Februar 1990 in der Wählergunst bei elf Prozent lag, und damit um ein Prozent hinter der PDS, gründete Helmut Kohl am 5. Februar in Westberlin die »Allianz für Deutschland«, ein politisches Bündnis, das die schnelle Einführung der D-Mark im Osten versprach. Nicht nur Bundesbankpräsident Pöhl war entsetzt. Erst sechs Tage danach ist jenes stark rezipierte Plakat an Bambusstöcken nachweisbar, das androht, zur D-Mark zu gehen, käme diese nicht in den Osten.

Statt einer Vereinigung, die womöglich auch den Westen auf den Prüfstand gestellt hätte, gab es nur einen Beitritt. Die Ergebnisse für den Osten sind bekannt: 70 Prozent Deindustrialisierung, mehr als in jeden anderen Land des Ostens, vier Millionen Arbeitslose, 2,2 Millionen Haushalte waren von der Maßgabe »Rückgabe vor Entschädigung« betroffen und mussten um ihre Wohnung, ihr Haus oder Grundstück fürchten oder verloren es. Kein Wunder, dass auch die Geburtenrate einbrach. Die Treuhand und sogenannte Altlasten (Schulden, die keine tatsächlichen Schulden waren und laut Bundesbankpräsident Pöhl mit einem Federstrich zu tilgen gewesen wären) sorgten dafür, dass das Territorium der DDR zu einem staatlich hochsubventionierten Absatzmarkt ohne ökonomische Konkurrenz wurde. Heute gibt es kein Gebiet in Europa, in dem der Bevölkerung so wenig von dem Grund und Boden gehört, auf dem sie lebt, in der so wenige Immobilien und Betriebe ihr Eigen nennen können wie im Osten Deutschlands. Hinzu kommt, dass selbst im Osten Führungspositionen mehrheitlich nicht in Händen der Ostler sind, bundesweit gesehen sind es nur 1,7 Prozent. Die Abwanderung, die man vermeiden wollte, stieg nach der Einführung der D-Mark stark an. Eine Stadt wie Altenburg schrumpfte von 51 000 Einwohnern Ende 1989 auf 32 000 Einwohner 2018. Dies kann als exemplarisch gelten, sieht man von Zentren wie Berlin, Leipzig, Jena, Erfurt oder Dresden ab. Diejenigen, die weggegangen sind, waren eher jünger als älter, eher Frauen als Männer und eher gut ausgebildet.

Der Verweis auf die angebliche Alternativlosigkeit der damaligen Entscheidungen, also der Alternativlosigkeit zum Kapitalismus, lähmt noch heute unser Denken, Fühlen und Handeln.

Viel wäre schon gewonnen, würde zum 30. Jahrestag des Beitritts in der Öffentlichkeit nicht nur die ehemalige DDR problematisiert, sondern auch die ehemalige BRD. Dabei geht es nicht um ein besser und schlechter, nicht um eine Aufrechnung, um Gleichheits- oder Ungleichheitszeichen, sondern darum, wo wir in Ost wie in West, in West wie in Ost Anregungen und Anknüpfungspunkte finden für eine Friedenspolitik, für soziale Gerechtigkeit und ökologische Verantwortung, für einen Ausgleich von Nord und Süd, für ein Denken und Handeln jenseits von Wachstum- und Profitstreben. Ein Widerspruch gegen den Status quo, ein Dringen auf Veränderung ist keine Frage des Ermessens mehr, sondern des Überlebens.

(2020)

EPOCHENENDE

Zugespitzt formuliert bildet der Zeitraum vom Fall der Mauer bis zum Fall von Kabul eine Epoche. 1989/1990 war sehr viel mehr als der Mauerfall, es war eine weltweite Zäsur, die von China, Indien über die Sowjetunion und Osteuropa reichte, aber auch in afrikanischen Ländern, in Westeuropa und den Amerikas Auswirkungen hatte. Es war der Übergang von einer bipolaren zu einer monopolaren Welt.

Der unmittelbar spürbar werdende Klimawandel, Corona, der Aufstieg Chinas, die wachsende Instabilität westlicher Demokratien, Migrationsbewegungen wie die offensichtliche Ungewinnbarkeit von Interventionskriegen sind nur einige Aspekte, die den Übergang in eine multipolare Welt markieren.

Die ungenutzten Chancen von 1989/1990 haben viel mit unseren heutigen Problemen und Konflikten zu tun.

Was dem Westen Not tut, um endlich angemessen und nicht im Widerspruch zu den eigenen propagierten Werten zu handeln, ist die Bereitschaft, andere, nicht-eigene, nicht-westliche Erfahrungen ernst zu nehmen, vor allem die Erfahrungen anderer im Umgang mit dem Westen. Wir müssen lernen, uns von außen zu sehen. Deutschland hätte den Vorteil, über zwei verschiedene gesellschaftliche Erfahrungen zu verfügen. Wir müssten nur was draus machen.

(2021)

Epilog

Fast ein Märchen

Margarete Schneider, die eine Zeitlang meine Kindergärtnerin gewesen war, habe ich vor drei Tagen wiedergesehen, in Dresden-Klotzsche auf dem alten Friedhof, als ich kurz vor einem Klassentreffen das Grab meiner Großeltern besuchte. Margarete Schneider war nicht allein, sondern in Begleitung eines jungen und geradezu eleganten Mannes, dessen fernöstliche Gesichtszüge nicht die Ähnlichkeit mit Margarete Schneider verleugneten.

Was ich in den letzten Tagen über die beiden in Erfahrung bringen konnte, verdanke ich den Erzählungen früherer Mitschüler wie auch meiner Mutter. Ich weiß nicht, warum meine Mutter mir nicht früher davon erzählt hat, denn diese Geschichte streift auch sie und mich.

Fräulein Schneider, wie die damalige Anrede hieß, hatte sich – das muss 1968 oder Anfang 1969 gewesen sein – von uns Kindern verabschiedet. Sie war weggezogen. Bedauert hat das keines der Kinder, zumindest ich nicht. Selten, fast nie hatte sie gelächelt oder gar gelacht. Als Kind erschien mir ihr Gesicht schafsmäßig. Vielleicht lag es weniger an ihrer langen Nasenpartie als an den beiden Widderköpfen, die links und rechts über der Eingangstür des Kindergartens in den Stein gemeißelt waren. Sie hatte harte Hände. Es tat immer weh, wenn sie einen anfasste und in eine andere Reihe zog.

Ich versuche, mir vorzustellen, wie es wäre, wenn ich

noch dort wohnte, wo ich aufgewachsen bin. Würde ich die Dinge anders sehen, wenn die Straßen, die ich zur Schule, zum Bus, zum Friedhof oder in die Dresdner Heide gegangen bin, ununterbrochen zu meinem Alltag, zu meiner Gegenwart gehört hätten?

Ich war etwa fünfzehn, als ich Margarete Schneider zum ersten Mal wiedersah. Lang und dünn spazierte sie mit ihren Eltern zur Kirche.

Abgesehen von der Überraschung, dass meine ehemalige Kindergärtnerin in die Kirche ging, erlebte ich an jenem Sonntagvormittag zum ersten Mal, wie es ist, wenn jemand, den man acht oder neun Jahre nicht gesehen hat, plötzlich wieder auftaucht. Mich erfüllte die Begegnung damals mit einem neuen Bewusstsein von Vergangenheit und verlieh mir damit ein Gefühl von Souveränität. Dafür erschien mir Margarete Schneider bereits als alt. Obwohl ich ihr nur kurz zugenickt hatte – mein Gruß war ohne Antwort geblieben –, erinnere ich mich genau an die Mischung aus Mitleid und Schrecken, mit der ich in meinem pubertären Hochmut auf sie blickte.

Jedes Mal, wenn ich Margarete Schneider in den folgenden Jahren mit einer Kindergartengruppe durch die Straßen ziehen sah, glaubte ich deutlich zu spüren, dass diese Frau ohne Freude und Glück lebte, wenn auch in einer riesigen alten Villa, deren großer Garten an die Dresdner Heide grenzte. Sonntags ging sie mit ihren Eltern in die Kirche, zu Weihnachten saß sie ganz vorn, dem Pfarrer auf der Kanzel am nächsten und sang laut: »Es ist ein Ros entsprungen«. Am Schluss schritt sie Kirchenbank um Kirchenbank ab und ließ ungerührt den an einer Stange befestigten Beutel für die

Kollekte – er glich jenem Gerät, mit dem man Äpfel von hohen Zweigen pflückt – so lange vor einem verweilen, bis der störrische Apfel endlich abfiel.

Während meiner Zeit bei der Armee und beim Studium vergaß ich Margarete Schneider. Ich kam selten nach Hause. Zu Weihnachten gingen wir lieber spazieren als in die Kirche, auch wegen unserer Gäste, afrikanische oder arabische Arzt-Kollegen meiner Mutter, die sonst in ihrem Wohnheim gesessen hätten. Ho aus Vietnam war kein Arzt. Eine Freundin meiner Mutter hatte ihn und noch einige andere Studenten von der TU durch die Gemäldegalerie geführt. Und irgendwie war er bei uns gelandet. Das muss Weihnachten 1985 oder 1986 gewesen sein.

Wenn ich nach Dresden kam, traf ich meistens auch Ho. Er war ungefähr zehn Jahr älter, auch wenn es mir schwerfiel, ihn zu schätzen. Er drang darauf, dass ich sein Deutsch korrigierte. Er hätte gern eine Freundin gehabt, aber das wurde offiziell wohl nicht gern gesehen, wenn es nicht gar verboten war. Ho meinte, deutsche Frauen fänden einen wie ihn nicht »begehrenswert«. Ob »begehrenswert« die richtige Vokabel dafür wäre, fragte er. Seit seiner Ankunft in Dresden suchte er die Sportgeschäfte nach einem 26er-Tourenrad ab, was wir schließlich über eine Patientin meiner Mutter auch auftrieben. Als er das nagelneue Diamant-Rad vorgeführt bekam, schüttelte er den Kopf, lächelte verlegen und verließ umgehend den Laden. Ich war konsterniert. Es sei zu herrlich, erklärte er, viel zu herrlich, das nütze ihm nichts in Vietnam. Er sparte dann auf ein Simson-Moped. Eine mechanische Nähmaschine hielt er für unbezahlbar. Er wollte nicht glauben, dass wir unsere vor Jahren verschenkt hatten.

Meine Mutter, eine Gynäkologin, fragte bei ihren Patientinnen nach. Margarete Schneider brauchte ihre Nähmaschine nicht mehr. Ho war überglücklich. Jetzt werde er in Vietnam heiraten können! Seine zukünftige Frau werde zu Hause dank der Nähmaschine arbeiten, also mitverdienen können.

Nach unserem letzten Treffen habe ich Ho zur Straßenbahn begleitet. Erst da hat er vom Krieg erzählt. Er muss sehr jung gewesen sein, achtzehn oder neunzehn. Ich weiß nicht, ob ich ihn richtig verstanden habe, er sprach sehr schnell, fast atemlos. Seine Einheit erhielt eine Sonderration, danach wurde ihnen befohlen, mit einer Mine zu einem Schiff zu schwimmen. Er lachte auf, und dann erzählte er schon die nächste Episode.

Auf ihrem sonntäglichen Weg zur Kirche sah Margarete Schneider besonders blass und schmal aus, schwarze Ringe unter den Augen. Aber ihr Bauch wölbte sich unübersehbar weit vor. Margarete Schneider brachte einen Jungen zur Welt, Sebastian Schneider. Bei jeder Gelegenheit wies sie ihren Sohn stolz vor. Natürlich wurde auch über sie getratscht, aber es gab wohl niemanden, der sie nicht beglückwünscht hätte.

Nach dem Umbruch, schon bei den ersten Kommunalwahlen im Mai 1990, wurde Margarete Schneider als Kandidatin der CDU ins Stadtparlament von Dresden gewählt. Sie wurde zum Liebling der Wahlkampfstrategen, die froh waren über jede und jeden, die nicht schon vor 1989 in der CDU gewesen waren. Margarete Schneider besuchte Schulungen und entdeckte ihr Talent für Wahlkampf- und Parlamentsreden, obwohl diese immer ein bisschen wie Predigten klangen. Aber Margarete Schneider war jemand, dem man glaubte. All das Bittere, das sie erfahren habe, könne sie glaubhaft vermitteln, es stehe ihr förmlich ins Gesicht geschrieben, hieß es in einem Zeitungsbericht. Margarete Schneider sprach von der allgegenwärtigen Bevormundung, von der Unterdrückung der Christen und von den grauenvollen Direktiven, denen Erzieher und Lehrer in DDR-Kindergärten und -schulen unterworfen waren. Auf den Wahlplakaten lächelte sie, wobei nur zwei kleine Fältchen links und rechts der Mundwinkel entstanden. Sie wurde die Stellvertreterin des Stadtrats, der auch für Bildung und Erziehung zuständig war. Ihre Eltern kümmerten sich viel um Sebastian.

Am meisten hat wohl die Klotzscher überrascht, dass nicht nur die Schneider'sche Villa den Schneiders gehörte, sondern ein halbes Dutzend der schönsten Häuser am Waldrand. Der Großvater hatte in den Dreißigern verschiedene Patente angemeldet, durch die er reich geworden war. Ihr Vater hatte Ende 1990, als die Preise in utopische Höhen geklettert waren, zwei Häuser gut verkauft, die anderen nobel herrichten lassen und außerdem bei Zwangsversteigerungen eine glückliche Hand bewiesen. Plötzlich waren die Schneiders mehrfache West-Mark-Millionäre.

Doch weder wurde Margarete Schneider bei einem anderen Mann schwach, noch versäumte sie einen Gottesdienst. Sie ging mit Sebastian, der, wenn er nicht sogar in einem dunklen Anzug steckte, zumindest ein weißes Hemd und eine Strickjacke trug, zwischen ihren Eltern zur Kirche. Jetzt, so meine Mitschüler, da alle die Schneiders kannten, mussten sie fortwährend Grüße erwidern.

Heute ist Sebastian Besitzer der Immobilienfirma Schneider & Schneider mit etlichen Angestellten.

In der Stunde vor dem Klassentreffen, als ich die beiden erblickt hatte, waren sie mir regelrecht hoheitsvoll erschienen. Sebastian war genauso groß wie seine Mutter, die sich bei ihm untergehakt hatte. Die Zeit hatte die Gesichtszüge von Margarete Schneider weicher gemacht. Ich war stehen geblieben, um Mutter und Sohn auf dem schmalen Weg vorbei zu lassen. Für einen Augenblick dachte ich, dass sie, dass ausgerechnet Margaret Schneider es geschafft hat, der Zeit eine andere Richtung zu geben, sie umzukehren. Sie grüßte zurück, ohne mich recht anzusehen. Auch Sebastian nickte mir zu.

Von Sebastians Vater wussten meine Klassenkameraden nichts. Sie wunderten sich nur darüber, dass ich mich so sehr für Margarete Schneider und ihren Sohn Sebastian interessierte.

(2008)

Nachtrag 2021

In den letzten Jahren habe ich oft überlegt, wann der richtige Zeitpunkt sein könnte, die Geschichte von Margarete und Sebastian Schneider zu aktualisieren. Ein Märchen ist sie weniger denn je.

Mittlerweile sind dreizehn Jahre vergangen, seit ich die beiden Schneiders auf dem Friedhof gesehen habe. Anfangs hatte ich tatsächlich mit der Idee geliebäugelt, etwas über die beiden zu schreiben, eine längere Erzählung vielleicht. Vor sieben oder acht Jahren aber wurde mir diese Geschichte regelrecht aus den Händen genommen, sie drängte sich von selbst in die Öffentlichkeit. Margarete Schneider wurde berühmt, auch wenn die meisten, mit denen ich zu tun habe, wohl eher von trauriger Berühmtheit sprechen würden. In Dresden kennt sie fast jeder – oder kannte sie fast jeder, die Zeit ist schnelllebig. Margarete Schneider zählte zu den ersten, die demonstrativ aus der CDU aus- und in die AfD eingetreten sind. Jedem, der es hören wollte, hatte sie verkündet, nicht sie habe sich verändert, verändert hätten sich die Umstände und ihre Partei. Sie selbst sage doch nichts anderes als früher, und dann zählte sie auf, dass sie schon früher heimatverbunden und sozial eingestellt gewesen sei, und da sie nun mal eine deutsche Frau sei und Deutsch spreche – da beiße die Maus keinen Faden ab –, trete sie eben auch für die Interessen deutscher Frauen und Männer ein. Das sei doch ganz normal. Überhaupt hoffe sie, dass das Land endlich wieder normal werde. Diese Ansichten und ähnliche Äußerungen Margarete Schneiders finden sich im Netz. Wen das interessiert, der kann es nachlesen. Ich habe aufgehört, unter ihrem Namen auf »News« zu klicken, als sie sich mit der Witwe des Buchenwaldpfarrers Paul Schneider verglich, deren Vorname ebenfalls Margarete war. Die Frau von Paul Schneider ist 2002 verstorben und musste das nicht mehr miterleben. Hinzufügen sollte ich noch, dass meine ehemalige Kindergärtnerin beträchtliche Mittel für ihre Wahlkämpfe zur Verfügung gehabt hat. Ob sie dafür tatsächlich ein oder gar mehrere Häuser geopfert hat, wie behauptet wird, weiß ich nicht. Vor anderthalb Jahren nun ist Margarete Schneider erkrankt, wobei sie sich genötigt sah zu betonen, dass es sich dabei nicht um Corona handle. Eine heimtückische Krankheit zwinge sie zum Rückzug aus der Öffentlichkeit. Es ist still um Margarete Schneider geworden.

Über das Schicksal von Sebastian Schneider hingegen habe ich kaum etwas in Erfahrung bringen können. Die Immobiliengesellschaft Schneider & Schneider existiert noch, wurde aber bereits 2012 an eine »international tätige« Firma mit Sitz in Hamburg verkauft. Sebastian Schneider lebt offenbar nicht mehr in Dresden, jedenfalls hat ihn niemand mehr gesehen.

Dann half mir ein Zufall in Gestalt eines ehemaligen Nachbarn weiter. Dieser Nachbar hatte mir über meinen Verlag eine Email geschickt, in der er sich über einen Artikel von mir beklagte. Ich hätte überhaupt keine Ahnung von den Dingen, über die ich schreibe. Nun sei ich endgültig keiner mehr von ihnen. Ich schrieb zurück und bat um genauere Erklärungen. Er antwortete überaus freundlich und wie verwandelt, so dass wir ein paar Emails wechselten. Als ich nach den Schneiders fragte, stellte sich heraus, dass Sandra, die jüngste Tochter meines ehemaligen Nachbarn, in dieselbe Klasse gegangen war wie Sebastian. Sie habe ihn immer, wie mein ehemaliger Nachbar schrieb, gegen die Hänselei verteidigt, wenn sie ihn »Fidschi« oder »Schlitzi« genannt hatten. Und später hätten die beiden sogar mal fast was miteinander gehabt. »Wenn daraus was geworden wäre«, schrieb er, »dann hätte Sandra jetzt ausgesorgt.«

Nach Darstellung dieses Nachbarn hat Sebastian Schneider, obwohl er überhaupt kein Vietnamesisch könne, in Vietnam ein Vermögen gemacht. Da der Nachbar mir nicht schrieb oder schreiben wollte, woher er das wisse und wie das alles zugegangen sein soll, rief ich ihn an. Aber auch da wiederholte er immer nur »ein Vermögen!«. Je länger wir sprachen, desto aufgebrachter wurde er: »Der tut uns alles unterm Arsch wegkoofen«. Aber wie soll Sebastian Schneider in so kurzer Zeit zu so viel Geld gekommen sein? Und womit? »Na mit seinen Hemden«, sagte der Nachbar. »Wenn er will, kooft der uns alles unterm Arsch weg, alles!«

Er diktierte mir die Email seiner Tochter Sandra, die wisse das alles viel besser. Aber Sandra hat bisher nicht geantwortet. Gern würde ich wissen, ob die Nähmaschine, die Ho damals mit nach Vietnam genommen hat, irgendetwas mit den Hemden zu tun hat, also ob Sebastian seinen Vater kennengelernt hat.

Meine Mutter, der ich von den Emails und dem Gespräch mit unserem ehemaligen Nachbarn erzählte, winkte ab. Dessen Erklärungen seien keinen Pfifferling wert. Das sei schon immer so gewesen.

»Die Frage ist doch«, sagte sie, »ob Sebastian wegen ihres Nationalismus weg ist oder ob sie wegen seines Weggangs so geworden ist?«

»Oder«, erwiderte ich, »ob das eine überhaupt etwas mit dem anderen zu tun hat.«

»Das ist deine erzählerische Freiheit.«

Mich störte der Begriff Freiheit, erzählerische Freiheit. Er erschien mir unangemessen, ja regelrecht unangebracht zu sein, auch wenn sie natürlich grundsätzlich recht hatte. Deshalb nickte ich schließlich. »Vielleicht«, sagte ich.

NACHWEISE

Sterntalers Geschichte. Ankleben verboten, Beilage der Neuen Rundschau 3/2017. Eine frühere Fassung findet sich in: Peter Holtz. Sein glückliches Leben erzählt von ihm selbst, Frankfurt am Main 2017.

Vier Versuche über die Gegenwart, einzeln an unterschiedlichen Orten publiziert. Nicht nur in eigener Sache, in: Das Argument, Heft 4/2014; Schaffen wir das? Ein Dialog, unter dem Titel: Zwei, die reden, in: Sprache im technischen Zeitalter, Heft 2/2016; Erster, Dritter und Vierter Versuch unter dem Titel: Drei Versuche über ein Thema, in: Erwin Krottenthaler u. José F. A. Oliver (Hrsg.): Literaturmachen III, Dresden und Leipzig 2018.

»… der gefrorene Schnee knirschte unter den Sommerschuhen.«, Ludwig Greves Sentimental Journey in Briefen und Prosa, in: Ludwig Greve, Autobiographische Schriften und Briefe, Friedrich Pfäfflin und Eva Dambacher (Hrsg.), Göttingen 2013.

Sich nicht zum Feind machen lassen. Laudatio auf Dževad Karahasan zur Verleihung des Goethepreises der Stadt Frankfurt am Main in der Paulskirche am 28. August 2020, unter dem Titel: Wer Feinde braucht, hat ein Problem mit seiner Identität, in: Sprache im technischen Zeitalter, Heft 04/2020.

Eine Welt, erschaffen aus bodenloser Sprache. Gespräch mit Dževad Karahasan über Andrej Platonows »Tschewengur«, in: Andrej Platonow, Tschwengur. Die Wanderung mit offenem Herzen, Berlin, 2018.

Wenn wir nicht singen, singen andere. »Levins Mühle« von Johannes Bobrowski, in: Die Zeit, 39/1999 (23. 09. 1999).

»Ein Interesse an der Erhaltung auch nur eines Teils dieser großstädtischen Bevölkerung besteht unsererseits nicht.«, in: Ales Adamowitsch und Daniil Granin, Blockadebuch, Berlin, 2018.

Pietisten und Piraten oder: Jeder trägt sein eigenes Licht, sein eigenes, einsames Licht, in: John Steinbeck, Der Winter unseres Missvergnügens, München 2018.

Vom Einverständnis mit dem Teufelspakt. Wilhelm Raabes »Zum wilden Mann«, in: Sprache im technischen Zeitalter, Heft 03/2019.

»Ich möchte Ihnen Hoffnung machen …« Franz Fühmann zum hundertsten Geburtstag, in: Sinn und Form, 1/2022.

Können wir uns eine öffentliche Meinung leisten? Antrittsrede als Mainzer Stadtschreiber im März 2011, unveröffentlicht.

Wie lang hält sie durch? Dankrede zur Verleihung des Bertolt-Brecht-Preises 2013, in: Süddeutsche Zeitung, 18. 02. 2013.

Fünfzig durch zwei. 25 Jahre davor und 25 Jahre danach. Rede vor der Linken am 5. September 2014 in Erfurt, unveröffentlicht.

»Der Amerikaner, der den Kolumbus zuerst entdeckte …« oder Wer ist wir? Rede zur Eröffnung des »Darmstädter Gesprächs – Wer ist wir?« im September 2017, in: Süddeutsche Zeitung, 16. 09. 2017.

Sprachglossen, einzeln an unterschiedlichen Orten publiziert. Abwrackprämie, Frankfurter Allgemeine Zeitung, 13. 07. 2009; Ankommen, Arbeitgeber/Arbeitnehmer, Finanzwirtschaft/Realwirtschaft, Endlager, Intensität – intensiv – intensivieren, alle in: Forum Sprachkritik, Internetseite der Deutschen Akademie für Sprache und Dichtung;

Kaugummi kauen mit geschlossenem Mund. Sächsisch und Hochdeutsch, in: Joachim Kalka (Hrsg.), Dialekte, Dialekte, Göttingen 2011; Systemrelevant, geschrieben für die Sonderpräsentation »Systemrelevant?« der Staatlichen Kunsthalle Karlsruhe, 30. 06. bis 27. 09. 2020, unveröffentlicht.

Behelmt in der Universität, in: Jürgen Hohmuth, Graustufen, Berlin 2017.

Unruhige Balance, in: Jürgen Hohmuth, Graubunt, Berlin 2020.

Klassenreise als Ost-West-Reise?, in: Falk Strehlow (Hrsg.), Brecht und Klasse und Traum, Berlin 2023.

Endlich wieder Verbote! Wortmeldung eines ehemaligen Zensors, ermutigt von Martin Mosebach, in: Frankfurter Rundschau, 25. 06. 2012.

Anmerkungen zu Martin Luthers These 90, unter dem Titel: Variationen zur These 90, in: Wilhelm Genazino (Hrsg.): Freiheit und Verantwortung, 95 Thesen heute, Stuttgart 2016.

Ein Schwede in Stockholm, in: Sonderdruck für Lothar Müller vom 30. Juni 2020.

Der Gott des anderen, in: Hohe Luft, 3/2022.

Gegen die Ausplünderung der Gesellschaft, in: Süddeutsche Zeitung, 12. 01. 2012.

Du Portugiese! Ich Deutscher! Fertig! Vom Versuch, sich nicht auf den Fußballfan reduzieren zu lassen, in: Entwurf eines Vorwortes für die Buchausgabe: Unsere schönen neuen Kleider. Gegen die marktkonforme Demokratie – für demokratiekonforme Märkte, Berlin 2012.

Der blinde Fleck. Verstehen wir uns selbst richtig?, in: Süddeutsche Zeitung, 31. 03. 2013.

Charkiw in Europa, in: Akzente, Heft 3/2016.

Ist es nicht naheliegender zu stammeln als zu referieren?, unter dem Titel: Lieber Freund, in: Süddeutsche Zeitung, 30.3.2022.

Frieden schließt man mit Feinden, in: Berliner Zeitung, 12.12.2022.

Rede vor dem Brandenburger Tor in Berlin am 5. Oktober 2020, in: pARTizan, http://partisanmag.by/?p=18461.

Wo bleibt der Gegenentwurf. Ein Plädoyer für »Aufstehen«, in: Süddeutsche Zeitung, 12. 08. 2018.

Dreißig Jahre danach, 1989, in: NDR Kultur, 05. 11. 2019; 1990, in: DLF-Kultur, 30. 09. 2020.

Epochenende, in: Literarische Welt, 15. 09. 2021.

Fast ein Märchen, in: Sinn und Form, Heft 4/2008; Nachtrag 2021, unveröffentlicht.

Die Kunst, das Leben, die verrückte bürgerliche Gesellschaft

»Drei Erzählungen, drei Kunstwerke.«
Jörg Magenau, Deutschlandfunk

Wie wird ein aufrechter
Büchermensch zum
Reaktionär? Oder doch
zum Revolutionär?

»Dieser Roman stellt die richtigen Fragen zu
unserer Zeit«
Denis Scheck, ARD Druckfrisch